JN441358

공자(孔子) 알기와 『논어(論語)』의 현대적 의미

이 책은 인하대학교의 지원에 의해서 연구되었음

지은이 **윤인현**

서강대학교 국어국문학과에서 문학박사 학위를 받았다. 연세대 선비학당과 전통문화연구회에서 經書 공부를 하였으며, 西溟 鄭堯一 선생으로부터 四書를 師事하였다. 가톨릭대와 서강대, 그리고 인하대, 웅지 세무대에서 강의를 하였으며, 한국한문학회 총무이사와 감사도 역임하였다. 지금은 인천 아카데미 〈등대〉 칼럼 집필위원과 다산 정약용 문화교육원 자문위원으로 활동하고 있으며, 인하대학교 교수로 재직 중이다.

〈저서〉

『한국한시비평론』(아세아문화사, 2001), 『한국 고전비평과 고전시가의 산책』(역락, 2004), 『한국한시와 한시비평에 관한 연구』(아세아문화사, 2007), 『한국한시 비평론과 한시 작가·작품론』(다운샘, 2011), 『한문학 연구』(지성人, 2015), 『한문학의 이해와 연구』(경진출판, 2021), 『오래된 미래』(경진출판, 2021), 『이백 시에 나타난 자서전』(경진출판 2023), 『한시로 살펴본 두보의 생애』(경진출판, 2025) 외 다수

〈논문〉

「용사와 점화의 차이」(1998), 「이규보의 굴원불의사론에 나타난 역사의식의 문제점」(2006), 「남명의 출처와 문학을 통해 본 선비정신」(2008), 「한국 시가론에서의 시경시 이론의 영향」(2009), 「다산의 한시에 나타난 선비정신과 자연관」(2011), 「『논어』에서의 시경시」(2014), 「고려·조선 유자의 만시 연구」(2014), 「이규보 설(說)에서의 작가의식」(2015), 「한시를 통해 본 허난설헌의 지향의식」(2017), 「중국과 한국의 굴원론」(2019), 「4차 산업혁명시대에 필요한 인간상」(2021), 「문과 시를 통해 본 불우헌의 선비정신과 자연관」(2022), 「율곡의 문학론과 문무책·문책으로 본 선조대의 문화」(2023), 「시문을 통해 본 백운 이규보의 장정 시절 삶 고찰」(2025), 「다암시첩 고찰」(2025) 외 다수

공자(孔子) 알기와 『논어(論語)』의 현대적 의미

1판 1쇄 인쇄_2026년 02월 20일
1판 1쇄 발행_2026년 02월 25일

지은이_윤인현
펴낸이_양정섭

펴낸곳_경진출판
등록_제2010-000004호
이메일_mykyungjin@daum.net
스마트스토어_https://smartstore.naver.com/kyungjinpub
사업장주소_서울특별시 금천구 시흥대로 57길 17(시흥동, 영광빌딩), 203호
전화_070-7550-7776 **팩스**_02-806-7282

값 24,000원
ISBN 979-11-24168-10-3 03150

공자(孔子) 알기와 『논어(論語)』의 현대적 의미

윤인현 지음

경진출판

책머리에

어른이 없는 시대이다. 아니 어른이 제 역할은 다하지 못하는 시대인 것이다. 지난날에는 밥상머리에 앉아 아버지·어머니로부터 일상적인 당부와 생활하면서 지켜야 할 예절 등을 자연스럽게 들으면서 자랐다. 그리고 동네 어른을 만나면 공손하게 인사를 올리는 것이 상식이었다. 그런데 요즘은 그 어른의 역할을 인터넷과 SNS·AI(인공지능)·챗GPT 등이 하고 있다. 모든 정보와 일상적인 것들이 그곳에 있기 때문이다. 그러나 결정적일 때 훈시를 내리거나 예의범절에 대한 가르침을 내놓지 못하고 있다는 한계도 있다. 엘리베이터를 타면, 여전히 핸드폰을 주시하여 필요한 정보를 찾아보거나 아니면 물끄러미 천장을 쳐다보기도 하고 고개를 숙여 애매한 발등만 뚫어지게 바라보기도 한다. 어디서부터 잘못된 것일까?

변화된 세상에 우리에게 필요한 것은 무엇일까? 학벌과 재산일까? 아니면 사람으로서의 기본적인 도리를 아는 것일까? 아마도 사람의 타고난 본성(本性)을 가꾸는 일이 먼저일 것이다. 사람은 착한 본성을 가지고 태어났기 때문이다. 그래서 인성(人性) 교육을 통한 착한 본성을 기르는 것이 우선일 것 같아, 『논어(論語)』 중 공자(孔子)의 말씀을 통해 사색할 수 있는 계기와 행동의 지침서를 제공하고자 이 책을 집필하게 되었다. 공자의 말씀에 앞서, 공자는 어떤 인물인가도 살펴볼 요량이다. 공자의 탄생과 행적, 그리고 제자들과 후대 인물들의 평을 통해 공자에게로 한 걸음 다가가고자 한다. 또한 『논어』의 공자의 말씀 중 오늘날 우리가 알면 좋을 말씀도 선별하여 살펴보고자 한다. 그러면 2500여 년 전 공자가 어째서 그런 말씀을 하시게 되었는지 그 삶의 배경도 일부는 알 수 있을 것이다. 또한 공자의 말씀을 현대적 의미로 활용할 목적도 있다.

책의 구성은 전반부인 제1부에서는 공자(孔子)에 관한 내용을 실었다. 실상 『논어』에 대한 것은 많이 듣기도 하고 혹 배우기도 했을 것이다. 그러나 정작 공자에 대해서는 아는 것이 부족하다. 그래서 공자의 탄생과 성장 배경, 그리고 일생을 『논어집주(論語集註)』와 『공자가어(孔子家語)』·사마천의 『사기(史記)』「공자세가(孔子世家)」에 소개한 내용과 또 『논어』에서 제자나 후대의 인물들이 공자를 회상하고 평한 내용들을 통해 살펴보고자 하였다.

후반부인 제2부에서는 『논어』의 공자 말씀 중에서 현대인들이 알아두고 현실에 적용하면 좋을 것들을 모아, 현대적 의미 활용으로 풀어보았다. 『논어』의 공자 말씀인 원문을 한글 음과 함께 소개한 후 [한자의 뜻과 음]을 제시하고 [번역]과 [해설]을 더 하였다. 한자의 뜻과 음을 일일이 소개한 것은 요즘 세대들이 한자에 익숙하지 않기 때문에 가독성과 한자 해독에 편리함을 주기 위해서 그렇게 하였다.

사람이 예(禮)가 없으면 금수(禽獸)와 다를 것이 없다. 『논어(論語)』「위정(爲政)」편(篇) '능양(能養)'장(章)에, 자유(子游, 언언)가 공자(孔子)에게 효(孝)에 대해서 여쭈는 곳이 있다. 그에 대하여 공자가 이르기를, "금지효자(今之孝者)는 시위능양(是謂能養)이니 지어견마(至於犬馬)하여도 개능유양(皆能有養)이니 불경(不敬)이면 하이별호(何以別乎)리오."라고 한 부분이 있다. 곧 "오늘날 효(孝)라는 것은 바로 그저 잘 봉양(奉養)하는 것을 이르는 말이니, 개와 말에 이르러서도 모두 능히 길러줌이 있으니, 공경하지 않는다면 개나 말을 기르는 것과 부모 봉양하는 것을 무엇으로써 구별하리오?"라는 뜻이다. 애완용 동물인 개와 고양이를 기르는 것처럼 부모 봉양도 잘할 수 있다는 말이다. 그런데 여기에 빠진 것이 하나 있다. 부모님 봉양 시 공경심을 더해야 한다는 것이다. 공경심 없는 봉양은 마치 개와 고양이를 기르는 것과 별반 다르지 않기 때문이다.

이렇듯 인간만이 해야 하고 할 수 있는 것이 지금의 현대인들에게는 부족한 점이 있다는 것이다. 부족한 것이 몇 가지가 있을 수 있지만, 특히 인성(人性)이 부족한 시대이다. 인성이 갖추어져 있지 않으면 동료나 이웃들과 관계도 소원해질 뿐만 아니라 공감과 배려·이해 등이 부족하여 사회생활도 어렵다. 개인주의가 팽배한 지금, 부족한 인성을 채우는 목적이 이 책을 쓴 이유 중 하나이다.

인성이 갖추어지면 한층 더 사람 사는 세상이 펼쳐질 것이므로, 엘리베이터 안에서나 직장 내에서도 화기애애(和氣靄靄)한 분위기가 조성될 것이다. 어느 여론 조사에 따르면, 지금의 중·고등학생의 장래 희망은 물질적으로 부자가 되는 것이 최고의 삶으로 나왔다 한다. 하지만 물질만 좇다 보면, 그 물질에 얽매여 패망의 길로 떨어질 수도 있다. 반대로 인성이 있는 지성인으로 거듭나면 물질은 부수적으로 따라올 것이다. 왜냐하면 사회는 이미 인성을 갖춘 인재를 요구하고 있기 때문이다. 다른 동료들과의 협업이 일선 직장에서도 조직의 보탬이 된다는 것을 인식했다는 말이다. 인성의 완성으로 인한 사회적 성공은 물질적인 부(富)도 부차적으로 따라오게 할 것이다. 근본(根本)인 인성이 완성되면 말(末)인 부귀는 저절로 따라오기 때문이다.

25년 전쯤 서명(西溟) 정요일(鄭堯一) 선생님과 『논어』 강독(講讀)을 시작하였다. 처음 연세대학교 인문관 〈선비학당〉에서 사서(四書) 완독을 목표로 출발하였다. 이전에도 전공(專攻)이 고전(古典)이라 전통문화연구회에서 경서(經書) 공부를 하였다. 하지만 마음속에 다짐하면서 공부한 것은 이때였다. 나도 사서(四書)에 몰입해 보자고 다짐했기 때문이다. 선생님께서는 〈선비학당〉 공부로는 부족하다고 생각하셨는지 따로 공부하기를 원하셨다. 그렇게 해서 특별 과외가 시작되었으며, 특히 『논어』 강의를 먼저 시작하였다. 그렇게 고전의 세계에 매료되어 고전 속 성인들의 주옥 같은 말씀을 지금까지 삶의 지침서로 여기면서 살고 있다. 지금 이 책을 준비하면서 그때 배운 내용을 살펴보니 기억이 새록새록 나기도 하면서 10년 전 작고하신 선생님의 온화하시고 인자하게, 한 말씀 한 말씀 일러주시던 모습이 자꾸 떠오른다. 그때는 결혼한 후로 직장 생활을 하면서 대학원 공부를 병행할 때라 복습할 시간이 정말 부족했다. 복습 없이 다음 시간에 들어가면 선생님께서는 말없이 기다려 주셨다. 그 침묵의 시간은 나를 채찍질하여 더욱 분발하게 하였다. 지금 나는 선생님의 가르침을 잘 실천하고 살고 있는지, 매일 세 가지 관점에서 자기를 반성하라고 한 『논어』의 증자의 말씀도 되뇌어 보기도 한다.

『맹자(孟子)』「양혜왕(梁惠王)」장(章)에, '어려서 배우는 것은 커서 실천하기 위한 것'이라고 한 구절이 있다. 내가 아는 작은 지식이 세상에 나아가 세상 사람들에게 작은 보탬이라도 되면 좋겠다. 그래서 나름 『논어』의 내용을 정리하면서 현대적 의미로 활용할 수 있는 생각을 해보게 된 것이다. 이 책의 독자가 이 책으로 말미암아 인성(人性)을 갖추고 새로운 생각을 할 수 있는 밑바탕의 책이 될 수 있다면 그것만으로 족하다. 온고지신(溫故知新)처럼, 지식의 보고(寶庫) 『논어』가 새로운 지식을 여는 단초(端初)가 되기를 기대하는 바이다. 공자의 일대기와 『논어』에서의 공자의 말씀을 살피다 보니 혹 일부 내용 중 중복되는 것도 있을 수 있을 것이다. 혜량하시기 바란다.

2026년 01월 30일

경강(鏡江) 윤인현(尹寅鉉)

차례

제1부 공자(孔子) 알기

제2부 논어(論語)의 현대적 의미

제1부 공자(孔子) 알기

제1장 공자(孔子)의 생애(生涯)

사마천(司馬遷)의 『사기(史記)』「공자세가(孔子世家)」에 따르면, 공자(孔子)는 중국 춘추(春秋)시대 노(魯)나라 창평향(昌平鄕) 추(陬)읍에서 태어났다. 공자의 아버지 공흘(孔紇)은, 자(字)가 숙량(叔梁)이고 이름은 흘(紇)이다. 보통 숙량흘(叔梁紇)이라고 부른다. 어머니 안징재(顔徵在)는 공자를 낳을 당시 10대였다. 60세가 넘은 숙량흘은 안씨의 셋째 딸을 후처로 맞이한 것이다.

공자의 아버지 숙량흘은 무인(武人)이었다. 그런데 첫 번째 부인은 딸만 아홉을 낳았다. 조상의 제사를 모실 아들이 필요하였다. 그래서 첩을 얻어 맹피(孟皮)를 낳았다. 그런데 다리를 절어 당시 풍습으로 선조의 제사를 모실 수 없다고 여겼다. 이렇게 하여 또 다른 부인을 얻었는데, 그가 안징재(顔徵在)이다.[1)]

---

1) 가란, 『공자家 이야기』(정연호·채영호 옮김, 도서출판 선, 2010), 39쪽 참조.

공자의 출생과 이름에 대해서는 여러 설(說)이 있다. 통설(通說)을 소개하면, 아버지와 어머니가 산동성 곡부시 동남쪽에 위치한 니구산(尼丘山)에 기도를 드려 공자를 낳았다는 것이다. 그래서 그 산의 이름과 같이 공자의 이름을 구(丘)라고 하고 자(字)를 중니(仲尼)라 하였다. 또 다른 설은 이름에 관한 것으로, 그의 '머리 가운데는 들어가고 나온 데가 있어 이름을 구(丘 : 언덕)라고 했다.'[2]고 한다. 한 마디로 짱구 머리였다는 말이다.

공자의 6대조인 공보가(孔父嘉)가 송(宋)나라에서 화독(華督)에게 살해되어 그 증손자이며 공자의 3대조 곧 증조부(曾祖父)인 방숙(防叔)의 대에 송나라를 피하여 노(魯)나라로 이주하였다. 방숙은 백하(伯夏)를 낳았고 백하는 공흘(孔紇)을 낳았다. 그 공흘에게서 공자가 태어났다. 무인(武人)이었던 공자의 부친 공흘(孔紇)은 공자가 3살 때 타계하였다. 가족들은 돌아가신 공흘을 지금의 산동성 곡부시 동쪽 20리 지점에 있는 방산(防山, 산 이름)에 장사(葬事) 지냈다. 어머니께서 공자 24살 때 세상을 떠나자, 어머니의 빈소를 오보지구(五父之衢, 노나라 성 안에 있는 큰길 이름) 곧 노나라 성내에 있는 큰길가에 차렸다. 아버지 무덤의 위치를 몰라 어머니와 합장(合葬)하기 위해 한 일이었다. 합장(合葬)은 당시 매장의 풍속이었다. 빈소를 차려 놓고 있을 때 그곳을 지나가던 추(陬)읍 사람 만보(輓父)의 어머니가 공자 아버지의 묘소 위치를 알려주어 방산에 합장할 수 있었다.

'공자의 외갓집은 노나라에서 경제적 여유가 있는 집안이어서 이들 모자(母子)를 돌보아 주기는 하였으나, 가장(家長)이 없는 생활은 여전히 힘들었다. 공자의 어머니는 어린 공자를 데리고 궐리(闕里)에서 혼

2) 司馬遷, 「孔子世家」, 『史記』(정범진 외 옮김, 까치, 1995), 417쪽 참조.

자 살면서, 아들이 시(詩)와 예(禮), 각종 기예를 배울 수 있도록 온갖 어려움을 무릅쓰고 심혈을 기울이다가 34~35세 때 세상을 떠났다.'[3] 공자는 어릴 적에 도마와 제기(祭器)를 벌여놓고 예를 베푸는 놀이를 즐겼다고 한다. 이는 그가 어려서부터 비범한 자질을 보인 것이라고 하겠다.

공자에게는 고정된 스승이 없었다. 그는 다만 타인의 장점을 본받고, 단점을 타산지석(他山之石)으로 삼았다. 그러므로 자공(子貢, 위衛나라 사람 단목사)[4]은 "우리 선생님께서야 어디에서나 배우시지 않은 데가 있겠습니까? 또한 어찌 정해진 스승이 있겠습니까?"[5]라고 말한 것이다.

공자는 키가 9척 6촌이라고 사마천이 『사기(史記)』「공자세가(孔子世家)」에 밝혔다. 이는 오늘날로 환산해 보면 약 190센티미터쯤 되는 키다. 당시 노나라 사람들도 공자를 '키다리'라고 불렀다고 한다. 19세 때(B.C. 533년) 견관씨의 딸과 혼인하여 다음 해 아들 리(鯉)를 낳았다. 공자는 결혼하던 해에 벼슬길에 나아갔다. 노나라 계씨의 창고 관리직[委吏위리]을 맡은 그는 곡물 출납을 성실히 수행하였다. 그리고 21세 때 가축을 관리하는 일[職吏직리]을 맡아 그 번식에 힘을 기울였다. 이로 인해 공자는 공사를 관장하는 사공(司空)이 되었다.

노나라 사람 남궁경숙(南宮敬叔, 노나라 맹희자의 아들)이 노나라 군주에게 말하기를, "공자와 더불어 주(周)나라에 가기를 청합니다."[6]라고

---

3) 가란, 『공자家 이야기』(정연호·채영호 옮김, 도서출판 선, 2010), 40~41쪽 참조.

4) '자공(子貢)'은 단목사(端木賜)의 자(字)이다. 단목(端木)이 성씨이고 사(賜)가 이름이다. 자(字)는 20살 때 관례식 곧 성인식을 행할 때 짓는다. 자(字)에 자공(子貢)처럼, '자(子)'를 넣어 불러주는 것은 인격적으로 존중해 주는 뜻이 있다. 자로(子路)·자하(子夏)·자공(子貢) 등이 모두 그 예들이다.

5) 『論語』「子張」篇 '文武'章. "夫子가 焉不學이시며 而亦何常師之有시리오."

하였다. 노나라 군주는 그에게 수레 하나, 말 두 필을 내주고, 심부름하는 아이 한 명과 함께 주(周)나라에 가서 예(禮)를 묻게 하였다. 이리하여 이때 공자가 노자(老子)를 만났다.[7] 그리고 노자에게 예(禮)를 물었다고 했다. 공자가 작별 인사를 하고 떠날 때, 노자가 그를 송별하여 말하기를 "내가 들으니 부귀한 자는 사람을 전송할 때 재물로써 하고, 어진 자는 사람을 전송할 때 말로써 한다고 합니다."라고 하였다. 그리고 이어서 "나는 부귀하지 못하나 인자(仁者)라고 자처하기를 좋아하니 다음 말로써 그대를 전송하겠습니다. '총명하고 깊게 관찰하는 사람에게는 죽음의 위험이 따르는데 이는 남을 잘 비판하기 때문이요, 많은 지식을 지니고 재능이 뛰어난 사람은 그 몸이 위태로운데 이는 남의 결점을 잘 지적해내기 때문입니다. 사람의 자녀된 자는 아버지뻘 되는 사람 앞에서 자기를 낮추고, 사람의 신하된 자는 임금 앞에서 자기를 치켜세우지 않는 법입니다."[8]라고 하였다. 공자는 노자에게 어떻게 처신해야 되는가를 듣고 노나라로 돌아왔다.

공자는 이미 30대 시절에 많은 제자들을 가르치기 시작하였다. 이 무렵 노나라의 실권을 장악한 이는 삼환씨(三桓氏)[9]였다. 이들은 국토를 채읍으로 삼고 군대와 가신을 길렀다. 이에 위협을 느낀 노나라 소공(昭公)은 계평자(季平子)를 제거하기 위해 군사를 동원하였다. 그러나 삼환씨의 단결된 무력에 패하여 소공은 제(齊)나라로 도주하였다. 공자도 패배한 소공의 뒤를 좇아 제나라에 갔다(B.C. 517년, 공자

6) 司馬遷, 「孔子世家」, 『史記』(정범진 외 옮김, 까치, 1994), 420쪽 참조.

7) 朱子, 『論語集註序說』. "適周, 問禮於老子."

8) 司馬遷, 「孔子世家」, 『史記』(정범진 외 옮김, 까치, 1994), 420~421쪽 참조.

9) 노(魯)나라 환공(桓公)의 후예인 삼환씨(三桓氏)로, 맹손씨(孟孫氏)·숙손씨(叔孫氏)·계손씨(季孫氏)를 이르는 말이다. 이후 노나라는 계손씨(季孫氏)가 정권을 장악하였다.

35세 때). 제나라로 간 35세의 공자는 제나라 대신인 고소자(高昭子)의 가신이 되어 제나라 경공(景公)과 통하려 하였다. 이때 공자는 제나라 악관(樂官)과 음악을 논하였는데, 순(舜)임금의 음악인 소(韶) 음악을 듣고 그 음악을 배워, 3달 동안 고기 맛을 잊을 정도로 심취하였다고 하였다. 『논어』 「술이(述而)」편 '문소(聞韶)'장에 "子자가 在齊재제하사 聞韶문소하시고 삼월三月을 不知肉味부지육미하사 曰왈, 不圖爲樂之至於斯也부도위악지지어사야호라."고 하였다. 곧 "공자께서 제나라에 계시면서 순임금의 음악 소(韶)를 들으시고 석 달을 고기 맛을 알지 못하셔서 말씀하시기를, '음악됨이 이 경지에 이를 줄은 생각도 못했노라.'고 하셨다."가 이를 증명하고 있다.

제나라 경공을 만난 공자는 정치의 요체를 "임금은 임금다워야 하고, 신하는 신하다워야 하며, 아비는 아비다워야 하고, 아들은 아들다워야 합니다."[10]라고 말해, 주목을 받았다. 이는 『논어』 「안연(顔淵)」편 '제경(齊景)'장에 "君君군군 臣臣신신 父父부부 子子자자이시니이다."와 같은 의미이다. "임금이 제대로 임금 노릇하며, 신하가 신하 노릇하며, 부모가 부모 노릇하며, 자식이 자식 노릇하는 것입니다."라고 한 것이다. 그리고 이 제나라 경공의 정치에 대한 물음에 해당하는 공자의 정치 사상이 담긴 대답은 『논어』 「자로(子路)」편 '정명(正名)'장에 나타나 있다. "必也필야 正名乎정명호인저." 곧 "반드시 이름을 바로 잡을 것이다."라고 한 것이 그것이다. 이는 이름이 이름 구실을 해야 한다는 말로 정명사상(正名思想)을 이르는 말이다. 임금이 임금답고 신하가 신하답고 부모가 부모답고 자식이 자식다울 때, 사람들이 자기가 처한 위치에서 최선을 다할 때 천하와 백성은 편안해질 수 있다는 공자

10) 司馬遷, 「孔子世家」, 『史記』(정범진 외 옮김, 까치, 1994), 423쪽 참조.

의 생각이었던 것이다.

다른 날 다시 경공이 정치에 대해 묻자, "정치의 요점은 재물을 절제하는 데 있습니다."[11]라고 답하니, 경공이 기뻐하며 장차 이계(尼谿)의 땅을 공자에게 봉하려고 하였다. 그런데 안영이 나서며 말하기를, "무릇 유자(儒者)는 말재간이 있고 융통성을 잘 부려 법으로 규제할 수 없으며, 거만하고 제멋대로 하니 아랫사람으로 두기 어려우며, 상례를 중시하여 슬픔을 다한다며 파산까지 하면서 큰 장례를 치르니 그들의 예법을 풍속으로 삼기 어렵고, 도처에 유세(遊說) 다니며 관직이나 후한 녹을 바라니 나라의 정치를 맡길 수도 없습니다. 현자(賢者)가 사라진 이래로 주(周) 왕실이 쇠미해졌고 예악(禮樂)이 붕괴된 지 오래되었습니다. 지금 공자는 용모를 성대히 꾸미고 의례 절차를 번거롭게 하고 세세한 행동 규범을 강조하고 있으나 그것은 몇 세대를 배워도 다 배울 수 없으며 평생을 다해도 그 예를 터득할 수 없습니다. 군주께서 그를 채용하여 제나라 풍속을 바꾸려고 하신다면 이것은 백성을 다스리는 좋은 방법은 아닙니다."[12]라고 하였다. 이후 경공은 공자에게 예를 묻지 않았다. 이후 공자를 해치려 한다는 소문이 들렸다. 이에 경공이 "나는 이미 늙었소. 그대를 등용할 수가 없소이다."[13]라고 하여, 마침내 공자는 제나라에서 노나라로 돌아왔다.

제나라에서의 관직 등용에 실패한 공자는 다시 노나라에 돌아온 뒤에도 노나라 정치는 어지러워만 갔다. 공자 나이 42세 때 노나라 소공이 죽고 뒤를 이어 정공(定公)이 즉위하였다. 즉위한 노나라 정공은 아무런 실권이 없었고 계씨는 계씨대로 가신들의 발호(跋扈, 제멋대

11) 앞의 책, 423쪽 참조.

12) 위의 책, 423쪽 참조.

13) 위의 책, 432쪽 참조.

로 날뛰)로 골머리를 앓고 있었다. 계평자가 죽고 계환자(季桓子, 계평자의 아들)가 자리를 이었다. 계환자가 총애하는 신하 중에 중양회(仲梁懷)가 있었는데, 양호(陽虎, 계손씨의 가신으로 양화陽貨로 불리기도 하였음)와 사이가 좋지 않았다. 양호가 중양회(仲梁懷)를 내쫓으려고 하였으나 가신인 공산불뉴(公山不狃, 계씨의 가신)가 말렸다. 그해 가을 중양회가 더욱 교만해지자 양호가 그를 체포하였다. 이에 계환자가 노하자 양호는 계환자마저 가두었다. 이후 서로 맹약한 후 계환자를 풀어주었다. 이후 노나라는 바른 도(道)가 지켜지지 않은 곳이 되었으며, 공자는 관직에 나아가지 않고 『시(詩)』·『서(書)』·『예(禮)』·『악(樂)』 등을 편찬하였다.

이후 노나라 정공 8년, 가신 양호(陽虎, 양화陽貨)가 공산불뉴(계씨의 가신)와 손잡고 반란을 일으켰다. 그런데 이들의 반란은 계환자의 계략으로 간신히 수습되었다. 정공 9년 양호(陽虎)는 계획이 실패하자 제나라로 도망하였다. 이때 공자 나이 50세였다.

공산불뉴가 계씨의 비(費)땅에서 계씨에게 반기를 들고, 사람을 시켜 자기를 도와달라고 공자를 불렀다. 공자는 도를 추구한 지 오래되었고, 시험해 볼 곳이 없음을 답답해하고 있었으나 아무도 자신을 불러주지 않았다. 이때 공산불뉴가 불러준 것이다. 이에 공자는 "주나라 문왕과 무왕은 풍땅(문왕 때의 수도)과 호땅(무왕 때의 수도)처럼, 작은 지역에서 왕업을 일으켰다. 지금 비땅은 비록 크기가 작기는 하지만 대체로 풍땅과 호땅과 같지 않겠는가?"[14]라고 말하면서 가려고 하였다. 그러나 공자의 제자 자로(子路)가 못 가게 막았다. 이에 공자는 "나를 부르는 것이 어찌 무용한 일이겠는가? 그가 만약 나를

14) 위의 책, 426~427쪽 참조.

등용한다면 나는 훌륭한 동방의 주나라를 세울 수 있을 것이다."[15]라고 말하였지만, 가지는 않았다.

공자는 51세 때(B.C. 501년), 노(魯)나라 정공이 공자를 중도(中都, 노나라 고을 이름)의 장(長)에 임명하였다. 공자가 중도 고을을 다스린 지 1년 만에 치안과 질서가 바로잡혀 다른 고을의 모범이 되었다. 이런 공로로 공자는 다음 해(B.C. 499년, 53세 때)에 사공(司空, 건설부 장관), 그리고 다시 대사구(大司寇, 법무부 장관)로 승진하였다.

다음 해(정공 10년) 봄 노나라는 제나라와 화친을 맺고, 여름 노나라 정공과 제나라 경공이 협곡에서 회맹하였다. 이때 제나라 경공은 무력으로 노나라 정공을 위협했으나 임시로 재상의 일을 보고 있던 공자는 그의 야비한 처사를 꾸짖었다. 이에 제나라는 사과하는 뜻에서 이전에 빼앗았던 세 고을인 운(鄆, 지금의 산동성 운성)·민양(汶陽, 지금의 산동성 태안)·구음(龜陰, 지금의 산동성 사수)을 노나라에 되돌려 주었다.

또한 공자는 삼환씨의 세력 근거지인 삼도(三都)를 허물기로 하였다. 이는 바로 임금의 권위와 실권을 회복시키고자 한 조처였다. 이 일은 맹손씨 가신의 저항에 부딪혀 실패하였다.

그러나 B.C. 496년(55세 때) 대사구인 공자가 정승의 일까지 겸직하면서, 관리의 기강을 바로잡기 위해, 취임 7일 만에 대부 소정묘(少正卯)를 처형하였다. 처형 이유는 말재간으로 나라를 어렵게 한다는 것이었다. 이는 소인배로 향원(鄕原) 같은 인물이라는 뜻이다. 자신의 이익만 위하고 나라 전체의 이익에는 무관심한 인물이다. 공자가 재상이 되어 정치를 맡은 지 세 달이 지나자 가축을 파는 사람은 값을 속이지 않았고, 남녀가 길을 걸어갈 때 따로 걸어갔으며, 길에 떨어진

---

15) 위의 책, 427쪽 참조.

물건을 주워가는 사람도 없었다. 그리고 사방에서 읍에 찾아오는 여행객도 관리에게 허가를 받을 필요가 없었고, 모두 잘 접대해서 만족해하며 돌아가게 하였다. 이렇게 되자 이웃 제나라는 노나라의 국력이 비대해짐을 두려워하였다. 제나라 조정은 대부 여서(黎鉏)의 책략을 채택하여 노래와 춤에 능한 미녀 80명과 무늬 있는 말 120필을 노나라에 보냈다. 노나라 정공(定公)과 계환자(季桓子, 계손씨)는 제나라가 보낸 선물을 받고 사흘이나 조회를 열지 않았다. 이에 공자는 이들과는 큰일을 함께 할 수 없다고 판단하고, 제자 자로(子路)의 말대로 노나라를 떠났다.

떠날 때도 명분이 필요했던 공자는, 계환자가 제나라 무녀들을 받아들이고 사흘 동안 정사를 돌보지 않았으며, 남쪽 교외에서 제사 지내는 교제(郊祭, 남쪽 교외에서 하늘에 제사 지내는 것이 교郊이고, 북쪽 교외에서 하늘에 제사 지내는 것이 사社임. 고대에는 교사郊社의 제례가 있었음)를 지내고도 그 희생 제물을 대부들에게 나누어 주지 않는 것을 이유로 들어 노나라를 떠났다. 고대 제후가 교외에서 제사를 지내고 희생물을 신하들에게 나누어 주는 것은 신하들에 대한 존중이었다. 그런데 노나라 정공(定公)은 희생 제물을 나누어 주지 않았다. 공자는 이를 구실 삼아 정도(正道)가 사라진 노나라 조정을 떠났던 것이다.

자신의 경륜을 펼치기 위해 주유천하의 길을 나선 공자는 위(衛)·진(陳)·조(曹)·송(宋)·정(鄭)·채(蔡)·섭(葉)·초(楚)를 방문하였다. 공자는 여행 중 여러 차례 고난과 박해를 당하였다. 그는 송나라에서는 생명의 위협을 겪었고, 또한 위(衛)나라인 광(匡, 지금의 하남성 장원현)땅에서는 양호(陽虎)로 오인되어 닷새 동안 잡혀 있기도 했다. 일찍이 노나라 양호가 광(匡)땅 지역 사람들에게 포악하게 굴었기 때문이다. 광땅 지역 사람들이 포위망을 좁혀오자, 공자는 자신이 주(周)나라 문왕(文

王)의 도통(道統)을 계승하였으니, 하늘도 우리를 내버려두지 않을 것이다. 광땅 사람들도 우리를 어찌할 수 없을 것이라고 하여, 일행을 안심시켰다.

위(衛)나라 대부 거백옥(蘧伯玉)의 집에 머물 때 위나라 영공(靈公)의 부인인 남자(南子)가 공자를 초청하였다. 그런데 남자(南子) 부인(夫人)은 문란함이 소문이 나 있던 터라, 공자의 제자 자로(子路)가 만류하였다. 공자도 처음에는 사양하다가 결국 남자(南子) 부인을 만나보고 돌아왔다. 이에 자로가 기뻐하지 않았다. 그래서 공자는 "내가 만일 잘못하였다면 하늘이 나를 버릴 것이다. 하늘이 나를 버릴 것이다."라고 말하였다. 위(衛)나라에 머문 지 한 달 남짓 되었을 때 영공(靈公)은 남자(南子) 부인과 함께 수레를 타고 궁문을 나설 때 공자는 뒷수레를 타고 따라오게 하면서 거드름을 피우고 뽐내면 큰길을 지나갔다. 공자는 영공의 허세에 실망하여 결국 위나라를 떠나게 되었다.

공자가 송(宋)나라에 가서 제자들과 큰 나무 아래에서 예의에 대해 공부를 하고 있었는데, 송나라의 사마(司馬) 환퇴(桓魋)가 공자를 죽이려고 하였다. 예전에 환퇴가 석곽(石槨)을 만든 일로 공자에게 책망을 받은 일이 있었기 때문이다. 그래서 송나라에 더 머물지 못하고 정(鄭)나라로 떠났다. 정나라로 갔는데, 제자들과 서로 길이 어긋나서 홀로 성곽의 동문에 서 있었다. 공자의 이 모습을 본 정나라 사람이 공자의 제자 자공(子貢)에게 "동문에 어떤 사람이 있는데 이마는 요임금 닮았고, 목덜미는 고요를 닮았고, 어깨는 자산을 닮았다. 허리 이하는 우(禹)임금보다 3촌(寸)이 짧으며, 풀 죽은 모습은 마치 상갓집 개와 비슷하다."고 일러주었다. 자공은 이 말을 그대로 공자에게 전해더니, 공자는 흔쾌히 웃으며, "한 사람의 겉모습이 어떠냐 하는 것은 그리 중요한 것이 아니다. 그런데 상갓집 개와 같다고 하였다는데, 그것은 정말 그렇도다. 정말 그렇도다."라고 하였다 한다. 떠돌다 일행과 떨어져 나와 홀로 서 있는 공자 자신의 모습을 초상집 개에 비유한 것을 인정한 공자이다. 남의 음식이나 얻어먹고 다니는 떠돌이 지식인, 돌봐 줄 주인을 잃은 상갓집 개와 같은 처지라는 뜻이다. 이처럼 '떠돌이 지식인의 고난'을 인정한 공자이기도 하다.

공자는 진(陳)나라에 와서 머물렀는데 머문 지 3년이 되었을 때, 진(晉)나라와 초(楚)나라가 강함을 다투며 서로 차례로 진(陳)나라를 침범하였다. 이에 공자는 "돌아가자 돌아가자 내 고장의 젊은이들은 뜻은 크지만 단지 일을 함에는 소홀함이 있다. 그러나 그들에게는 진취성이 있고, 그들은 초지(初志, 처음에 품은 뜻)를 잊지 않고 있다."라고 하면서 진(陳)나라를 떠났다. 공자가 포(蒲)땅을 지날 때 공숙씨가 반란을 일으켰다. 포땅의 사람이 공자의 앞길을 막았다. 이에 제자 공양유(公良孺)가 적극 나서 싸우자 포땅의 사람들이 두려워서 공자에게 말하기를 "만일 위(衛)나라로 가지 않는다면 그대를 놓아주겠소."라고 하니, 공자가 그렇게 하기로 맹약(盟約)하였다. 그러나 공자는 위(衛)나라로 갔다. 이에 자공이 "맹약을 저버려도 됩니까?"라고 하니. 공자가 "강요된 맹약은 신(神)도 인정하지 않는다."라고 대답하였던 것이다. 위나라 영공이 연로하여 정사에 적극적이지 않았다. 또한 공자를 등용시키지도 않았다, 그래서 공자는 위나라를 떠날 수밖에 없었다. 이렇듯 공자는 계속해서 정사에 관여하는 일은 실패하였다. 이와 같은 공자의 처신은 의리와 신의에 맞지 않은 약속은 지킬 필요가 없음도 보여준 것이다.

공자는 위나라를 떠나 서쪽의 진(晉)나라로 가서 대부(大夫) 조간자(趙簡子, 조앙趙鞅)를 만나려 하였다. 황하에 이르러서 두명독(竇鳴犢)과 순화(舜華)가 피살되었다는 소식을 접하고 공자는 "아름답구나 황하

(黃河)여 넓고 넓도다. 내가 이 황하(黃河)를 건너지 못하는 것은 운명이로다."라고 탄식하니, 자공이 여쭈기를, "무슨 뜻입니까?" 하였다. 조간자가 아직 뜻을 얻지 못했을 때 진(晉)나라 어진 대부 두명독과 순화의 도움을 받았는데, 지금 조간자가 뜻을 이루자 도리어 그 두 사람을 죽이고 정권을 장악하였다. 이미 도(道)가 쇠한 것이다. 그래서 나 공자는 고향 땅으로 돌아가 거문고 곡조인 추조(陬操)를 지어 두명독과 순화를 애도하고자 한다. 그러나 공자는 위(衛)나라로 가서 거백옥의 집에 머물다가 다시 진(陳)나라로 갔다.

공자가 진(陳)나라에 있을 때, 노나라에 불이 났다는 소식을 듣게 되었다. 이에 공자는 노(魯)나라 환공(桓公)과 리공(釐公)의 묘에서 불이 났을 것이라고 하였다. 뒤에 알아보니 과연 공자의 말이 맞았다. 「공자가어」[16]에는 이 사실을 알게 된 배경이 나온다. 공자는 『시경』시 "높고 높은 하늘이시여, 조금도 어긋남이 없도다."라는 구절을 인용하면서 좋은 일을 하면 하늘이 반드시 덕(德)으로써 갚아 주며, 재앙은 역시 그와 같다고 하였다. 그래서 리공(釐公)은 '문왕이나 무왕의 제도를 변경하여 검고 누런색의 화려한 장식으로 꾸며 궁실을 높이 짓고, 수레와 말을 사치스럽게 치장하여 더 이상 구제할 수 없을 정도'라고 하였다. '이런 잘못을 범했기 때문에 하늘이 그 사당에 재앙을 내렸다.'라고 하였다. 나쁜 짓을 하면 언젠가는 벌을 받게 된다는 논리이다.

노(魯)나라 실권자인 계환자(季桓子)가 병이 들어 아들 계강자(季康子)에게 말하기를, "내가 죽으면 공자를 초청해 와서 함께 정사를 행하라."고 당부하였다. 계강자가 실권을 잡은 후 공자를 부르려 하자,

16) 王肅 撰, 『孔子家語』(林東錫 譯註, 동서문화사, 2009), 501~502쪽 참조.

노나라 대부 공지어(公之魚)가 반대하면서 공자의 제자 염구(冉求)를 부르자고 하였다. 이 말을 들은 공자는 "우리 노나라 사람이 염구를 부르는 것을 보니 장차 크게 등용하려는 것이다."라고 하면서, 공자 자신도 노나라로 돌아갈 것을 생각하였다.

초(楚)나라의 섭(葉)땅에서 섭공이 정치에 대해 물었는데, 공자는 '정치란 먼 데 있는 사람이 찾아오게 하고, 가까이 있는 사람의 마음을 얻는 것'이라고 하였다. 또 섭공이 자로에게 공자의 사람됨을 물었는데, 자로가 대답하지 않았다. 이를 안 공자는 자기 자신을 평하기를 '그는 사람됨이 도를 배우는 데 권태를 느끼지 않고, 사람을 깨우치는 일에 싫증을 내지 않으며, 일에 열중하여 먹는 것조차 잊어버리고, 즐거움으로 근심을 잊으면서, 늙어가는 것도 모르고 살아가는 사람이라고 말하지 않았느냐?'고 하였다.

공자가 섭(葉)땅을 떠나 채(蔡)나라로 돌아오는 도중에 장저(長沮)와 걸익(桀溺)이 밭을 가는 것을 보았다. 공자는 그들이 은자(隱者)인 것을 알고, 자로로 하여금 나루터를 묻게 하였다. 자로(子路)가 먼저 장저(長沮)에게 나루터를 물으니, 공자(孔子)가 나루터를 알고 있을 것이라고 대답하였다. 그리고 걸익(桀溺)은 자로에게 "공자 제자냐?"고 물으면서 "사람을 피하는 선비(임금이나 위정자들을 피하는 공자 같은 선비)를 따르는 것보다 차라리 세상을 피하는 선비(은둔하는 장저와 걸익 같은 선비)를 따르는 것이 낫지 않는가?"라고 하니, 자로가 그 말을 공자에게 전하였다.

이에 공자는 "사람이란 인간 사회를 피해서 짐승들과 무리를 같이 하여 살 수가 없다. 천하에 도가 통한다면 나도 이를 바꾸려고 여러 나라를 쫓아다니지 않을 것이다."라고 하여, 도가 서지 않은 현실이기에 이 세상을 떠날 수 없다는 현실 참여적 태도를 보였다. 이것이

유학(儒學)에 도도히 흐르는 선비정신이면서 현실 참여적 태도인 것이다. 그래서 도(道)가 서지 않은 현실을 두고 선비는 세상을 등지지 않는 것이다. 조선시대 선비들의 의병활동이나 구한말 독립 투쟁도 모두 유학의 선비정신에서 나온 현실 참여적 자세인 것이다.

『논어』「미자(微子)」편 '우경(耦耕)'장에도 "문진(問津)"과 관련된 장저와 걸익에 대한 내용이 나온다. 이 『논어』와 『사기(史記)』「공자세가(孔子世家)」에 나오는 "문진(問津)"은 원래 공자가 진짜로 "나루터를 묻는 말"이었는데, 장저의 "그 사람이 바로 나루터를 아느니라."는 말이 있은 뒤로, 후대에는 "문진(問津)"이라는 말이 "학문의 길을 묻는다."는 의미로 전이되어 쓰였다. 또한 공자는 학문의 길을 아는 사람이라고 일컫게 되었던 것이다.

『논어』「미자(微子)」편 '우경(耦耕)'장 공자 말씀에 "조수와는 더불어 무리지어 살기를 같이할 수 없으니(鳥獸 不可與同群.)"라고 한 것은, '세상 사람들과 함께 호흡하며 살지 않는 조수처럼 세상을 등지고 사는 것을 경계하기 위하여 한 말씀이었다. 그리고 "내가 이런 사람들의 무리를 허여하지 않고서 누구를 허여하리오?(吾, 非斯人之徒, 與, 而誰與.)"라고 한 것은, "세상 사람들과 더불어 하지 않고서 누구와 함께 할 것인가?"로 반문한 것이다. 그러면서 천하에 도(道)가 있으면 나 공자는 세상을 변혁시키려고 이렇게 굳이 애쓰지 않을 것이라고도 하였다. 이런 정신이 유학의 선비정신이면서 현실 참여적 태도인 것이다. 조선시대 때 나라가 위기에 처했을 때 철저한 유자들은 의병을 일으키거나 자신만의 방법으로 그 부정한 현실을 타파하려고 노력했던 것이다. 이런 공자의 선비정신은 조선시대를 거쳐 오늘날까지 이어져 유자들의 문학에 현실 참여적 작품도 나왔던 것이다. 18년 동안 유배살이 했던 다산(茶山) 정약용(丁若鏞)의 한시(漢詩)에도 농민들의 핍박받는 삶을 통해 당시 위정자의 가렴주구(苛斂誅求)를 고발한 것과 일제 치하 이육사의 참여적 문학 등이 다 선비정신의 발로인 것이다. 이처럼 공자의 말씀과 태도에서 유학의 적극적인 태도를 살펴볼 수 있다.

이렇게 공자는 14년 동안이나 여러 나라를 순방하며 자기의 도덕 정치를 채택할 제후를 찾았으나 끝내 만날 수 없었다. 당시의 제후들은 공자의 주장을 현실과 동떨어진 이상으로만 생각했던 것이다. 그것은 이들이 무력에 의한 영토 확장과 권모술수에 의한 권력 유지에만 급급했기 때문이다. 제후들을 설득하는 데 실패한 공자는 후진의 교육을 위해 14년 동안의 주유(周遊)를 마감하고 다시 노나라에 돌아왔다. 그의 나이 68세였다(B.C. 484년).

노(魯)나라에 돌아오자 노나라 애공(哀公)이 정치에 대해 묻자, '정치의 근본은 신하를 잘 뽑는 데 있습니다.'라고 답을 하였다. 그리고 실권자 계강자도 정치에 대해 묻자 '정직한 사람을 뽑아서 굽은 사람 위에 놓으면, 굽은 사람도 정직해집니다.'라고 대답하였다. 계강자가 노나라에 도둑이 횡행함을 근심하자, 공자는 '진실로 당신 자신이 탐욕을 부리지 않는다면, 비록 상을 준다 해도 백성들은 남의 물건을 훔치지 않을 것'이라고 답하였다. 위정자의 솔선수범(率先垂範)이 정치의 핵심이라는 말이다.

고국에 돌아온 공자는 시(詩)·서(書)·역(易)·예(禮)·악(樂)·춘추(春秋)를 재편찬하여 이를 정식 교재로 채택하였다. 이때 제자는 3천 명에 이르렀고, 육예(六藝) 곧 예(禮)·악(樂)·사(射)·어(御)·수(數)·서(書) 등에 통달한 제자도 72명이나 되었다. 공자는 네 방면에서 제자들을 가르쳤다. 문(文)·행(行)·충(忠)·신(信)이다. 한편으로는 네 가지를 금기시켰는데, 억측하지 말 것, 독단하지 말 것, 고집하지 말 것, 스스로 옳다고 여기지 말 것 등이었다.

공자가 신중히 생각한 것은 재계(齋戒)·전쟁·질병 등이었다. 그러나 이익에 대해서는 거의 말씀하지 않았다. 어쩌다가 이익에 대해서 말해야 할 때에는 반드시 운명과 결부시켜 말하거나 인덕(仁德, 어진 덕)과 결부시켜 말하였다. 공자는 제자를 가르칠 때 분발하지 않으면 깨우쳐 주지 않았고, 또 한 가지 문제를 가르쳐서 이와 유사한 다른 세 가지 문제를 물어오지 않으면, 다시 되풀이해서 가르치지 않았다. 그의 이와 같은 조치는 후진 양성과 후진들이 전통문화를 계승하고 새로운 문화를 창출하는데, 도움을 주었다. 그러나 교육에 전념하는 그에게 슬픈 일이 연이어 일어났다. 곧 그의 외아들 리(鯉)가 50세를 일기로 세상을 떠난 것이다(B.C. 483년, 공자 69세).

아들 리(鯉)가 죽은 다음 해인 B.C. 482년(공자 70세)에는 그가 아끼던 제자 안연(顔淵)이 죽었다. 이때 그는 "아아 슬프도다 하늘이 나에게 상(喪)을 당하게 하셨구나. 하늘이 나에게 상을 당하게 하셨구나.(子曰, 噫, 天喪予, 天喪予.)"라고 탄식한 장면이 『논어』「선진(先進)」편 '상여(喪予)'장에 나온다.

노(魯)나라 애공(哀公) 14년(B.C. 481년) 경신년 봄에 사냥하는 소택지에서 괴상한 짐승이 잡혔다. 사람들은 이것을 상서로운 일로 여기지 않았다. 공자는 그 괴상한 짐승이 기린이라고 하였다. 기린은 상서로운 동물인데 나타날 때가 아닌 어지러운 때에 나타나 붙잡힌 것이다. 이를 두고 공자는 '도를 행하려는 나의 희망도 다 끝났다.'고 하였다. 공자는 이어서 탄식하기를, '나를 알아주는 이는 아무도 없구나.' '나는 하늘을 원망하지도 않고, 사람을 탓하지도 않는다. 다만 아래서 인간사를 배워 위로 천명(天命)에 이르고자 하였을 뿐이다. 그러니 나를 알아주는 이는 하늘뿐이다.'라고 탄식하였다. 이해(B.C. 481년)에

71세의 공자는 편년체 역사서인 『춘추(春秋)』를 지었다.

애공 15년(B.C.480년) 공자(73세)의 제자 중유(仲由) 곧 자로(子路)가 위(衛)나라에서 죽었다. 공자가 병이 났다. 단목사(端木賜)인 자공(子貢)이 찾아와 뵙기를 청하였다. 이에 공자는 지팡이를 짚고 나와 "왜 이리 늦게 왔느냐?" 묻고는 "천하에 도가 없어진 지 오래되었다. 아무도 나의 주장을 믿지 않는다. 장사(葬事)를 지낼 때 하(夏)나라 사람들은 유해(遺骸)를 동쪽 계단에 모셨고, 주(周)나라 사람들은 서쪽 계단에 모셨고, 은(殷)나라 사람들은 두 기둥 사이에 모셨다. 어제밤에 나는 두 기둥 사이에 놓여져 사람들의 제사를 받는 꿈을 꾸었다. 나의 조상은 원래 은(殷)나라 사람이었다."라고 말을 하였다. 주(周)나라 무왕(武王)에 의해 멸망한 은(殷)나라이다. 이 은(殷)나라 후손들이 살 수 있게 마련해 준 나라가 송(宋)나라였다. 그 송(宋)나라에 살던 공자의 6대조 공보가(孔父嘉)가 살해되자, 그 증손자이며 공자의 3대조인 증조부 방숙(防叔)의 대(代)에 노(魯)나라로 옮겨와 살았던 것이다.

이후 공자는 (B.C. 479년, 노 애공 16년, 73세) 4월 기축일(己丑日, 11일)에 세상을 떠났다. 공자는 만년에 자기의 한평생을 이렇게 술회한 바 있다.

> 나는 열다섯 살에 배움에 뜻을 두었고, 서른 살에는 학문적 자세가 확립되었으며, 마흔 살에는 의혹되지 않게 되었으며, 쉰 살에는 천명을 알게 되었으며, 예순 살에는 귀가 순하게 되었으며, 일흔 살에는 마음의 하고자 하는 바를 따라 하되 법도를 벗어나지 않게 되었느니라.[17]

---

17) 『論語』「爲政」篇 '志學'章. "吾가 十有五而志于學하고 三十而立하고 四十而不惑하고 五十而知天命하고 六十而耳順하고 七十而從心所欲하여 不踰矩호라."

이는 『논어』 「위정(爲政)」편 '지학(志學)'장에 나오는 내용이다. 공자는 15세 이전에 『시경(詩經)』·『서경(書經)』 등의 서책의 자료를 이미 다 읽고 익혔으나, 그럼에도 그 15세에 비로소 본격적으로 배움에 뜻을 두었다고 하였다. 이립(而立)인 30세에 학문의 기초와 학문적 자세가 확립되어 다시금 인생의 방향을 바꾸지 않을 만큼 학문적으로 확고한 경지에 이르게 되었다는 말이다. 불혹(不惑)인 40세에는 세상물정에 환해지고 사리에 밝아져서 시비곡직(是非曲直) 등의 판가름에 분명해지게 되었고, 지천명(知天命)인 50세에는 어두운 세상을 밝히라는 하늘의 뜻을 분명히 알게 됨으로써, 혼란한 세상을 구하라는 뜻으로서의 하늘의 사명감을 느끼게 되었다고도 하였다. 그리고 이순(耳順)인 60세에는 이미 하늘의 명을 알고 난 나머지이므로, 익히 천리를 알아서 귀를 통해 들어오는 인간 세상의 일체의 시비(是非)를 순화하여 들을 수 있는 나이라고 하였다. 종심(從心)인 70세는 마음이 하고자 하는 바를 따라 해서 법도를 어기지 않게 되었다는 말이다. 다시 말하자면, 70세는 마음이 하고자 하는 대로 행해도 법도를 어기지 않는 나이가 되었다는 의미로, 성인(聖人)의 경지에 이른 나이이다. 두보는 시 「곡강(曲江)」에서 "酒債尋常行處有주채심상행처유, 人生七十古來稀인생칠십고래희"라고 하여, "술값은 늘상 가는 곳마다 있고, 인생 칠십은 예로부터 더물다."라고 하여, 70세인 고희(古稀)의 유래도 여기서 시작되었다. 따라서 "고희(古稀)"도 "종심(從心)"과 같은 의미로 사용된다.[18]

공자는 고향 마을에서 공손하여 마치 말씀을 쓱쓱 내뱉지 못하는

---

18) 『예기(禮記)』에는 20세를 약관(弱冠)이라 하였다. 그리고 77세는 희수(喜壽)고, 80세는 산수(傘壽)이며, 88세는 미수(米壽), 90세는 졸수(卒壽), 99세는 백수(白壽)이다. 그리고 100세는 백수(百壽) 또는 기이지수(期頤之壽)라고 한다. '기(期)'는 인생 100년을 뜻하고, '이(頤)'는 남에게 봉양을 받는 것을 의미한다. 기이지수(期頤之壽)는 몹시 늙어 음식이나 기거를 다른 사람에게 의탁하는 나이라는 말이다.

사람과도 같았다. 그러나 조정에서 상대부들과 이야기할 때에는 태연하면서도 할 말을 능히 다하였으며, 하대부들과 이야기할 때에는 온화하면서도 즐겁게 대하였다.

공자는 군주의 궁문을 들어갈 때에는 머리를 숙이고 허리를 굽혀 경의를 표하였고, 그 앞으로 빨리 걸어 나아갈 때에는 단정하게 예의를 차렸다. 왕이 그에게 손님을 접대하도록 명하면, 정성을 다하는 표정이었으며 왕의 부름이 있을 때에는 마차가 준비될 때까지 기다리지 않고 서둘러 달려갔다.

공자는 생선이 상하였거나 고기가 부패하였거나 또는 아무렇게나 잡아서 멋대로 잘라놓은 고기는 먹지 않았다. 자리가 바르지 않으면 앉지 않았고, 상(喪)을 당한 사람 곁에서 식사할 때에는 배불리 먹은 일이 없었다. 곡(哭)한 날은 종일 노래를 부르지 않았다. 상복(喪服)을 입은 사람이나 맹인을 보면 비록 그가 어린애라 할지라도 반드시 표정을 바꾸어 동정을 표시하였다. "세 사람이 걸어가면 그중에는 반드시 나의 스승이 될 사람이 있다."라고 하였으며, "덕을 닦지 않고 학문을 강습하지 않고, 의로운 이치를 듣고도 좇아가 행하지 않고, 잘못이 있어도 고치지 않은 것, 이 몇 가지가 바로 내가 우려하는 바이다."라고도 말씀하였다. 노래를 시켜보아서 잘 부르면 다시 부르게 하고, 그런 다음에는 그를 따라 불렀다. 공자는 괴이한 것, 폭력, 문란한 것 그리고 허무맹랑한 귀(鬼)에 대해서는 말하지 않았다.

공자는 이처럼 자기 완성을 위해 한평생 노력했던 것이다. 그러므로 그가 만대(萬代)의 사표(師表, 스승)가 된 것도 우연한 일은 아닐 것이다.

공자는 노(魯)나라 도성 북쪽의 사수(泗水, 지금의 산동성 사수현 동몽산 남쪽 기슭에 근원이 있음) 부근에 묻혔다. 제자들은 모두 3년상(喪)의

산동성 곡부(曲阜) 공림(孔林)에 있는 공자(B.C. 551~479)의 묘와 비석. 비석에는 "大成至聖文宣王墓(대성지성문선왕묘)"라 새겨져 있다. '대성(大成)'은 원(元)나라 때, '지성(至聖)'은 송(宋)나라 때, '문선왕(文宣王)' 당(唐)나라 현종(玄宗) 때 내린 시호(諡號)이다.

공자의 아들 공리(孔鯉, B.C. 532~481)의 묘와 비석. 비석에는 '사수후묘(泗水侯墓)'라고 새겨져 있다. '사수후'는 죽은 후에 봉해진 작위임. 사수(泗水)는 공자의 고향인 산동성(山東省) 곡부(曲阜)를 지나는 작은 강 이름이고, 사수 가에서 공자는 3천 제자들을 가르쳤다.

공자의 손자인 공급(孔伋, B.C.483~402)의 묘와 비석. 비석에는 기국술성공(沂國述聖公)이 새겨져 있다. 공급이 공자의 학문을 논리적으로 잘 설명한 학자이자 사상가였기에 '기국술성공(沂國述聖公)'으로 불림. 공급은 자(字)가 자사(子思)로 『중용(中庸)』을 저술하였음.

상복(喪服)을 입었다. 오직 자공만은 무덤 옆에 여막을 짓고 6년을 지켰다. 공자가 살던 집과 제자들이 쓰던 내실은 훗날 공자의 묘(廟, 사당)로 만들어졌다.

아들이 태어나자 공자는 이름을 리(鯉)로 지었다. 그리고 노(魯)나라 소공(昭公)이 잉어를 보내왔기에 자(字)를 백어(伯魚)로 하였다. 백어와 관련 있는 일화가 『논어』에 전하고 있다. 『논어』 「양화(陽貨)」편 '백어(伯魚)'장에 "공자께서 백어에게 일러 말씀하시기를, '네가 『시경』 시의 주남·소남을 배웠느냐? 사람으로서 주남·소남도 배우지 않으면 그 똑바로 담장에 얼굴을 향하고서 서 있는 것과 같다고나 할까?'라고 하셨다."[19]는 내용이 있다. 이는 공자가 『시경』 시의 머리편인 주남·소남을 평상시 공부했는가를 백어에게 물은 것이다. 인륜의 도리인 수신

(修身)과 제가(齊家)를 밝힌 『시경』 시의 머리편을 공부하지 않고서는 세상을 살아갈 만한 소견이 전혀 없게 된다는 가르침이다. 만약 『시경』 시의 주남과 소남 편을 공부하지 않았다면 마치 눈앞에 담장을 대하고 서 있는 것과 똑같다[20]고 한 것이다. 『시경』 시 공부를 통해 세상을 살아갈 만한 자질을 갖추라는 말일 것이다. 백어는 나이 50에 아버지 공자보다 4년 먼저 죽었다.

산동성 곡부 공묘(孔廟)의 대성전(大成殿)

대성전 안의 공자(孔子) 영전(影殿)

이때 공자의 나이는 69세였다. 백어는 급(伋)을 낳았는데 자(字)는 자사(子思)로, 『중용(中庸)』을 저술하였다. 자사는 공자의 제자 중 공자의 도를 후세에 많이 전한 증자(曾子)의 제자이기도 하다. 공자의 손자 자사(子思)는 62세까지 살았다.

---

19) 『論語』「陽貨」篇 '伯魚'章. "子가 謂伯魚曰, 女가 爲周南召南矣乎아. 人而不爲周南召南이면 其猶正牆面而立也與인저"

20) "알아야 면장(面墻)을 하지"라는 말도 『논어』의 이 구절에서 나온 말이다. 그런데 이 말은 '면면장(免面墻)'이 와전된 것으로, '면장을 벗어나다'라는 뜻이다. '면장(面墻)'을 직역하면 '담벼락을 마주보고 있다'는 것으로, '이치에 어두워 꽉 막히고 고루하다'는 뜻이다. "알아야 면장을 하지"는 "알아야 면장에서 벗어난다."는 말이다. 한자어의 의미가 퇴색하면서 행정 단위인 면(面)의 책임자인 면장(面長)의 직무를 맡으려면 식견이 있어야 한다는 의미로 와전되어 잘못 사용되고 있는 것이다.

왕의 무덤을 릉(陵)이라 하고 성인(聖人)의 무덤을 림(林)이라 한다. 그래서 문(文)의 성인이신 공자의 무덤을 공림(孔林)이라 하고 무(武)를 대표하는 삼국시대 촉나라 관우(關羽)의 무덤을 관림(關林)이라 칭한다.

제2장 제자가 바라본 공자

『논어』에서 제자들이 스승인 공자를 바라본 모습은 어떠했을까?

子禽자금이 問於子貢曰문어자공왈, 夫子부자가 至於是邦也지어시방야하사 必聞其政필문기정하시나니 求之與구지여아 抑與之與억여지여아.

子貢자공이 曰왈, 夫子부자는 溫良恭儉온량공검하사 讓以得之양이득지시니 夫子之求之也부자지구지야는 其諸異乎人之求之與기저이호인지구지여인저.

—『論語(논어)』「學而(학이)」篇 '問政(문정)'章

[한자, 훈과 음]

子: 큰선생님 자. 접미사 자, 禽: 날짐승 금, 問: 물을 문, 貢: 바칠 공, 至: 이를 지, 邦: 나라 방, 必: 반드시 필, 聞: 들을 문, 政: 정사 정, 求: 구할 구, 與: 어조사 여, 抑: 누를 억, 溫: 온화할 온, 良: 곧을 량, 恭: 공손할 공, 儉: 검소할 검, 讓:

사양할 양, 得: 얻을 득, 諸: 어조사 저, 異: 다를 이, 乎: 어조사 호.

[번역]

'자금'이 '자공'에게 물어서 말하기를, "선생님께서 이 나라에 이르러 오셔서는 반드시 그 정사(政事)를 들으시나니, 그 정사를 들으실 기회를 구하신 것입니까? 아니면 드린 것입니까?"라고 하였다. '자공'이 말하기를, "선생님께서는 온화하시며 곧으시며 공손하시며 검약하시며, 그리고서도 사양하셔서 얻으셨으니, 선생님께서 구하심은 그 사람들이 구하는 것과는 다를 것이다."라고 하였다.

[해설]

위의 내용은 공자가 다른 사람들을 대할 때의 모습을 온(溫)·량(良)·공(恭)·검(儉)·양(讓) 다섯 가지로 나타낸 것이다. 공자가 14년을 중국 천하를 주유(周遊)하고 돌아온 후, 제자 자금이 궁금한 바를 선배인 자공(子貢, 단목사端木賜)에게 물어본 것이다.

스승인 공자께서는 다른 나라를 방문했을 때 그 나라에서 정사(政事)를 물어온 것인지 아니면 공자께서 스스로 먼저 그 정사에 대해서 말씀한 것인지 궁금했던 것이다. 그에 대해서 자공이 말하기를, 스승인 공자께서는 일찍이 그런 기회를 스스로 구한 적이 없으시되 다만 그 덕의 용모와 성품이 온화하고 마음이 평탄하며 공경스러우면서도 절제하시면서도 사양하신 뒤에도 어쩔 수 없이 그런 말씀을 행했다고 일러 주었던 것이다.

따라서 제자가 바라본 공자의 모습은 성품이 온화하고 인정은 두터우면서 마음은 편안하고 곧았으며 모습은 의젓하면서도 공경스러웠다. 그리고 인품만 훌륭한 것이 아니라 매사에 근검절약하시는 분으로 늘 겸손한 태도를 유지했다는 것이다. 주유(周遊) 천하를 했을 때에도 각 지역의 제후들이 정사(政事)를 물어오기 전에는 먼저 나서서 아는 척을 하지 않았다는 말이다.

顏淵안연이 喟然歎曰위연탄왈, 仰之앙지에 彌高미고하며 鑽之찬지에 彌堅미견하며 瞻之첨지에 在前전일일러니 忽焉在後홀언재후로다. 夫子부자가 循循然善誘人순순연선유인하사 博我以文박아이문하시고 約我以禮약아이례하시니라. 欲罷욕파(에) 不能불능하여 旣竭吾才기갈오재호니 如有所立여유소립이 卓爾탁이라 雖欲從之수욕종지나 末由也已말유야이로다.

—『論語』「子罕(자한)」篇 '喟然(위연)'章

[한자, 훈과 음]

顏: 얼굴 안, 淵: 못 연, 喟: 한숨 위, 然: 그러할 연, 歎: 탄식할 탄, 仰: 우러를 앙, 彌: 더욱 미, 高: 높을 고, 鑽: 뚫을 찬, 堅: 굳을 견, 瞻: 볼 첨, 在: 있을 재, 前: 앞 전, 忽: 문뜩 홀, 焉: 어조사 언, 後: 뒤 후, 循: 좇을 순, 善: 잘할 선, 誘: 꾈 유, 博: 넓을 박, 我: 나 아, 文: 글월 문, 約: 조일 약, 禮: 예도 예, 欲: 하고자 할 욕, 罷: 그만둘 파, 旣: 이미 기, 竭: 다할 갈, 吾: 나 오, 才: 재주 재, 如: 같을 여, 有: 있을 유, 所: 바 소, 立: 설 립, 卓: 높을 탁, 爾: 어조사 이, 雖: 비록 수, 從: 좇을 종, 末: 끝 말, 由: 말미암을 유, 已: 따름 이

[번역]

안연(顏淵)이 크게 한탄하며 말하기를, "우러러볼수록 더욱 높으며, 뚫을수록 더욱 견고하며, 바라봄에 앞에 있더니, 문득 뒤에 있도다. 선생님께서 차근차근 잘도 사람을 이끄셔서, 나를 넓혀 주시기를 글

공부로써 하시고, 나를 조여 주시기를 예로써 하셨느니라. 학문을 그만두고자 해도 능히 그만둘 수가 없어서 이미 내 재주를 다했으니, 마치 서 계신 바가 우뚝함이 있는 듯하여, 비록 따르고자 하나 어디로부터 시작해야 할지 모를 따름이다."라고 하였다.

[해설]

제자 안연이 스승 공자의 도(道)와 학문적 경지가 높은 것을 찬탄한 것이다. 스승인 공자의 도는 우러러볼수록 더욱 높으며 뚫고 들어가려 해도 견고해서 불가하며, 나 안연을 글공부로써 넓혀 주시고 예(禮)로써 자기 몸을 조일 수 있게 하여 아는 바를 행하게 하시고 도리에 어긋나게 하지 않게 해주셨다는 것이다.

우리가 스승의 날에 부르는 「스승의 은혜」 중에 "스승의 은혜는 하늘 같아서, 우러러볼수록 높아만 지네."라는 구절이 있다. 이 "우러러볼수록 높아만 지네."는 이 『논어』 구절, "仰之앙지 彌高미고"를 인용한 것이다. 이처럼 경서(經書) 구절을 인용하여 새로운 의미를 부여하는 작법을 용사(用事)라고 한다. 「스승의 은혜」는 만대의 스승인 공자에, 우리의 선생님들을 비유한 표현이다. 비록 스승에 대한 인식이 예전과 같지 않지만 그래도 우리 선생님들께서는 공자와 같은 스승이 되기 위해 노력해야 할 것이다.

子자는 溫而厲온이려하시며 威而不猛위이불맹하시며 恭而安공이안일러시다.

—『論語』「述而(술이)」篇 '溫厲(온려)'章

[한자, 훈과 음]

子: 큰선생님 자, 溫: 따뜻할 온, 厲: 갈 려, 威: 위엄 위, 而: 말 이를 이, 猛: 사나울 맹, 恭: 공손할 공, 安: 편안할 안

[번역]

공자께서는 온화하시면서도 엄숙하시며, 위엄이 있으면서도 사나운 기운을 풍기지 않으시며, 공순(恭順)하시면서도 편안하시더라.

[해설]

위의 글은 공자님의 평상시 모습을 문인(文人)이 소개한 글이다. 온화하시면서도 엄격하시고 위엄이 있으면서도 사납지 않았으며 항상 공손하면서 편안했다는 것이다. 이런 모습은 공자가 신비로움을 거부하고 경이로운 기적을 부정하면서 오로지 인간다움을 한결같이 간직했다는 말이다. 공자의 덕성과 도체가 평소에 얼굴과 모습을 통하여 나타났다는 뜻이다. 『논어』「술이(述而)」편 '연거(燕居)'장에 "子之燕居자지연거에 申申如也신신여야하시며 夭夭如也요요여야러시다."라는 구절에서도, "선생님께서 한가롭게 거처하심에 낯빛이 환히 펴지는 듯하셨으며, 즐거운 듯하시더라."고 한 것처럼, 제자들이 스승인 공자가 공적인 일을 보지 않고 한가로이 집안에 계실 때의 모습을 보고서 한 표현이다. 공자의 그 얼굴 모습이 마치 환하게 쫙 펴지는 듯하며, 안색이 따뜻한 봄기운처럼 즐거운 빛이 흐르는 듯하다고 한 것이다.

보통 사람들은 한가로이 거처할 때 오히려 태만하게 굴거나 방자하게 군다. 아니면 심히 엄격한 얼굴로 까다롭게 굴기도 하는데, 공자께서는 평상시에도 편안하고 온화한 모습과 안색을 지녔다는 것이다. 남이 보거나 보지 않거나 사람들을 만나거나 만나지 않거나 어떤 환경에 처하든 그런 데에 구애되지 않고 모두 화평하고도 화락하게 모습을 지니고 얼굴빛을 유지하여 언제나 바른 도를 쓸 수 있도록 준비해 두었다는 것이다.

중국 산동성 곡부 공자 고향에 걸려 있는 공익 광고에 등장하신 공자님이다. "有朋自遠方來(유붕이자원방래)면 不亦樂乎(불역락호)아." 곧 "먼 곳으로부터 벗이 찾아오니 또한 즐겁지 아니한가?" 『논어』「학이」편 '시습'장인 첫 장의 구절로 반기고 있다.

제3장 공자에 대한 후대의 평

『중용(中庸)』 제30장 '조술(祖述)'장에 다음과 같은 기록이 있다.

仲尼중니, 祖述堯舜조술요순, 憲章文武헌장문무, 上律天時상율천시, 下襲水土하습수토. 辟如天地之無不持載비여천지지무부지재, 無不覆幬무불부도, 辟如四時之錯行비여사시지착행, 如日月之代明여일월지대명. 萬物並育而不相害만물병육이불상해, 道並行而不相悖도병행이불상패, 小德川流소덕천류, 大德敦化대덕돈화, 此차, 天地之所以爲大也천지지소이위대야.

—『中庸(중용)』 제30장 '祖述(조술)'장(章)

[한자, 훈과 음]

仲: 버금 중, 尼: 니구산 니, 仲尼(중니)는 공자의 字(자)임. 祖: 할아비 조, 述: 지을 술, 堯: 요임금 요, 舜: 순임금 순, 憲: 본받을 헌, 章: 빛낼 장, 上: 위 상, 律: 본받을 율, 天: 하늘 천, 時: 때 시, 下: 아래 하, 襲: 이어받을 습, 辟: 비유할 비, 持: 지킬 지, 載: 실을 재, 覆: 덮을 부, 幬: 휘장 도, 錯: 섞일 착, 行: 갈 행, 萬: 일만 만, 物: 만물 물, 並: 아우를 병, 育: 기를 육, 明: 밝을 명, 相: 서로 상, 害: 해칠 해, 道: 도 도, 悖: 어그러질 패, 德: 덕 덕, 川: 내 천, 流: 흐를 류, 敦: 도타울 돈, 化: 될 화, 此: 이 차, 地: 땅 지, 爲: 할 위, 也: 어조사 야

[번역]

중니[공자]께서는, 요(堯)임금과 순(舜)임금의 도(道)를 할아비 삼아 찬술(纘述)하셨으며, 문왕(文王)과 무왕(武王)의 도를 본받아 빛내셨으며, 위로는 천시(天時, 하늘의 때)를 본받으시고 아래로는 수토(水土, 산천의 이치)를 승습(承襲, 잘 이어 받는 것)하셨느니라. 비유하자면, 마치 천지가 지니고 싣지 않는 것이 없으며 덮어 주고 가려 주지 않는 것이 없는 것과 같고, 비유하자면 마치 네 계절이 교대로 행해지는 것과 같으며, 마치 해와 달이 교대로 밝은 것과 같으니라. 만물이 아울러 길러지면서도 서로 해(害)가 되지 않으며, 도가 아울러 행해지면서도 서로 어긋나지 않는지라, 소덕(小德)은 냇물처럼 흘러가게 가르치시고, 대덕(大德)은 두터이 화(化)해 주시니, 이것이 바로 천지(天地)가 큰 것이 되는 까닭이니라.

[해설]

공자의 도는 마치 천지(天地) 자연의 조화가 이루어지는 것처럼, 조화롭다는 것이다. 마치 사계절이 순환되는 것처럼, 더위가 가면 추위가 오고 낮이 지나면 밤이 되는 것처럼 서로 행해지면서도 해(害)가 되지 않는 도이다.

『맹자(孟子)』「공손추(公孫丑)」장(章) 상(上)에 다음과 같은 기록이 있다.

[公孫丑問공손추문] 曰왈, 伯夷伊尹백이이윤은, 何如하여하니 잇고.
[孟子맹자] 曰왈, 不同道부동도하니, 非其君不事비기군불사하며, 非其民不使비기민불사하여, 治則進치즉진하고, 亂則退난즉퇴는, 伯夷也백이야요, 何事非君하사비군이며, 何使非民하사비민이리오 하여, 治亦進치역진하며, 亂亦進난역진은, 伊尹也이윤야요, 可以仕則仕가이사즉사하며, 可以止則止가이지즉지하며, 可以久則久가이구즉구하며, 可以速則速가이속즉속은, 孔子也공자야시니, 皆古聖人也개고성인야라, 吾未能有行焉오미능유행언이어니와, 乃所願내소원이면, 則學孔子也즉학공자야로라.

—『孟子(맹자)』「公孫丑(공손추)」章(장) 上(상)

[한자, 훈과 음]

公: 공변될 공, 孫: 자손 손, 丑: 이름 추, 公孫丑(공손추)는 전국시대 제나라 사람으로 맹자의 제자임. 伯: 맏이 백, 夷: 오랑캐 이, 伊: 저 이, 尹: 다스릴 윤, 何: 어찌 하, 如: 같을 여, 孟: 맏이 맹, 子: 큰선생님 자, 同: 같을 동, 非: 아닐 비, 君: 임금 군, 事: 섬길 사, 民: 백성 민, 使: 부릴 사, 治: 다스릴 치, 則: 곧 즉, 進: 나아갈 진, 亂: 어지러울 난, 退: 물러날 퇴, 可: 옳을 가. 以: 써 이, 仕: 벼슬할 사, 止: 그만둘 지, 久: 오랠 구, 速: 빠를 속, 孔: 구멍 공, 子: 큰선생님 자, 皆: 모두 개, 古: 옛 고, 聖: 성스러울 성, 未: 아닐 미, 乃: 이에 내, 願: 원할 원, 學: 배울 학

[번역]

(공손추가 여쭈어서) 갈씀 드리기를, "백이·이윤은 어떤 분들이었습니까?"라고 하였다. (맹자께서) 말씀하시기를, "길[道도]을 같이하지 않았으니, 그만한 임금이 아니면 섬기지 않으며 그만한 백성이 아니면 부리지 않아서, 잘 다스려지는 세상이면 벼슬길에 나아가고 어지러운

세상이면 물러난 것은 '백이'였으며, 누군들 섬기면 임금이 아니겠으며 어떤 백성인들 부리면 백성이 아니겠는가?라고 하여, 잘 다스려지는 세상에서도 벼슬길에 나아가고 어지러운 세상에서도 벼슬길에 나아간 것은 '이윤'이었으며, 벼슬할 만하면 벼슬하시고 그만둘 만하면 그만두시고 오래 머물 만하면 오래 머무시고 속히 떠날 만하면 떠나신 것은 공자였으니, 모두가 옛날의 성인(聖人)인지라, 내가 그 중에 제대로 행하는 것이 아직 있지 못하나, 마침내 바라는 바는 공자님을 배우는 것이로다."라고 하셨다.

[해설]

맹자가 공손추에게 한 말씀으로, 공자의 도는 중용(中庸) 곧 시중(時中)인 것이다. 중용(中庸)의 '중(中)'은 '도리에 꼭 들어맞게 행하는 것, 곧 의리를 바탕으로 하여 최선책을 택하는 자세'를 의미하는 말이며, '용(庸)'은 '중(中)'을 택하는 자세를 항구불변하게 유지해 나가는 것을 이르는 말이다. 이를테면 '중용(中庸)'은, '언제나 도리에 들어맞는 가장 올바른 길을 항구불변하게 유지해 나간다.'는 뜻을 지닌 말이다. 다시 말하자면 언제나 도리에 들어맞는 최선책을 택하되 그때그때마다 옳은 길이 되도록 하는 것이라는 뜻에서 '시중(時中)'을 의미하는 말이기도 하다. 공자의 이런 자세는 '무가무불가(無可無不可)' 곧 '꼭 이래야 된다는 법도 없고 저래서는 절대로 안 된다는 법도 없는' 태도인 것이다. 마치 저울추처럼, 융통성 있게 행하는 '권도(權道)'라고 할 수 있다. 저울추는 무게의 중심에 맞게 기준을 잡아 주기 때문이다.

맹자는 '출처(出處)'의 문제와 관련하여, 『맹자(孟子)』「공손추(公孫丑)」장의 "벼슬할 만하면 벼슬하시고, 그만둘 만하면 그만두셨다."[1] 라는 말씀과, 「만장(萬章)」장의 "벼슬하지 않고 처(處)할 만하면 처하셨으며, 벼슬할 만하면 벼슬하셨다."[2]라는 말씀, 그리고 "공자님은 성인(聖人) 중에서도 '시중(時中)'을 행하신 분이다."라는 말씀[3] 등으로써, '벼슬자리에서 떠나고 벼슬길에 나아가는 도리(去就之義)'가 깨끗하고 '출처(出處)의 분수(出處之分)'가 분명한 공자를 지극한 '중용(中庸)'의 도를 행한 분이라고 칭송했던 것이다.

[公孫丑問공손추문] 曰왈, 伯夷伊尹백이이윤이 於孔子어공자에, 若是班乎약시반호잇가. [孟子맹자] 曰왈, 否부라, 自有生民以來자유생민이래로, 未有孔子也미유공자야시니라.

—『孟子』「公孫丑(공손추)」章(장) 上(상)

[한자, 훈과 음]

問: 물을 문, 若: 같을 만, 是: 이 시, 班: 나눌 반, 否: 아닐 부, 自: ~부터 자, 有: 있을 유, 生: 날 생, 民: 백성 민, 以: 써 이, 來: 올 래, 未: 아닐 미

[번역]

(공손추가 여쭈어서) 말씀 드리기를, "백이·이윤은, 공자님에 대해서 그처럼 같은 반열이 될 수 있습니까?"라고 하였다. (맹자께서) 말씀하시기를, "그렇지 않은지라, '하늘이 내신 백성(인류)'이 있음으로부터 그 이래로 아직 공자님 같은 분은 없으셨느니라."고 하셨다.

---

1) 『孟子』「公孫丑」章上 '養氣'章 참조. "可以仕則仕, 可以止則止."

2) 앞의 책. "可以處而處, 可以仕而仕."

3) 『孟子』「萬章」章下 '大成'章 참조. "孔子, 聖之時者也."

[해설]

맹자가 공자에 대해서 평한 '생민미유(生民未有)' 곧 '백성이 있은 이후로 공자 같은 분은 아직 있지 않았다.'는 말씀이다. 산동성 곡부 대성전(大成殿)에 가면 청나라 황제 옹정제의 어필로 쓴 "生民未有생민미유"가 현판으로 걸려 있다.

[公孫丑問공손추문] 曰왈, 敢問其所以異감문기소이이하노이다. [孟子맹자] 曰왈, 宰我재여·子貢자공·有若유약은, 智足以知聖人지족이지성인이니, 汚不至阿其所好오부지아기소호니라. 宰我曰재아왈, 以予觀於夫子이여관어부자컨대, 賢於堯舜현어요순이 遠矣원의로다. 子貢曰자공왈, 見其禮而知其政견기례이지기정하며, 聞其樂而知其德문기악이지기덕이니, 由百世之後유백세지후하여, 等百世之王등백세지왕컨대, 莫之能違也막지능위야니, 自生民以來자생민이래로, 未有夫子也미유부자야시니라. 有若曰유약왈, 豈惟民哉기유민재리오. 麒麟之於走獸기린지어주수와, 鳳凰之

생민미유(生民未有, 청나라 옹정제 어필)

於飛鳥봉황지어비조와, 泰山之於丘垤태산지어구질과, 河海之於行潦하해지어행료에, 類也류야며, 聖人之於民성인지어민에, 亦類也역류야시니, 出於其類출어기류하며, 拔乎其萃발호기췌나, 自生民以來자생민이래로, 未有盛於孔子也미유성어공자야시니라.

—『孟子』「公孫丑(공손추)」章(장) 上(상)

[한자, 훈과 음]

敢: 감히 감, 異: 다를 이, 宰: 재상 재, 我: 나 아, 子: 선생님 자, 貢: 바칠 공, 智: 슬기 지, 足: 족할 족, 知: 알 지, 聖: 성스러울 성, 汚: 굽힐 오, 至: 이를 지, 阿: 아첨할 아, 好: 좋아할 호, 予: 나 여, 觀: 볼 관, 賢: 어질 현, 堯: 요임금 요, 舜: 순임금 순, 遠: 멀 원, 禮: 예의 예, 政: 정사 정, 聞: 들을 문, 樂: 음악 악, 德: 덕 덕, 由: 말미암을 유, 後: 뒤 후, 等: 가지런할 등, 莫: 아닐 막, 違: 어길 위, 豈: 어찌 기, 惟: 오직 유, 哉: 어조사 재, 麒: 기린 기, 麟: 기린 린, 走: 달릴 주, 獸: 짐승 수, 鳳: 봉황 봉, 凰: 봉황새 황, 飛: 날 비, 鳥: 새 조, 太: 클 태, 丘: 언덕 구, 垤: 개밋둑 질, 河: 물 하, 海: 바다 해, 行: 갈 행, 潦: 큰 비 료, 類: 무리 류, 出: 날 출, 拔: 뽑을 발, 萃: 모일 췌, 盛: 담을 성

[번역]

(공손추가 여쭈어서) 달씀 드리기를, "감히 그 다른 점을 여쭙습니다." 라고 하였다. (맹자께서) 말씀 하시기를, "재아·자공·유약은, 지혜로는 족히 성인(聖人)을 알아볼 만 하였는지라, 뜻을 굽혀 가면서 제 좋아하는 사람[공자 같은 분]께 아첨하는 데에 결코 이르지 않았을 것이다. 재아가 말하기를, '나의 식견으로 공부자를 보자면, 요임금·순임금보다 나으신 것이 훨씬 나으시도다.'라고 하였다. 자공이 말하기를, '그 나라의 예속을 보면 그 나라의 정사를 알 수 있고, 그 나라의 음악을

들어보면 그 나라의 도덕을 알아볼 만 하니, 백 왕조의 뒷시대를 말미암아 백 왕조의 임금들을 등급을 매겨 보자면, (공자님의 판단에서) 어긋날 수가 없었으니, '하늘이 내신 백성'[인류]이 있음으로부터 그 이래로 공부자님과 같으신 분은 아직 없으셨느니라' 하였다. 유약이 말하기를, 어찌 백성으로만 비유할 것이랴, 기린 같은 신령한 동물의 길짐승에 대해서와, 봉황 같은 신령한 동물의 날짐승에 대해서와, 태산 같은 큰 산의 '언덕이나 개미 둑'에 대해서와 하해(河海) 같은 큰 물의 '길가 지스락물'에 대해서가 같은 류이며, 성인(聖人)의 백성들에 대해서가 또한 같은 류이니, 같은 류에서 나오고 그 모아놓은 데에서 빼 왔으나, '하늘이 내신 백성'[인류]이 있음으로부터 그 이래로 공자님보다 거룩하신 분은 아직 없으시도다 하였느니라."고 하셨다.

공자의 모습

[해설]

재아는 공자를 요순보다 나으셨다고 하였고, 자공과 유약은 공자를 '생민미유(生民未有)로 평하였다'고 하였다. 맹자는 이 세 분은 자기 뜻을 굽혀 가면서 아첨할 분이 아니라고 하면서, 세 사람이 공자에 대해서 평한 내용을 들어준 것이다. 유약이 말한 것처럼, 공자는 상상의 동물인 기린 같고 봉황 같으면 태산 같고 하해 같은 거룩한 존재라는 말이다.

『논어』 제19편 「자장(子張)」 편의 제24장인 '일월(日月)'장에, 다음과 같은 기록이 있다.

叔孫武叔숙손무숙이 毁仲尼훼중니어늘, 子貢자공이 曰왈, 無以爲也무이위야하라. 仲尼중니는, 不可毁也불가훼야이니, 他人之賢者타인지현자는, 丘陵也구릉야라, 猶可踰也유가유야어니와, 仲尼중니는, 日月也일월야라, 無得而踰焉무득이유언이니, 人雖欲自絶인수욕자절이나, 其何傷於日月乎기하상어일월호리오. 多見其不知量也다현기불지량야로다.

—『論語』 「子張(자장)」 篇 '日月(일월)'章

[한자, 훈과 음]

叔: 아재비 숙, 孫: 손자 손, 武: 굳셀 무, 毁: 헐 훼, 仲: 버금 중, 尼: 산 이름 니, 他: 다를 타, 賢: 어질 현, 者: 놈 자, 丘: 언덕 구, 陵: 큰 언덕 릉, 猶: 오히려 유, 踰: 넘을 유, 得: 얻을 득, 焉: 어조사 언, 雖: 비록 수, 欲: 하고자 할 욕, 絶: 끊을 절, 其: 그 기, 何: 어찌 하, 傷: 상처 상, 多: 많을 다, 見: 볼 견, 量: 헤아릴 량

[번역]

'숙손무숙'이 '중니(공자)'를 헐뜯거늘, 자공이 말하기를, "그리[써] 하지 마라. 중니께서는 헐뜯을 수 없는 분이니, 다른 사람의 어진 점은 언덕과 같은지라. 그래도 뛰어넘을 수 있거니와, 중니께서는 [공자의 어진 점은] 일월(日月)과 같은지라 뛰어넘을 수 없으니, 남이 비록 스스로를[스스로의 관계를] 끊으려고 해도 그 어찌 해와 달에 해(害)가 되리오? 마침내 (그) 양(量)을 알지 못함만을 보여줄 따름이니라."고 하였다.

[해설]

숙손무숙이 공자를 헐뜯어 말한 데 대한 자공이 만류하는 장면이다. 공자는 일월(日月)과 같은 분이라 아무리 훼방하고 끊어 버리려고 해도, 자기 자신만 해로울 뿐이며 해와 달에 해(害)될 것이 없는 것과 같이, 공자의 높은 도덕에 손상될 것은 없다는 말이다. 한 마디로 비방하는 사람 입만 아프다는 말이다.

『논어』 제19편 「자장(子張)」 편의 '유천(猶天)'장에, 다음과 같은 기록이 있다.

陳子禽진자금이 謂子貢曰위자공왈, 子자가, 爲恭也위공야언정, 仲尼중니가, 豈賢於子乎기현어자호리오. 子貢자공이 曰왈, 君子군자가, 一言일언에 以爲知이위지하며, 一言일언에 以爲不知이위부지니, 言언을 不可不愼也불가불신야니라. 夫子之不可及也부자지불가급야는, 猶天之不可階而升也유천지불가계이승야이니라. 夫子之得邦家者부자지득방가자인댄, 所謂立之소위입지에, 斯立사립하며, 道之도지에, 斯行사행하며, 綏之뉴지에, 斯來사래하며, 動之동지에, 斯和사화하며, 其生也기생야에, 榮영하고, 其死也기사야에, 哀애니, 如之何其可及也여지하기가급야이리오.

—『論語』 「子張(자장)」篇 '猶天(유천)'章

[한자, 훈과 음]

秦: 늘어놓을 진, 禽: 날짐승 금, 謂: 이를 위, 恭: 공손할 공, 豈: 어찌 기, 賢: 어질 현, 於: 어조사 어, 言: 말씀 언, 愼: 삼갈 신, 及: 미칠 급, 猶: 오히려 유, 階: 사다리 계, 升: 오를 승, 邦: 나라 방, 家: 작은 나라 가, 者: 어조사 자, 立: 설 립, 斯: 이 사, 行: 행할 행, 綏: 편안할 뉴, 來: 올 래, 動: 고무시킬 동, 和:

화할 화, 生: 날 생, 榮: 영화 영, 死: 죽을 사, 哀: 슬플 애, 如: 같을 여, 何: 어찌 하, 可: 가히 가, 及: 미칠 급

[번역]

'진자금(陳子禽)'이 자공에게 일러 말하기를, "그대가 공순한 태도를 취해서일지언정, 중니[공자]가 어찌 그대보다 훌륭하리오?"라고 하였다. 자공이 말하기를, "군자가 한마디의 말에 지혜로운 사람이 되며, 한마디의 말에[말 한마디를 잘못하면] 지혜롭지 못한 사람이 되니, 말을 삼가지 않을 수 없느니라. 우리 선생님께 미칠 수 없는 것은, 마치 하늘을 사다리를 놓고서 오를 수 없는 것과 같으니라. 선생님께서 (큰 나라이든 작은 나라이든) 나라를 얻으실 경우에는, 이른바 (도덕을) 세우심에 이에[그대로] 세워지며, (백성을) 인도하심에 이에 행해지며, (백성을) 편안하게 해 주심에 이에 (백성들이) 이르러 오며, 고무시켜 주심에 이에 화합되며, 그 살아 계심에 세상이 영광되고 그 돌아가심에 슬퍼지게 되니, 어떻게 (그) 가히 미칠 수 있으리오?"라고 하였다.

[해설]

이 『논어』 '유천'장의 진자금(陳子禽)과 자공(子貢)의 문답은 공자가 돌아가신 후의 대화이다. 진자금이 공자보다 자공 자신이 훌륭하다고 하니, 자공이 진자금에게 말을 삼가 줄 것을 바라며 나무라면서 한 말이다. 그러면서 우리 선생님 공부자께서는 하늘에 사다리를 놓고 오르려고 해도 오를 수 없는 것과 같은 존재라고 하였다. 공자께서 나라를 얻어 다스릴 대는 백성을 편안하게 해 주었으며, 백성들이 잘되기를 바라면서 고무시키기를 해와 달 같이 해주셨다는 말이다. 해와 달이 없으면 살기 어려운데 우리는 평상시 그 존재를 몰라 고마

움을 잊고 사는 것처럼, 공자의 존재가 해와 달 같다는 것이다. 그래서 살아 계심에 영광이고 돌아가심에 슬퍼지게 된다는 말이다. 후대의 훌륭한 분을 추억하여 칭송할 때 쓰는 '생영사애(生榮死哀)' 곧 '살아 계시면 세상이 영광이고, 돌아가시면 세상이 슬퍼지게 된다.'는 말이 여기서 생겼다.

제4장 공자 자신에 대한 평

공자께서는 본인에 대한 스스로의 평은 어떠했는가를 살펴보자.

초(楚)나라 섭현(葉縣)의 현령인 섭공(葉公)은 공자와 대화할 기회가 있었다. 그런데 그 공자에 대한 고매한 인격과 달관한 식견이며 학문의 깊이 등을 측량할 수 없었다. 그러던 중 어느 날 제자인 자로에게 공자의 훌륭한 점을 물었던 것이다. 이에 자로가 스승님과 여러 번 대화했다면 그 위대함을 즉시 깨달았을 것인데, 아직 깨닫지 못하는 것을 보고 대답조차 하지 않았던 것이다. 이후 자로는 이 사실을 공자에게 아뢰었다.

葉公섭공이 問孔子於子路문공자어자로어늘 子路자로가 不對부대한대 子曰자왈, 女녀가 奚不曰其爲人也해불왈기위인야가 發憤忘食발분망식하며 樂以忘憂낙이망우하여 不知老之將至云爾부지노지장지운이오.

—『論語』「述而(술이)」篇 '葉公(섭공)'章

[한자, 훈과 음]

葉(섭) '잎사귀 엽'이나 여기서는 '성 섭', 葉公(섭공)은 초나라 섭현의 현령(沈諸梁)임. 對: 대답할 대, 奚: 어찌 해, 發: 드러낼 발, 憤: 마음으로 통하려고 애쓸 분, 忘: 잊을 망, 食: 먹을 식, 樂: 즐길 낙, 憂: 근심할 우, 老: 늙을 노, 將: 장차 장, 至: 이를 지, 云: 이를 운, 爾: 어조사 이.

[번역]

섭공이 자로에게 공자의 인물됨을 묻거늘 자로가 대답하지 않았다. 공자께서 말씀하시기를, "네가 어째서 '그 사람됨이 마음으로 통하려고 애쓰는 뜻을 내서 음식을 먹는 것도 잊어버리며, (이치를 터득하면) 즐거워하면서 근심도 잊어서, 늙음이 장차 이르러 오는 줄도 알지 못한다.'고 일러 말하지 않았는가?"라고 하셨다.

[해설]

섭공이 자로에게 공자에 대해서 물었지만, 자로는 제대로 대답을 해주지 않았다. 섭공이 공자와 여러 번 대화했음에도 그 위대함을 깨닫지 못하는 것을 보고 대답하지 않았던 것이다. 그리고 물을 처지도 못되기 때문으로 여겼다. 이 사실을 들은 공자가 대답하지 않은 자로를 꾸짖으면서 인간관계에 있어 진지하게 임하라고 하면서 한 말씀이다. 따라서 공자는 자기 자신을 '그 사람됨이 아직 터득하지 못하셨거든 마음으로 통하려고 애쓰는 뜻을 내어 밥 먹는 것도 잊어버리시고, 이미 터득하셨거든 즐거운 마음으로 열심히 일하며, 근심을 잊고 살아서 그 자신이 늙어가는 줄도 모르는 사람이라고 왜 말하지 않았는가?'라고 소개하였다. 배우기를 독실하게 함을 강조한 것이다. 이처럼 공자는 모든 사람을 대할 때는 진실되게 대하고 최선을 다해 이야기할 것을 제자 자로에게 이야기해 주었다.

子曰자왈, 我아는 非生而知之者아비생이지지자라 好古호고하여 敏以求之者也민이구지자야로라.

—『論語』「述而(술이)」篇 '敏求(민구)'章

[한자, 훈과 음]

我: 나 아, 非: 아닐 비, 生: 날 생, 知: 알 지, 者: 놈 자, 好: 좋아할 호, 古: 옛 고, 敏: 민첩할 민, 求: 구할 구

[번역]

공자께서 말씀하시기를, "나는 (도리를) 나면서부터 아는 자가 아니라, 옛것을 좋아하여 민첩하게 해서 구하는 자이다."라고 하셨다.

[해설]

공자께서 스스로 나면서부터 도리를 안 사람이 아니라고 하였다. 그러면서 옛것인 성현(聖賢)들의 도(道)를 좋아해서 부지런히 힘써 구하기를 좋아하는 사람이라고 하였다. 그런데 후대의 사람들은 공자야말로 '生而知之생이지지' 곧 '나면서부터 안 사람'이라고 칭했던 것이다. 아마도 당시 사람들이나 제자들이 공자의 거룩함을 보시고 나면서부터 도의를 아신 분이 아닐까? 생각해서 그렇게 여겼던 것이다.

하지만 공자는 세상 사람들과 제자들에게 의리(義理)를 추구하는 학문에 부지런히 힘쓰기를 권장하기 위해 했던 말씀으로 평가된다. 그리고 공자는 『논어』「술이(述而)」편 '묵지(默識)'장에서 "黙而識之묵이지지하며 學而不厭학이불염하며 誨人不倦회인불권이 何有於我哉하유어아재오." 곧

"말 없는 가운데 마음속에 새겨 두며 배우되 싫증 내지 않으며 남을 가르치기를 게을리 하지 않는 것이 나에게 있어서 그리 대단하다고 할 것이 무엇이 있단 말인가?"라고 하여, 선현들의 말씀이나 도덕을 말 없는 가운데 묵묵히 마음속에 새겨 두며 배우되 싫증 내지 않으며, 남에게 가르치고 깨우쳐 주기를 게을리하지 않는 것이 나의 전부이다. 그러니 그런 점이 나에게 대단한 일은 아닐 것이다. 남들에게도 있을 수 있는 일이기 때문이다. 그래서 배움을 싫증 내지 않고 가르치기를 게을리하지 않는 것은 자랑거리도 되지 못한다는 겸사이다.

子曰자왈, 出則事公卿출즉사공경하고 入則事父兄입즉사부형하며 喪事상사를 不敢不勉불감불면하며 不爲酒困불위주곤이 何有於我哉하유어아재오.

—『論語』「子罕(자한)」篇 '何有(하유)'章

[한자, 훈과 음]

出: 나갈 출, 事: 섬길 사, 卿: 벼슬 경, 入: 들 입, 喪: 죽을 상, 事: 일 사, 敢: 감히 감, 勉: 힘쓸 면, 酒: 술 주, 困: 괴로울 곤, 何: 어찌 하, 有: 있을 유, 於: 어조사 어, 我: 나 아, 哉: 어조사 재, 한: 드물 한

[번역]

공자께서 말씀하시기를, "(밖에) 나가서는 공경(公卿)을 섬기고, (집에) 들어와서는 부형(父兄)을 섬기며, 상사(喪事)를 감히 힘쓰지 않음이 없으며, 술에 곤욕(困辱)되지 않는 것이, 나에게 있어서 대단하다고 할 것이 무엇이 있겠는가?"라고 하셨다.

[해설]

공자께서 자기 생활의 전부를 4가지로 말씀하신 것이다. 밖에 나가서는 공경(公卿)이나 어른을 섬기고 집안에 들어와서는 부형을 섬기며 상(喪)을 당했을 때는 정성을 다하며 술에 취하여 곤욕을 당하지 않는 것이 내 평소 생활의 전부라고 한 것이다. 이 네 가지가 내가 내세울 만한 것이기에 남달리 칭송까지 받을 수 있는 일은 아니라고 하였다.

공자(孔子)는 『논어』에서 인(仁)을 강조하였다. 그러면서 나의 도(道)는 '충서(忠恕)' 하나라고 하였다. '충서'는 '나를 미루어 남의 마음을 헤아려 주는 도'이다. 남을 배려하는 마음, 이것도 인(仁)을 행하는 한 방법일 것이다. 인(仁)이란 인간중심 사상이다. 모든 일의 주체는 사람으로, 사람이 사람답게 사는 것이다. 고대 사회에서 사람의 귀천을 신분에 따라 나누던 것을, 공자는 예의범절에 의해서 군자(君子)와 소인(小人)으로 나누어진다고 하였다. 인(仁)한 사람 곧 군자(君子)가 되기 위해서는 끊임없이 자기 수양을 해야 했다. 극기복례(克己復禮) 곧 자기 욕심을 이겨 예(禮)로 돌아가는 것과 사욕(私慾)에 빠진 육신을 죽이고 인(仁)을 이루기 위해서는 살신성인(殺身成仁)의 길로 행해야 한다는 것 등이 모두 인(仁)의 구체적인 방법들이었다. 그래서 군자는 대의(大義)를 위해서 자신의 목숨도 걸었던 것이다.

이렇듯 개인적인 인(仁)을 이루는 것만이 진정한 의미의 인(仁)의 전부는 아닐 것이다. 세상 사람들의 어짊을 모아 정의로운 사회를 만드는 것이 궁극적인 목표이기 때문이다. 공자는 이를 위해 올바른 위정자의 모습을 중요시하였다. 위정자는 성의(誠意)·정심(正心)·수신(修身) 등으로 근본(根本)을 중시해야 한다고 하였으며, 그런 다음 제가(齊家)·치국(治國)·평천하(平天下) 등의 말(末)을 이루어야 한다고 하였다. 그래서 각자가 자기의 위치에서 자기가 해야 할 일을 다 해낼 때, 인(仁)의 세계 곧 대동인(大同仁)은 이루어질 수 있다고 하였다. 임금은 임금답게 신하는 신하답게 백성은 백성답게 각자의 삶의 터전에서 자기 본분을 다하면 되는 것이다.

공자는 『논어』에서 현실에 대한 관심이 많은 참여적 개혁가였다. 『논어』 「양화」 편 '향원'장에서 "子曰자왈, 鄕原향원은 德之賊也덕지적야니라."고 한 것만 보아도, 그가 현실 참여적인지 아닌지를 알 수 있다. "공자께서 말씀하시기를 '향원은 우리 사회의 덕을 해치는 도둑이다.'라고 하셨다."로 해석되는데, 향원은 이래도 좋고 저래도 좋은 마치 주관 없이 사는 소시민적 삶을 사는 사람을 이른다. 따라서 향원은 세류에 영합하여 자기의 이익만 앞세우는 사람으로, 이익이 있고 자기에게 피해만 안 가면 우리 사회가 어디로 흘러가던 관심이 없는 인물이다. 이런 분류의 사람이 많으면 많을수록 우리 사회는 나쁜 쪽으로 흘러갈 수 있다. 우리는 이미 경험하였다. 과거 군사독재 시절에 향원 같은

중국 산동성 곡부시 공묘(孔廟)·공부(孔府)·공림(孔林) 입구

부류의 말 없는 다수로 인해, 18년이라는 독재의 시간을 보내야 했다. 2,500년 전 공자는 우리 사회를 위한 길은 말 없는 다수의 침묵이 아니라 참여적 의식을 요구했던 것이다. 이런 의식이 우리 사회를 좋은 사회로 발전할 수 있는 원동력이 되기 때문이다. 공자의 『논어』가 21세기에도 유효한 이유가 이런 이유 때문일 것이다.

제5장 공자의 생각

1. 사람을 알아보는 법[知人(지인)]

子曰자왈, 學而時習之학이시습지면 不亦說乎불역열호아. 有朋유붕이 自遠方來자원방래면, 不亦樂乎불역락호아. 人不知而不慍인부지이불온이면, 不亦君子乎불역군자호아.

—『論語(논어)』「學而(학이)」篇 '時習(시습)'章

[한자, 훈과 음]

學: 배울 학, 時: 때 시, 習: 익힐 습, 之: 어조사 지, 亦: 또 역, 說: 기쁠 열, 有: 있을 유(허사), 朋: 벗 붕, 自: ~부터 자, 遠: 멀 원, 方: 처소 방, 來: 올 래, 樂: 즐길 락, 慍: 성낼 온, 君: 임금 군, 乎: 어조사 호

[번역]

공자(孔子)께서 말씀하시기를, "배우고 때로 익히면, 또한 기쁘지 않겠는가? 벗이 먼 곳으로부터 찾아오면, 또한 즐겁지 않겠는가? 남이 알아주지 않아도 안타까워하지 않으면, 또한 군자답지 않겠는가?" 라고 하셨다.

[해설]

"배우고 때로 익힌다."는 말씀은, 삶의 참된 길을 배우고 한편으로는 살아가면서 배운 바를 그때그때 몸으로 익히고 행동으로 실천한다는 말이다. 배우기만 하고 실천하지 않으면 무용지물이 되기 때문이다. 공자 역시 실천궁행을 몸소 행하였기에 제자나 다른 사람들에게 도를 터득하고 실천할 것을 당부하였다.

먼저 자기 몸을 갈고 닦으며 스스로 독려하면서 참된 도를 실천해 나감으로써 자기 자신을 완성된 인간으로 이루는 것이다. 이 성기(成己)가 다른 사람을 이루어 주는 것보다 급선무라는 말이다. 이처럼 배우고 익혀 행동으로 실천할 때 비로소 삶의 참된 기쁨을 느끼게 된다는 말이다.

벗을 뜻하는 '붕(朋)'은 '志同道合者지동도합자' 곧 '뜻이 같고 길이 같은 자'를 칭한다. 그 붕(朋)을 만나 하루빨리 좋은 세상이 되기 위해 의논하게 된다면, 혼자의 기쁨을 넘어 즐거움도 누릴 수 있다는 말이다. 성기(成己)를 넘어 남을 이루게 해주는 성인(成人)의 단계로 나아가기에 즐겁다고 한 것이다.

또한 공자는 "남이 나를 알아주지 않아도 성내지 않으면 군자답지 않겠는가?"라고 하였다. 내가 갈고 닦고 노력했는데도 남이 알아주지 않는 것을 어찌할 수가 없다. 아직 나를 알아줄 만한 세상이 되지 않았거나, 아니면 아직도 내 실력이 부족하기 때문일 것이다. 그러면 좌절하거나 실망할 것이 아니라 나를 알아줄 수 있는 방법을 모색하거나 실력을 쌓으면 된다. 그래서 공자는 정신적 지도자격인 군자(君子)는 남이 알아주거나 알아주지 않거나 세상의 시선에 얽매이지 않고 스스로 노력하는 자세를 보여 만인의 본보기인 군자(君子)로 우뚝 설 것을 당부했던 것이다. 또한 우리 사회의 지도자는 이런 군자적 자질을 가진 사람을 알아보는 감식력을 지녀야 할 것이다.

子曰자왈, 巧言令色교언영색이, 鮮矣仁선의인이니라.

—『論語』「學而(학이)」篇 '鮮人(선인)'章.

[한자, 훈과 음]

巧: 공교로울 교, 言: 말씀 언, 令: 다스릴 령, 色: 얼굴빛 색, 鮮: 고울 선, 矣: 어조사 의, 仁: 인할 인

[번역]

공자께서 말씀하시기를, "말씀을 공교롭게 하고 얼굴빛을 곱게 가지는 사람이, 드무니라, 어진 사람이."라고 하셨다.

[해설]

'말씀을 공교롭게 한다.'는 것은 말을 곱게 하고 듣기 좋게 한다는 말이다. 이는 얼굴빛을 애써 웃음 짓게 하고 얼굴빛을 억지라도 꾸민다는 말이다. 얼굴빛을 곱게 가지고 웃음 띤 얼굴을 하는 것이야 나쁠 것도 없기 때문이다. 하지만 공자는 거기에 그치지 말고 내면을 가꿀 것을 당부했던 것이다. 외모를 가꾸고 남을 기쁘게 하는 것이 나쁜

것만은 아니다. 아름다우면서 말과 태도까지 상냥하면 나쁠 것도 없기 때문이다. 공자는 여기에 더해서, 본심에 덕(德) 곧 인(仁)을 행하는 마음까지 더할 것을 강조하였다.

子曰자왈, 君子군자가, 不重則不威부중즉불위니, 學則不固학즉불고니라. 主忠信주충신하며, 無友不如己者무불여기자요, 過則勿憚改과즉물탄개니라.

—『論語』「學而」篇 '威重(위중)'章

[한자, 훈과 음]

重: 무거울 중, 則: 곧 즉, 威: 위엄 위, 固: 견고할 고, 主: 주장 주, 忠: 진실될 충, 信: 미더울 신, 友: 벗 우, 如: 같을 여, 不如(불여): ~만 못하다. 己: 몸 기, 過: 허물 과, 勿: 말 물, 憚: 꺼릴 탄, 改: 고칠 개.

[번역]

공자께서 말씀하시기를, "군자가 (언행이) 무겁지 않으면 의젓하지 못하니, 배운들 (그 배움이) 견고하지 못하니라. 진실되고 미더운 것[忠충과 信신]을 주장삼아 나가며, 자기만 못한 자를 벗하지 말고, 허물이 있으면 고치기를 꺼려하지 말 것이니라."고 하셨다.

[해설]

군자는 자기가 한 말과 행동을 제대로 실천하지 못하며 배워 봤자 그 배움 자체가 견고하지 못하다는 말이다. 그래서 군자는 세상을 살아나가면서 매사에 진실된 속마음을 지니고 살아나가야 됨을 말씀하신 것이다.

'나보다 못한 사람과는 사귀지 말라'고 하였는데, 이는 표면적으로 드러난 그런 뜻은 아니다. 누구나 장점은 있다. 나보다 못해 보이는 사람도 나보다 뛰어난 점이 있을 것이다. 그 뛰어나거나 장점을 본받아 더 나은 사람이 되라는 말이다. 이는 누구에게서든지 나보다 훌륭한 점을 배우고 본받으려는 자세로써 벗사귐을 행할 것을 당부한 것이다.

허물이 있으면 고치기를 꺼려하지 말라고 하였는데, 이때 허물은 '過(과)'로 작은 허물에 해당된다. 작은 허물을 그때그때 곧바로 고치거나 개선해 나간다면, 나중에 후회할 만한 큰 허물이 되지 않을 것이기 때문이다.

子曰자왈, 君子군자는, 喩於義유어의하고, 小人소인은, 喩於利유어리니라.

—『論語』「里仁(이인)」篇 '喩義(유의)'章

[한자, 훈과 음]

喩: 견주어 깨달을 유, 義: 의로울 의, 利: 이로울 리

[번역]

공자께서 말씀하시기를, "군자는 (매사를) 의(義)에 견주어서 깨닫고, 소인은 (매사를) 이익에 견주어서 깨닫느니라."고 하셨다.

[해설]

여기에 나오는 소인은 일반 시민과도 다른 의미이다. 이해 관계에 얽매여 사는 소시민적인 사람으로 악인(惡人)에 가까운 사람이기 때문이다. 군자는 매사를 의(義)에 견주어 깨닫고 소인은 매사를 이익에

견주어 깨닫는다. 따라서 군자와 소인의 차이는 의리를 기준으로 하느냐? 아니면 이익이 판단의 기준이 되느냐?에 달려 있다는 말이다. 이익으로 매사를 판단한다면 이익이 끝나는 순간 모든 인연과 인간관계는 끝이 난다는 말일 것이다.

『논어』「위정(爲政)」편 '주비(周比)'장에도 군자와 소인의 차이점에 관한 내용이 있다. "子曰자왈, 君子군자는 周而不比주이불비하고 小人소인은 比而不周비이부주니라." 곧 "공자께서 말씀하시기를, '군자는 의리로 두루 친하기는 하되, 이익으로 나란히 편을 지지 않고, 소인은 이익으로 나란히 따르기는 하되 의리로 두루 친하지는 못하느니라.'라고 하셨다."라는 내용이 있다. 이처럼 군자는 모든 판단의 기준이 의리에 있고, 소인은 이익에 있다. 만약 이익이 없는 자리라면 소인은 그 자리를 박차고 나갈 것이다. 그래서 의리로 인간 관계를 맺어야 한다는 말이다.

定公정공이 問문, 君使臣군사신하며, 臣事君신사군하되, 如之何여지하잇고. 孔子공자가 對曰대왈, 君使臣군사신을 以禮이례하며, 臣事君신사군을 以忠이충이니시다.

—『論語』「八佾(팔일)」篇 '君臣(군신)'章

[한자, 훈과 음]

定: 정할 정, 問: 물을 문, 使: 부릴 사, 臣: 신하 신, 事: 섬길 사, 如: 같을 여, 何: 어찌 하, 對: 대답할 대, 曰: 말할 왈, 禮: 예도 예, 忠: 진실될 충

[번역]

'정공'이 묻기를, "임금이 신하를 부리며 신하가 임금을 섬기되, 어

찌해야 합니까?"라고 하였다. 공자께서 대답하여 말씀하시기를, "임금이 신하를 부리기를 예(禮)로써 하며, 신하가 임금을 섬기기를 충(忠)으로써 합니다."라고 하셨다.

[해설]

정공(定公)은 노(魯)나라 임금이다. 공자는 노나라 세 임금인 소공(昭公)·정공(定公)·애공(哀公)을 섬겼는데, 정공은 그 중 한 분이다. 그 정공이 공자에게 임금은 신하를 어떻게 부려야 하고 신하는 어떻게 임금을 섬겨야 하는지를 물었던 것이다. 이에 공자는 임금과 신하의 관계는 남남의 사이기에 의(義)로써 각자 진실된 마음을 다하고 예(禮)를 다해야 하는 것이 도리라고 일러주신 것이다. 예(禮)는 임금으로서 예의를 지켜 도리에 맞게 행하는 것이고, 충(忠)은 신하로서 진실된 속마음을 바쳐 충성을 다하는 것을 뜻한다.

子游자유가 爲武城宰위무성재러니, 子曰자왈, 女녀가, 得人焉爾乎득인언이호아. 曰왈, 有澹臺滅明者유담대멸명자하니, 行행에 不由徑불유경하며, 非公事비공사어든, 未嘗至於偃之室也미상지어언지실야이니다.

—『論語』「雍也(옹야)」篇 '武城(무성)'章

[한자, 훈과 음]

子: 큰선생님 자, 游: 헤엄칠 유, 子游(자유)는 공자의 제자임. 武: 굳셀 무, 城: 성 성, 宰: 재상 재, 得: 얻을 득, 焉: 어조사 언, 爾: 너 이, 澹: 담박할 담, 臺: 돈대 대, 滅: 멸망할 멸, 明: 밝을 명, 行: 행할 행, 由: 말미암을 유, 徑: 지름길 경, 非: 아닐 비, 未: 아직 아닐 미, 嘗: 일찍이 상, 至: 이를 지, 偃: 쓰러질 언, 성명이 言偃(언언)으로, 자(字)가 子游(자유)임. 室: 집 실.

[번역]

'자유'가 무성(武城) 읍[고을]의 원님[군수] 노릇을 하였더니, 공자께서 말씀하시기를, "네가 (사람다운 쓸 만한) 사람을 얻었느냐?"라고 하셨다. (자유가) 말씀 드리기를, "담대멸명이라는 자가 있사오니, 행함에 샛길[지름길]을 말미암지 않으며, 공사(公事, 공적인 일)가 아니거든 일찍이 (저) 언(偃)의 집무실에 이르러 오지 않았습니다."라고 하였다.

[해설]

자유(子游)의 姓名(성명)이 언언(言偃)이다. 그래서 저 '언(偃)'이라고 한 것이다. 자유 언언이 노(魯)나라 아래 쪽에 위치한 고을인 무성 고을에 원님 노릇할 때 일이다. 그때 공자가 "고을 사람 중에 사람다운 쓸만 한 사람을 얻었느냐?"라고 물었던 것이다. 이에 자유가 답하기를, "성이 담대고 이름이 멸명인 사람이 있다."라고 대답하였다. 담대멸명은 매사를 행함에 원칙에 벗어나는 빠른 길을 찾아서 뒷거래를 하거나 정당하지 않은 일을 행하지 않는 인물이라고 하였다. 또한 자기 자신을 위해 스스로 몸을 굽혀 남을 따르는 일도 없는 인물이라고 평하였다. 따라서 담대멸명은 편법을 쓰거나 작은 이익 때문에 아첨하거나 아부하는 인물이 아니라고 한 것이다. 제자 자유의 말처럼 스승인 공자도 간사하고 아첨하는 자는 좋아하지 않았음을 알 수 있다.

子曰자왈, 孟之反맹지반은, 不伐불벌이로다. 奔而殿분이전하여, 將入門장입문할새, 策其馬책기마하여 曰왈, 非敢後也비감후야라, 馬不進也마부진야라 하니라.

—『論語』「雍也(옹야)」篇 '不伐(불벌)'章

[한자, 훈과 음]

孟: 맏 맹, 反: 되돌릴 반, 孟之反(맹지반)은 노나라 대부로 孟側(맹측)임. 伐: 칠 벌, 奔: 달릴 분, 殿: 뒤에 처질 전, 將: 장차 장, 策: 채찍 책, 馬: 말 마, 非: 아닐 비, 敢: 감히 감, 後: 뒤 후, 進: 나아갈 진.

[번역]

공자께서 말씀하시기를, "맹지반(孟之反)은, 자랑하지 않도다. (싸움에 져서) 달아날 때 뒤에 처져서 장차 문에 들어올 때에, (그) 말을 채찍질하면서 말하기를, '감히 뒤에 오고 싶어서가 아니라, 말이 (잘) 나아가지 못해서였다.'라고 하였느니라."고 하셨다.

[해설]

맹지반(孟之反)은 노(魯)나라 대부이다. 이름은 측(側)이다. 전쟁에서 패하고 돌아갈 때에는 가장 나중에 오는 사람이 공(功)이 많다. 끝까지 싸우다가 후퇴했기 때문이다. 그런데 맹지반은 내가 뒤에 오고 싶어서 그런 것이 아니라 말이 앞으로 나아가지 않았기 때문이라고 말한 것이다. 스스로 공을 자랑하지 않고 오히려 겸손한 태도를 보였던 것이다. 공자는 이런 맹지반을 칭찬했던 것이다. 세상에는 남보다 자신을 먼저 내세우고 도리어 남을 밟고 앞으로 나아가려는 사람이 많다. 이런 세상에 맹지반 같은 겸양의 태도는 군자의 자세가 될 것이다.

子曰자왈, 歲寒然後세한연후에, 知松柏之後彫也지송백지후조야니라.

—『論語』「子罕(자한)」篇 '歲寒(세한)'章

[한자, 훈과 음]

歲: 해 세, 寒: 찰 한, 然: 그러할 연, 後: 뒤 후, 知: 알 지, 松: 소나무 송, 柏: 잣나무 백, 彫: 시들 조

[번역]

공자께서 말씀하시기를, "해[그 해의 절기(節氣)]가 차가워진 연후에야, 소나무와 백송(白松)이 뒤늦게 시드는 줄을 아느니라."고 하셨다.

[해설]

위의 공자의 말씀은 시련을 겪은 후에 군자와 소인을 구별할 수 있다는 것이다. 날씨가 차가워지면 모든 초목들은 시든다. 그런데 소나무와 백송은 좀처럼 시들지 않고 다른 초목들보다 뒤늦게 시든다는 말이다. 세상이 잘 다스려지는 때는 누구나 다 군자의 모습이다. 그러나 세상이 혼란해지고 의리를 바탕으로 한 군자가 필요한 시대에는 마치 추위에 모든 꽃과 잎이 떨어지는 초목처럼 소인배는 지조를 바꾼다는 말이다.

子曰자왈, 剛毅木訥강의목눌이, 近仁근인이니라.

—『論語』「子路(자로)」篇 '近仁(근인)'章

[한자, 훈과 음]

剛: 굳셀 강, 毅: 굳셀 의, 木: 질박할 목, 訥: 말 더듬을 눌, 近: 가까울 근, 仁:

인할 인

[번역]

공자께서 말씀하시기를, "굳세고 씩씩하고 질박하고 말을 참는 것이, 인(仁)에 가까우니라."고 하셨다.

[해설]

'강(剛)'은 흔들리지도 굽히지도 않는 굳센 자세로, 욕심이 없고 주관이 뚜렷함을 뜻한다. 그리고 '의(毅)'는 참된 뜻을 단단히 잡고 지켜 나가는 과단성 있는 자세를 뜻한다. '목(木)'은 나무 밑둥이나 그루터기처럼, 질박함을 뜻하고, '눌(訥)'은 말을 좀처럼 쉽게 내뱉지 않으며 실천할 수 있는 말만 하는 어눌함을 뜻한다. 따라서 인(仁)한 자는 얼굴빛을 꾸미고 말만 번질르 하게 잘하는 것이 아니라, 실천하지 못할 말을 행하지 않으면서 자기가 지닌 지조를 끝까지 지키며 굳세게 살아가는 인물을 뜻한다고 할 것이다.

『논어』에서 행한 공자의 인물됨은 자신이 먼저 도(道)를 이루고 그 다음 타인, 더 나아가 우리 사회를 위해 봉사할 수 있는 인물이었다. 그리고 말보다는 행동으로 실천하는 지성인의 모습도 보였다. 행하는 데 있어서는 매사를 이익에 견주지 말고 도덕이나 의리에 견주어 판단하고 실천하며 후회하는 일이 없을 것이라고 하였다. 모두가 나로부터 시작하고 끝마친다는 말이다. 남을 탓하기 전에 자기 자신부터 다스리고 이루는 삶을 살아야됨을 공자는 군자(君子)의 자세로 주장하였다.

2. 사람을 편안하게 해 주는 법[安人(안인)]

子曰자왈, 事父母사부모하되, 幾諫기간이니, 見志不從현지부종하고도, 又敬不違우경불위하며, 勞而不怨노이불원이니라.

—『論語(논어)』「里仁(이인)」篇 '幾諫(기간)'章

[한자, 훈과 음]

事: 섬길 사, 父: 아비 부, 母: 어미 모, 幾: 기미 기, 諫: 간할 간, 見: 뵐 현, 志: 뜻 지, 從: 따를 종, 又: 또 우, 敬: 공경할 경, 違: 어길 위, 勞: 수고로울 노, 怨: 원망할 원

[번역]

공자께서 말씀하시기를, "부모를 섬기되 은근히 간(諫)하나니, 제 뜻이 따르지 않을 것을 보여 드리고서도 더욱 공경하여 (부모의 뜻을) 어기지 않으며, 수고스럽더라도 원망하지 않느니라."고 하셨다.

[해설]

사람 곧 부모님을 편안하게 해 드리는 법이다. '부모를 섬기되, 바른 말을 하고 싶은 경우가 생기더라도, 너무 직설적으로 말씀 드리지 않고 슬며시 빗대어서 은근하게 말씀을 드려야 한다.'는 뜻과, '부모의 명령대로 따르는 것이 도리에 맞지 않거나 그 명령의 말씀이 지나치게 힘든 무리한 말씀일 경우라도, 일단 그 명령을 따르기가 어렵다는 제 뜻을 부드럽게 나타내 보이기는 하되, 더욱 공경하는 마음을 잃지 않고서 따르기 힘든 명령을 어기지 않으려고 노력하며, 비록 힘이 들더라도 원망하지 않다가 뒷날 부모님의 기분이 좋아졌을 때에 다시

금 바른 말씀으로 은근히 간(諫)해야 한다.'는 뜻을 밝힌 것이다. 그러면 부모님 마음도 편안해 드리고, 집안에 화평할 것이다.

子路자로가 問君子문군자한대, 子曰자왈, 脩己以敬수기이경이니라. 曰왈, 如斯而已乎여사이이호잇가. 曰왈, 脩己以安人수기이안인이니라. 曰왈, 如斯而已乎여사이이호잇가. 曰왈, 脩己以安百姓수기이안백성이니, 脩己以安百姓수기이안백성은, 堯舜요순도 其猶病諸기유병저시니라.

―『論語』「憲問(헌문)」篇 '脩己(수기)'章

[한자, 훈과 음]

路: 길 로, 子路(자로)는 노나라 사람으로 공자 제자 仲由(중유)임. 脩: 닦을 수, 己: 몸 기, 敬: 공경할 경, 如: 같을 여, 斯: 이 사, 而: 말 이를 이, 已: 그만둘 이, 乎: 어조사 호, 安: 편안할 안, 百: 일백 백, 姓: 성 성, 堯: 요임금 요, 舜: 순임금 순, 其: 그 기, 猶: 오히려 유, 病: 병 병, 諸: 어조사 저.

[번역]

자로가 '군자'에 대하여 여쭈었는데, 공자께서 말씀하시기를, "자기 몸을 닦아 나가되 공경심으로써 하느니라."고 하셨다. (자로가) 말씀 드리기를, "그리하면 그만입니까?"라고 하였다. (공자께서) 말씀하시기를, "자기 몸을 닦아서 다른 사람을 편안하게 해 주느니라."고 하셨다. (자로가) 말씀 드리기를, "그리하면 그만입니까?"라고 하였다. (공자께서) 말씀하시기를, "자기 몸을 닦아서 백성들을 안보(安保)하는 것이니, 자기 몸을 닦아서 백성들을 안보하는 것은 요(堯)·순(舜) 임금도 (그) 오히려 어렵게 여기셨다고나 할까?"라고 하셨다.

[해설]

자로가 군자로서 행할 일을 여쭈어 본 것이다. 군자는, 자기 몸을 닦아서 백성들을 편안하게 하고, 공순함을 독실히 하여 천하가 고르게 다스려지게 하니, 오직 천자와 백성 등 상하(上下)가 공경스러움에 한결같으면, 천지가 절로 자리 잡히고 만물이 절로 길러져서, 세상 사람들도 편안하게 된다고 하였다. 자기 자신에 대해서 수신(修身)하고 공경심으로 남을 대하면, 다른 사람이 편안해질 수 있다는 말이다. 상대방을 공경하자는 말이다.

子曰자왈, 君子군자가, 無所爭무소쟁이나, 必也射乎필야사호인저. 揖讓而升읍양이승하여, 下而飮하이음하나니, 其爭也기쟁야가, 君子군자니라.

—『論語』「八佾(팔일)」篇 '無爭(무쟁)'章

[한자, 훈과 음]

無: 없을 무, 爭: 다툴 쟁, 必: 반드시 필, 射: 활쏘기할 사, 揖: 읍할 읍, 讓: 사양할 양, 升: 오를 승, 下: 아래 하, 飮: 마실 음, 爭: 다툴 쟁

[번역]

공자께서 말씀하시기를, "군자가 다투는 바가 없으나, (있다면) 반드시 '활쏘기'에서라고나 할까? 읍(揖)하며 사양하고서 (활터에) 올라갔다가 (지면) 내려와서 (벌주 잔을) 마시나니, 그 다투는 것이 군자적(君子的)이니라."고 하셨다.

[해설]

위 공자의 말씀은, 대사례(大射禮)나 향사례(鄕射禮) 등에서 활터 곧

덕(德)을 살펴보자는 '관덕정(觀德亭)'에서의 활쏘기에 임하는 군자의 도를 밝힌 것이다. 군자는 공손하여 남과 다투는 일이 없는데, 오직 활쏘기에서만 다툴 수 있다는 말이다. 위의 말씀에서는, 활쏘기의 예(禮)를 대강 거론함으로써, 군자의 다투는 자세가 지극히 질서정연하면서도 사양하는 모습을 잃지 않는 것이었음을 보여주었다.

대사례 때 짝을 지어 나아가서 세 번 읍(揖)하고 그런 후에 활터에 오른다. 그리고 활쏘기가 끝났을 때에 읍하고 내려와서, 모든 사람이 활터에서 내려오기를 기다렸다가, 이긴 사람이 먼저 읍하거든 진 사람이 술잔을 받아 선 채로 벌주 잔을 받아 마시는 예이다. 활쏘기에서 진 사람에게 벌주 잔을 마시게 하는 것부터가 군자의 세계가 아름다운 모습을 보여주는 것이다. 만약 경쟁에서 진 사람으로 하여금 먼저 술을 마시게 하지 않고서, 이긴 사람에게 먼저 술을 마시게 하였다면, 진 사람으로서는 얼마나 부끄럽고도 쑥스러운 일이었겠는가? 이런 배려가 남을 편안하게 해주는 방법이다.

子貢자공이 曰왈, 如有博施於民而能濟衆여유박시어민이능제중한댄, 何如하여하니잇고. 可謂仁乎가위인호잇가. 子曰자왈, 何事於仁하사어인이리오. 必也聖乎필야성호인저. 堯舜요순도, 其猶病諸기유병저시니라. 夫仁者부인자는, 己欲立기욕립이라 而立人이입인하며, 己欲達기욕달이라 而達人이달인이니라. 能近取譬능근취비면, 可謂仁之方也已가위인지방야이니라.

—『論語』「雍也(옹야)」篇 '施濟(시제)'章

[한자, 훈과 음]

貢: 바칠 공, 子貢(자공)은 공자의 제자 端木賜(단목사)임. 博: 넓을 박, 施: 베풀

시, 濟: 구제할 제, 衆: 무리 중, 何: 어찌 하, 可: 옳을 가, 謂: 이를 위, 仁: 인할 인, 必: 반드시 필, 聖: 성스러울 성, 夫: 그 부, 欲: 하고자 할 욕, 立: 설 립, 達: 통달할 달, 能: 능할 능, 近: 가까울 근, 取: 취할 취, 譬: 비유할 비, 方: 보 방, 已: 그만둘 이.

[번역]

자공이 말씀 드리기를, "만일 백성들에게 널리 (은혜를) 베풀고 능히 대중을 구제하는 일이 있을진댄[있다면], 어떠하겠습니까? 가히 '인(仁)'이라고 이를 만합니까?"라고 하였다. 공자께서 말씀하시기를, "어찌 인(仁)만을 일삼는 것이리오? 반드시 '성(聖)'이라고나 할까? 요(堯)·순(舜) 임금도, 그 오히려 (그것을 행하지 못하는 것을) '마음의 병으로'[어렵게] 여기셨다고나 할까? 무릇 인(仁)한 자는, 자기가 (만인 앞에 우뚝) 서고자 하는지라 남을 세워 주며, 자기가 현달(顯達)하고자 하는지라 남을 (벼슬을 함으로써 뜻을 펼 수 있도록 추천하든지 하여) 현달시켜 주느니라. 능히 (자기 몸과 같은) 가까운 데서 비유를 취한다면, 가히 인(仁)을 행하는 방술(方術)이라고 이를 수 있을 따름이니라."고 하셨다.

[해설]

공자의 제자 자공이 '백성들에게 은혜를 베풀고 대중을 구제하면 인(仁)이라고 할 수 있습니까?'라고 여쭈니, 공자는 '인(仁)이라고만 할 것인가? 성(聖)이라고 할 만하다.'고 대답한 것이다. 그러면서 인(仁)한 자는 자기가 출세하고자 하면 남을 칭찬하고 잘 될 수 있도록 해주어야 하며, 자기가 높은 관직에 나가고자 하면 남에게도 출세할 수 있도록 추천하여 나아갈 수 있게 해야 한다고 하였다. 이런 태도가 남을 이루게 하고 편안하게 해주는 삶의 태도인 것이다. 요즘 자기만 잘 되면 된다는 개인주의 의식이 만연한 이때, 한 번쯤 생각해 볼 공자의 사상이다.

子曰자왈, 吾오가 有知乎哉유지호재아. 無知也무지야로다. 有鄙夫유비부가 問於我문어아라도, 空空如也공공여야하여, 我아가 叩其兩端而竭焉고기양단이갈언하노라.

—『論語』「子罕(자한)」篇 '鄙夫(비부)'章

[한자, 훈과 음]

吾: 나 오, 有: 있을 유, 知: 알 지, 乎: 어조사 호, 哉: 어조사 재, 無: 없을 무, 也: 어조사 야, 鄙: 어리석을 비, 夫: 지아비 부, 問: 물을 문, 於: 어조사 어, 我: 나 아, 空: 빌 공, 如: 같을 여, 叩: 두드릴 고, 其: 그 기, 兩: 두 량, 端: 끝 단, 竭: 다할 갈, 焉: 어조사 언

[번역]

공자께서 말씀하시기를, "내가 아는 것이 있던가? 아는 것이 없노라. 촌 사내가 나에게 묻는 일이 있더라도 텅 빈 듯 아무것도 속에 든 것이 없어서, 내가 '물(物)의 본말(本末)과 사(事)의 종시(終始)' 그 양단(兩端)을 두드려 보고서 (최선을) 다했노라."고 하셨다.

[해설]

위의 내용은 공자께서 겸손하게 말씀하시기를, "이미 아는 것이 없으나 다만 (그) 남에게 일러줌에 비록 지극히 어리석은 사람에게도 감히 정성을 다하지 않을 수 없었을 따름이다."라고 하신 것이다. 이런 것이 다른 사람에 대한 배려일 것이다. 나보다 능력이나 지적인 면

또는 경제적인 면에서 부족하다고 깔보거나 무시하는 것이 아니라 자기가 아는 범위 내에서 최선의 방법으로 대해야 한다는 말이다. 그러면 매사의 질문에 관한 공자의 대답과 가르침은, 수준 높은 사람에게 답하더라도 수준 낮은 사람 또한 전혀 알아듣지 못할 대답과 가르침은 아니었으며, 수준 낮은 사람에게 답하더라도 수준 높은 사람 또한 교훈을 삼을 수 있는 대답과 가르침이었다. 그리고 사물의 이치를 말하면서도, 사물 또는 사물의 본질 그 자체를 벗어나거나 버리지 않는 대답과 가르침이었다.

물(物)의 본(本)은, 의(意)·심(心)·신(身)·가(家)·국(國)·천하(天下) 순이고, 사(事)의 시작은 성(誠)·정(正)·수(修)·제(齊)·치(治)·평(平) 순으로 마무리가 된다. 물(物)의 본말(本末)과 사(事)의 시종(始終)을 『대학(大學)』의 6조목으로 설명하면, 성의(誠意)·정심(正心)·수신(修身)·제가(齊家)·치국(治國)·평천하(平天下) 순이고, 본말(本末)의 순도 이와 같다. 먼저 '착한 사람이 되어야지' 하는 뜻을 정성스럽게 지니고 마음을 바르게 가지며 자기의 언행을 잘 다스리고 난 후 집안을 가지런하게 하고, 그런 후에 나라도 다스릴 수 있다는 말이다. 수신(修身)과 제가(齊家)도 안 된 상태에서 치국(治國)이나 평천하(平天下)는 이룰 수 없다는 말이다. 우리나라 역대 대통령 중 불행한 일을 겪은 분들도 모두 본말(本末)이 전도(顚倒)되었기 때문이다. 성의(誠意)와 수신(修身)을 먼저 했더라면, 아니 제가(齊家)라도 했다면 불행한 일을 겪지 않았을 것이다. 수신(修身)가 제가(齊家)가 안 된 상태에서 치국(治國)을 했으니, 파국은 불을 보듯이 뻔한 일이었다.

食不厭精사불염정하시며, 膾不厭細회불염세러시다. 食饐而餲사의이애와, 魚餒而肉敗어뇌이육패를, 不食불식하시며, 色惡색악을, 不食불식하시며, 臭惡취악을, 不食불식하시며, 失飪실임이어든, 不食불식하시며, 不時불시어든, 不食불식일러시다.

—『論語』「鄕黨(향당)」篇 '飮食(음식)'章

[한자, 훈과 음]

食: 밥 사, 厭: 싫을 염, 精: 찧을 정, 膾: 육회 회, 細: 가늘 세, 饐: 쉴 의, 餲: 쉴 애, 魚: 고기 어, 餒: 굶주릴 뇌, 肉: 고기 육, 敗: 부패할 패, 食: 먹을 식, 色: 빛 색, 惡: 악할 악, 臭: 냄새 취, 失: 잃을 실, 飪: 익힐 임, 時: 때 시

[번역]

밥은 곱게 찧은 곡식을 싫어하시지 않으셨으며, 회(膾)는 잘게 친 것을 싫어하시지 않으셨다. 밥이 쉬고 뜬[맛이 변한] 것과 물고기가 곯고 짐승 고기가 상한[부패(腐敗)한] 것을 잡수시지 않으셨으며, 빛깔이 나쁜 것을 잡수시지 않으셨으며, 냄새가 고약한 것을 잡수시지 않으셨으며, 적당히 익지 않았거든 잡수시지 않으셨으며, 제철 음식이 아니거든 잡수시지 않으셨다.

[해설]

공자의 음식이다. 거친 음식보다는 소화가 잘 될 수 있게 곱게 찧은 곡식을 선호했으며, 소고기나 염소 고기 등 육회(肉膾)도 잘게 썬 회(膾)고기를 선호하였다. 곡식이 곱게 찧은 것이면 능히 사람을 보양할 수 있다. 그러나 회(膾)가 굵으면 능히 사람을 해칠 수 있게 되니, 그것을 싫어했다는 말이다. 이때 회는 육고기의 육회(肉膾)를 이르는 말이다. 생선회가 아니다. 곱게 찧은 곡식의 밥이나 잘게 친 회를 싫어하지 않았다는 말은 이런 것을 좋게 여겼다는 말이지, 꼭 이와 같이만 하려

고 이른 말씀은 아닌 것이다. 따라서 남들에게 음식을 대접할 때, 공자의 음식이 기준이 되어 대접한다면 상대방 또한 편안하게 받아들일 수 있을 것이다.

割不正할부정이어든, 不食불식하시며, 不得其醬부득기장이어든, 不食불식일러시다. 肉雖多육수다나, 不使勝食氣불사승사기하시며, 唯酒유주는 無量무량하사대, 不及亂불급란일러시다. 沽酒市脯고주시포를, 不食불식하시며, 不撤薑食불철강식하시며, 不多食부다식일러시다.

—『論語』「鄕黨(향당)」篇 '飮食(음식)'章

[한자, 훈과 음]

割: 나눌 할, 得: 얻을 득, 醬: 젓갈 장, 雖: 비록 수, 多: 많을 다, 使: 하여금 사, 勝: 이길 승, 食: 밥 사, 氣: 기운 기, 唯: 오직 유, 酒: 술 주, 無: 없을 무, 量: 헤아릴 량, 及: 미칠 급, 亂: 어지러울 란, 沽: 살(팔) 고, 市: 저자 시, 脯: 포 포, 撤: 거둘 철, 薑: 생강 강, 食: 먹을 식

[번역]

썬 것이 반듯하지 않거든 잡수시지 않으셨으며, 그 장(醬)을 얻지 못하거든 잡수시지 않으시더라. 고기가 비록 많더라도 (그로) 하여금 밥 기운을 이기지 않게 하셨으며, 오직 술에 있어서는 (일정한) 양(量)이 없으셨는데, 어지러운 지경[의지나 혈기를 어지럽히는 데]에는 미치지 않게 하시더라. 사 온 술과 사 온 말린 고기를 잡수시지 않으셨으며, 생강 잡수시는 것을 그만두시지 않으셨으며, (모든 음식을) 많이 잡수시지 않으시더라.

[해설]

썬 고기가 모나거나 바르지 않은 것을 잡수시지 않았다는 것은, 다급한 지경에도 바른 데서 벗어나지 않은 것이다. 또한 음식 궁합이 맞게 드셨다는 논리로 돼지고기에는 새우젓, 생선회에는 겨자장 등을 구비해서 드셨다는 말이다. 술은 적당히 상대방과 더불어 분위기 맞출 정도의 양을 드셨다는 말씀이고, 사온 술과 사온 말린 고기는 잡수시지 않았다는 말은 아마도 위생 상 염려되어 함부로 먹지 않았다는 말씀이다. 개인 위생에 철저했던 공자이다.

祭於公제어공에, 不宿肉불숙육하시며, 祭肉제육은, 不出三日불출삼일하더시니, 出三日출삼일이면, 不食之矣불식지의시니라.

—『論語』「鄕黨(향당)」篇 '飮食(음식)'章

[한자, 훈과 음]

祭: 제사 제, 公: 공 공, 宿: 묵을 숙, 肉: 고기 육, 出: 날 출, 食: 먹을 식, 矣: 어조사 의

[번역]

(노나라의) 임금께 제사[조제(助祭)] 지내심에, 받아 온 고기를 밤새우게 하지 않으셨으며, (집안에서) 제사 지낸 고기는, 3일 만에 내놓지 않으시더니, 3일 간이나(3일이 지나도록) 내놓으면, 잡수시지 않으셨느니라.

[해설]

제사를 모신 음식을 비롯하여 고기를 먹지 않고 3일이 지나면 부패

가 염려되어 그 음식을 취하지 않았다는 말이다. '조제(助祭)'는 '참여하여 지내는 제사'라는 뜻이다. 옛날 잔치나 제사 후에 남은 음식을 어떻게 처리했는가를 알게 한다. 공자는 위생에 철저했던 분이다.

食不語식불어하시며, 寢不言침불언일러시다. 雖疏食菜羹수소사채갱이라도, 必祭필제하사대, 必齊如也필재여야러시다.

—『論語』「鄕黨(향당)」篇 '飮食(음식)'章

[한자, 훈과 음]

食: 먹을 식, 語: 말씀 어, 寢: 잠잘 침, 雖: 비록 수, 疏: 거칠 소, 食: 밥 사, 菜: 나물 채, 羹: 국 갱, 必: 반드시 필, 祭: 제사 제, 齊: 재계할 제, 如: 같을 여

[번역]

음식을 잡수시면서는 말씀을 하시지 않으셨으며, 누우셔서는 말씀을 하시지 않으시더라. 비록 거친 밥과 나물국이라도 반드시 제사를 지내시되('고수레'를 하시되), 반드시 재계 드리는 듯이 하시더라.

[해설]

음식을 먹을 때 말씀을 상대방에게 하지 않는 것은, 대화할 상황이 아니기 때문이며, 누워 있을 때 스스로 말씀을 하시지 않았다고 한 것은 자신의 몸이 기도(氣道)가 막혀서 손상될 우려가 있기 때문이다.

'어(語)'는 두 사람 이상 대화를 할 때 쓰는 글자이고, '언(言)'은 남이 그 말을 듣든 듣지 않든 혼자서 스스로 이르는 말이다.

升車승거하사, 必正立執綏필정립집수러시다. 車中거중에, 不內顧불내고하시며, 不疾言부질언하시며, 不親指불친지러시다.

—『論語』「鄕黨(향당)」篇 '升車(승거)'章

[한자, 훈과 음]

升: 오를 승, 車: 수레 거, 必: 반드시 필, 正: 바를 정, 立: 설 립, 執: 잡을 집, 綏: 수레 끈 수, 顧: 돌아볼 고, 疾: 빠를 질, 言: 말씀 언, 親: 친할 친, 指: 손가락 지

[번역]

수레에 오르셔서는, 반드시 똑바로 서서 수레 끈을 잡으시더라. 수레에 타셨을 때에는, 안쪽으로[뒤를] 돌아보시지 않으셨으며, 빠르게 말씀하시지 않으셨으며, 친히[직접] (손으로) 가리키시지 않으시더라.

[해설]

공자가 수레를 타실 때의 모습이다. 수레를 타실 때에도 수레 끈을 똑바로 잡아 몸과 마음이 바르게 될 수 있게 했다는 말이다. 그리고 수레를 타신 후에는 뒤를 돌아보지 않으셨고 말씀을 빠르게 하지 않았으며, 손으로 직접 가리키는 일이 없었다는 것이다. 이 세 가지는 모두 용모를 잘못 가지는 것이기 때문이다. 오늘날 차를 타를 때 주의해야 할 사항들이다. 곧 운전자를 편안하게 해주는 태도이다. 바른 용모를 지니고, 운전자를 혼란스럽게 하는 일이 없어야 운전도 편안하게 할 수 있기 때문이다.

다른 사람을 어떻게 편안하게 하는지, 공자의 말씀과 태도를 통해서 살펴보았다. 혹 부모님이 잘못 판단하여 정도(正道)를 나아가지 못할 때에도 얼굴빛을 온화하게 가지고 말은 부드럽게 간해야 한다고 하였다. 남을 대할 때도 자기 몸을 먼저 닦고 대중을 공경심으로 대해야 한다고도 하였다. 또 자신이 세상에 우뚝 서고자 하면, 남을 먼저 위해 주어야 자신도 우뚝 설 수 있다고 하였다. 개인주의가 팽배한 현시점에 꼭 필요한 말씀인 것 같다. 음식을 먹을 때는 제철 음식을 먹고 모양이 나쁘거나 색깔이 곱지 못한 것은 피한다고 하였다. 혹시라도 상한 것을 먹을까 염려했던 것이다. 그리고 오래된 음식도 피해 상한 음식을 원천 차단하고자 하였다. 수레를 탈 때는 수레 모는 사람을 위해 소란스럽게 굴거나 잡담 등을 하지 않았다고 하였다. 모두가 자신이 조심하여 상대방을 배려하는 태도였다. 공자의 이런 몸가짐이나 언행은 오늘날에도 유효하다. 이런 태도가 남을 편안하게 해주는 방법들이었다.

3. 사람을 이루어 주는 법[成人(성인)]

子曰자왈, 弟子제자가, 入則孝입즉효하고, 出則弟출즉제하며, 謹而信근이신하며, 汎愛衆범애중하되, 而親仁이친인이니, 行有餘力행유여력이어든, 則以學文즉이학문이니라.

—『論語(논어)』「學而(학이)」篇 '弟子(제자)'章

[한자, 훈과 음]

弟: 아우 제, 子: 접미사 자, 入: 들 입, 則: 곧 즉, 孝: 효도 효, 出: 날 출, 悌: 공손할 제, 謹: 삼갈 근, 信: 믿을 신, 汎: 널리 범, 愛: 사랑 애, 衆: 무리 중, 親: 친할 친, 行: 행할 행, 餘: 남을 여, 力: 힘 력, 學: 배울 학, 文: 글월 문

[번역]

공자께서 말씀하시기를, "아우나 자식 된 사람이 집안에 들어와서는 효도하고, 밖에 나가서는 공손히 하며, 언행을 삼가고 미덥게 하며, 널리 대중을 사랑하되 그 중에서도 어진 사람을 가까이해야 할 것이니, 그렇게 행하고도 남은 힘이 있거든, 그 남은 힘으로써 글을 배우느니라."고 하셨다.

[해설]

위의 공자의 말씀에 제자(弟子)는 후대에 스승의 상대적인 개념으로 사용되는 말과는 차이가 있다. 여기서는 부형(父兄)의 상대적 개념으로 '아우나 자식 된 사람'의 의미로 사용되었기 때문이다. 집 안에 들어와서는 조부모나 부모님께 효도하고, 집 밖에 나가서는 형뻘 되는 사람이나 웃어른께 항시 공손한 태도를 잃지 않아야 한다는 말이다.

또한 말과 행동은 매사에 조심히 하면서 믿음 있게 행하고 모든 사람을 다 편애(偏愛) 없이 사랑하되, 그 중에서도 나의 잘못을 바로잡아 줄 어진 사람을 가까이 하여, 내 몸이 바로잡힐 수 있도록 하여야 한다. 요즘 사람들은 간혹 학연(學緣)·지연(地緣)·혈연(血緣) 등에 사로잡혀 사사로이 사귀는 경우도 있는데, 공자는 편애하는 그와 같은 태도를 일찍이 경계하였다. 이렇게 집안이나 사회 생활에서 남과 잘 어울리면서도 배려심 있고 포용력을 갖춘 인간성이 있는 인간으로 거듭나게 해야 할 것이다.

효도하고 언행을 삼가고 널리 대중을 사랑하되, 어진 사람을 가까이하여 나의 잘못을 바로잡고 하는 등, 사람의 기본적인 도리를 다하고 나서 남은 힘이 있거든 그 남은 힘으로써 글을 배운다고 하였다. 이는 '사람의 도리를 다한 후에 글공부할 자격이 생긴다.'로 오해하면 안 될 말씀이다. 다만 글공부보다 사람의 도리가 우선이라는 뜻을 밝히고자 한 말씀이기 때문이다. 따라서 사람 노릇을 잘해 나가면서 글공부도 하고 글공부를 하면서 사람 노릇을 잘해 나가되, 그 중에서도 사람 노릇을 잘하는 것이 더욱 중요한 일이라는 말씀이다.

사람이 살아가는데 근본은 덕행(德行)이고 글재주는 말(末)에 해당된다. 따라서 그 본말(本末)과 선후(先後)를 알아 어느 것이 더 중요한 일인가를 알아야, 마침내 도덕적인 경지 곧 도덕군자의 경지에 들어갈 수 있다. 이 점을 알고 실천하면 저절로 훌륭한 인물이 될 것이다.

子曰자왈, 君子군자가, 食無求飽식무구포하며, 居無求安거무구안하며, 敏於事而愼於言민어사이신어언이요, 就有道而正焉취유도이정언이면, 可謂好學也已가위호학야이니라.

—『論語』「學而(학이)」篇 '好學(호학)'章

[한자, 훈과 음]

食: 먹을 식, 求: 구할 구, 飽: 배부를 포, 居: 거처 거, 安: 편안할 안, 敏: 민첩할 민, 事: 일 사, 愼: 삼갈 신, 就: 나아갈 취, 道: 도 도, 可: 가히 가, 謂: 이를 위, 好: 좋아할 호, 學: 배울 학, 已: 어조사 이(뜻이 없는 종결 어조사).

[번역]

공자께서 말씀하시기를, "먹음에 배부름을 구하지 않으며, 거처함에 편안함을 구하지 않으며, 일에는 민첩하고 말씀에는 삼가며, 도(道) 있는 데에 나아가서 제 몸을 바로잡는다면, 가히 '배우기를 좋아한다'고('배우기를 좋아하는 사람'이라고) 이를 만하니라."고 하셨다.

[해설]

'군자(君子)'는, 도(道)를 배워 실천하고자 하는 사람 곧 도(道)에 뜻을 둔 사람이다. 군자는 그와 같이 뜻을 둔 바가 있기에, 먹음에 배부름을 구하지 않으며 거처함에 편안함을 구하지 않는다. 도를 추구하는 것보다 중요하지 않은 일에 뜻이 미칠 겨를이 없기 때문이다. 먹음에 배부름을 구하지 않기에, 먹을 것에 여유가 있더라도 그것을 다 쓰지 않고서 어려운 사람들을 위해 베풀게 되고, 벼슬자리에 있으면서도 봉록(俸祿, 월급)만을 탐하거나 이익을 꾀하지 않는다. 거처함에 편안함을 구하지 않기에, 크고 넓은 집에서 거처한다거나 쓸데없는 곳에 돈을 낭비하는 것을 마음 편히 여기지 않는다.

뿐만 아니라 군자는, 실질을 숭상하며 학문 등의 일에 부지런히 힘쓴다. 그리고 입으로 나오려는 말이 있어도, 실천하기가 쉽지 않을 것을 생각하여 말을 썩썩 내뱉지 않는다. 그리고 '일에는 민첩하게 행한다.'는 말씀은, 일을 졸속(拙速)으로 빨리 행하려고만 하는 것을 의미하는 것이 아니라 '근면 성실하게 부지런히 힘쓰는 것'을 말씀한 것이다.

군자는 그처럼 자기 몸 하나를 위한 안일함을 꾀하지 않고 언행(言行)을 삼가 신중하게 행하며, 제 몸을 바로잡아 줄 만한 '도 있는 사람'에게 나아가서 제 몸을 바로잡는다. 군자는 매사를 행하되, 자식으로서 부모를 섬기거나 신하로서 그리고 백성으로서 임금을 섬기고 국가에 충성하거나 하는 등, 사람이면 마땅히 그럴 수밖에 없는 당연한 이치 곧 마땅히 행해야 할 길이라고 할 '도리'에서 벗어나지 않도록 하는 것이다. 그러면서도 배움에 게으름을 피우지 않아야 군자 곧 지성인으로 거듭날 수 있다는 말이다.

子曰자왈, 君子군자는, 不器불기니라.

—『論語』「爲政(위정)」篇 '不器(불기)'章

[한자, 훈과 음]

子: 큰선생님 자, 君: 임금 군, 器: 그릇 기

[번역]

공자께서 말씀하시기를, "군자는, (어느 한 가지만의) 그릇 노릇 하지 않느니라."고 하셨다.

[해설]

흔히 '군자불기(君子不器)'로 말하기도 한다. 이는 문(文)·사(史)·철(哲) 곧 문·이과에 능통한 군자는 어느 한 가지 그릇에 얽매이지 않는다는 뜻이다. 일부 학자는 '군자는 일체 그릇 노릇하지 않는다' 혹은

'군자는 기술을 천시했다' 등으로 번역하였는데, 그렇게 하면 안 될 구절이다. 이 세상에 눈에 보이는 것은 모두 그릇인 것이다. 『주역(周易)』「계사(繫辭)」상전(上傳)에 "이 세상에서 눈에 보이지 않는 정신적인 세계의 형이상적인 것을 일러 도(道)라고 하고, 대개 눈에 보이도록 형체를 지닌 것을 일러 기(器)이다."라고 한 부분이 있다. 따라서 사람이든 물건이든 형체를 지닌 일체의 물(物)은 기(器)가 되는 것이다.

한 가지 그릇에 얽매인다는 말은 '바가지'는 물을 뜨는 기능에 국한되고, '체'는 술을 거르는 그릇에 국한된다. 그리고 '간장 종기'는 간장만 담을 수 있다. 이런 그릇이 한 가지 기능에 얽매이는 것이다. 그런데 군자는 한 가지 그릇에 얽매이지 않기 때문에, 그 군자로부터 소설가가 나오라면 소설가가 나오고, 국방부 장관이 나오라면 장관도 나오고, 초등학교 선생님이나 대학 교수가 나오라면 나와서 크거나 작거나 간에 어떤 그릇의 역할도 수행할 수 있는 존재가 될 수 있다는 것이다. 21세기는 융복형 인재를 필요로 한다. 군자적 자질을 갖출 수 있도록 노력해야 할 것이다.

바가지·간장 종지·술 거르는 체 등은 한 가지 기능에 얽매이는 그릇이다. 군자는 이런 한 가지 기능만 하는 그릇이 아니기에, 어떤 위치에 있어도 자기가 지닌 제 능력을 다 발휘할 수 있다는 것이 '君子不器論(군자불기론)'이다. 마치 밥 담으면 밥그릇이 되고 국 담으면 국그릇이 되는 것과 같이, 처한 위치에 따라 제 역할을 다 할 수 있는 분이 군자라는 말씀이다.

子曰자왈, 吾오가, 十有五而志于學십유오이지우학하고, 三十而立삼십이립하고, 四十而不惑사십이불혹하고, 五十而知天命오십이지천명하고, 六十而耳順육십이이순하고, 七十而從心所欲칠십이종심소욕하여, 不踰矩불유구호라.

—『論語』「爲政(위정)」篇 '志學(지학)'章

[한자, 훈과 음]

吾: 나 오, 志: 뜻 지, 于: 어조사 우, 立: 설 립, 惑: 미혹할 혹, 命: 목숨 명, 耳: 귀 이, 順: 순할 순, 從: 따를 종, 心: 마음 심, 所: 바 소, 欲: 하고자 할 욕, 不: 아닐 불, 踰: 넘을 유, 矩: 곡척(곱자) 구

[번역]

공자께서 말씀하시기를, "내가 열다섯 살이 되었을 때에 배움에 뜻을 두었으며, 서른 살에는 학문적 자세가 확립되었으며, 마흔 살에는 의혹되지 않게 되었으며, 쉰 살에는 천명(天命)을 알게 되었으며, 예순 살에는 귀가 순(順)하게 되었으며, 일흔 살에는 마음의 하고자 하는 바를 따라 하되 법도(法度)를 벗어나지 않게 되었느니라."고 하셨다.

[해설]

위의 공자 말씀은 겸사이다. 15살에 배움에 뜻을 두었다는 것은 처음부터 공부를 시작한다는 말씀이 아니라, 이미 15살 이전에 『시경(詩經)』·『서경(書經)』 등의 책을 다 읽고 익혔으나, 그럼에도 비로소 그 15살에 본격적으로 배움에 뜻을 두었다고 한 것이다.

그리고 30살에 학문의 기초와 학문적 자세가 확립되어 다시금 인생의 방향을 바꾸지 않을 만큼 학문적으로 확고해졌다는 말이다.

40살에는 세상 물정에 환해지고 사리에 밝아져 시비곡직 등의 판가름에 분명해지게 되었다는 말씀이다.

50살에는 어두운 세상을 밝히라는 하늘의 뜻을 분명히 알게 함으로써 혼란한 세상을 자신이 아니라면 누가 구하겠는가 하는 뜻으로서의 사명감을 절실히 느끼게 되었다는 의미이다.

60살에는 이미 천명을 알고 난 후이므로, 익히 천리를 알아서 귀를 통해 들어오는 인간 세상 일체의 시비(是非)가 역(逆)으로 들림이 없고 따라서 귀에 거슬리는 말이 없게 되어, 마음으로 새겨듣게 되었다는 말씀이다. 남이 하는 비방의 소리도 순화하여 이해한다는 말이다.

70살에는 마음이 하고자 하는 바를 따라 해도 법도를 어기지 않는다는 말씀이다. 일거수일투족(一擧手一投足)이 모두 사리에 맞고 법도에 들어맞았기에 마음 내키는 대로 하더라도 법도에 어긋나거나 법도를 벗어나는 점이 없었다는 말이다. 그래서 70의 나이는 성인(聖人)의 나이라고도 한다. 두보는 「곡강(曲江)」에서 70세를 고희(古稀)라고 하였다. 공자가 말씀한 대로 나이살에 맞게 행동을 행한다면 반드시 훌륭한 인물로 거듭날 것이다.

子曰자왈, 溫故而知新온고이지신이면, 可以爲師矣가이위사의니라.

—『論語』「爲政」篇 '溫故(온고)'章

[한자, 훈과 음]

溫: 익힐 온, 故: 옛 고, 知: 알 지, 新: 새 신, 師: 스승 사

[번역]

공자께서 말씀하시기를, "옛것을 익히고서 새것을 알면, 가히 써

사표(師表, 스승)가 될 만하니라."고 하셨다.

[해설]

'온고(溫故)'는 옛 성현의 도(道)나 옛 성현의 도를 밝힌 옛 경서나 고전에 담긴 의미와 스승으로부터 배운 그런 내용의 가르침의 의미를 익히고 실천적으로 계승한다는 뜻의 말씀이다. 그리고 '지신(知新)'은 새 시대의 지성으로부터 듣는 것을 알아 나가거나 새로운 세계의 질서와 급변하는 국제 정세 등을 알아서 그에 대처해 나가며 신서(新書)·신문(新聞) 등에 담긴 의미를 실천적으로 터득해 나간다는 뜻이다. 따라서 온고지신(溫故知新)을 행하면 가히 스승이 되고 남에게 본보기가 될 수 있다고 한 것이다. 훌륭한 인물이 되기 위해서는 고서(古書)만 읽어도 안 되고 신서(新書)만 읽어도 안 되는 것이다. 고서(古書)도 읽고 새로 나온 책도 읽어 자신의 처지에 맞게, 독서(讀書)를 융통성 있게 해 나가면 될 것이다.

子曰자왈, 見賢견현이어든, 思齊焉사제언하며, 見不賢견불현이어든, 而內自省也이내자성야니라.

—『論語』「里仁(이인)」篇, 思齊(사제)'章

[한자, 훈과 음]

見: 볼 견, 賢: 어질 현, 思: 생각 사, 齊: 가지런할 제, 內: 안 내, 自: 스스로 자, 省: 살필 성

[번역]

공자께서 말씀하시기를, "어진 사람을 보거든 (그 사람과) 같아질

것을 생각하며, 어질지 못한 사람을 보거든 마음속으로 스스로를 살펴보느니라."고 하셨다.

[해설]

공자의 말씀은, '자기 자신보다 나은 어진 사람을 보거나 남의 어진 점을 보게 되면, 내 자신이 그 어진이와 같아질 것을 생각하고 그리하여 그 사람의 어진 점을 따라갈 것을 생각해야 하며, 어질지 못한 사람을 보거나 남의 어질지 못한 점을 보게 되면, 혹시 내 자신에게도 그런 착하지 못한 점이 있는가 하여 마음속으로 스스로를 돌이켜서 살펴보고 그 착하지 못한 점을 찾아내서 반드시 고쳐 나가야 한다.'는 뜻의 말씀이다. 이렇게 좋은 점은 따라 행하고 나쁜 행동은 책망(責望)하면서 고쳐 나간다면 반드시 훌륭한 사람이 될 것이다.

子游자유가 曰왈, 事君사군하되 數삭이면, 斯辱矣사욕의요, 朋友붕우하되 數삭이면, 斯疏矣사소의니라.

—『論語』「里仁」篇 '君友(군우)'章

[한자, 훈과 음]

事: 섬길 사, 數: 자주 삭, 斯: 이 사, 辱: 욕되게 할 욕, 朋: 벗 붕, 疎: 소원할 소

[번역]

자유가 말하기를, "임금을 섬기되 (충간하기를) 번거롭게 자주(번삭)하게 하면 이에 욕을 보게 되며, 벗을 사귀되 (책선하기를) 자주하게 하면 이에 관계가 소원해지느니라."고 하였다.

[해설]

공자의 제자 자유의 말씀이다. 신하가 임금을 섬기되 진실된 마음으로 내 마음을 다 바쳐 간하기를 번거롭게 자주하면 욕을 보게 되고, 벗을 사귀되 잘되기를 바라서 착한 말로 충고해 주는 것 곧 책선(責善)하기를 번거롭게 자주 하면 관계가 멀어질 수 있다는 말이다.

『맹자』「이루(離婁)」장(章) 상(上)의 '교자(敎子)'장에는, '부자지간(父子之間), 불책선(不責善.)'이라고 하여, '부자지간에는, (잘되기를 바라서 착한 말로 충고해 주는) 책선(責善)을 하지 않는다.'고 하였다. 그리고 "責善책선은, 朋友之道也붕우지도야니라"고 하여, "잘되기를 바라서 착한 말로 충고해 주는 책선(責善)은, 친구 간의 벗사귐의 도리이다."라고 하였다.

아버지와 아들 간에 만약 잘되기를 바라서 착한 말로 충고해 주려고 한다면, 그것이 심할 경우에는 마침내 은정(恩情)을 상하게 할 것이다. 따라서 부득이한 경우가 아니고서는, 부자지간에 '책선(責善)'을 행하지 않아야 한다는 말이다. 자주 하다 보면, '꼰대' 소리를 듣게 되는 것이다.

그러나 친구 간에는, 다소 심한 말로 충고하더라도 그런 충고를 받아들이는 일이 대체로 가능하다. 하지만 '책선(責善)'이 비록 좋은 일이라고는 해도, 충고를 듣는 벗이 제대로 받아들이려고 하지 않는다면 친구 간의 사이가 소원해질 수도 있기 때문에, 진실되게 일러주려고 하는 그 충고의 말을 자주 번거롭게 하기가 어려운 것이다. 그런데 그런 일은, 임금과 신하 사이에서 특히 경계해야 할 일이라고 할 것이다.

임금을 제아무리 진실되게 섬기면서 바른말로 충간(忠諫)하고자 하더라도, 바른말을 자주 번거롭게 하다 보면 욕(辱)을 보기 마련이다.

그렇기는 하나, 충간할 만한 자리에 있는 신하로서, 나라가 잘못될 위기의 상황에 처했음에도 위험을 무릅쓰고서 행해야 할 말을 전혀 하지 않을 수는 없을 것이다. 그처럼 충간하는 말을 들을 줄 알고 충간하는 말을 예의를 지켜 행할 줄 아는 것이 어렵기 때문에, 임금 노릇 하기도 어렵고, 신하 노릇 하기도 어렵다는 것이다. 그래도 바른 말 할 때라고 생각되면 바른 말로 충간을 해야 한다. 그것이 진정한 도리이기 때문이다. 근래에 우리가 겪은 일 중에 뜬금없는 계엄령이 있었다. 그 일로 온 국민이 경악하였다. 하지만 텔레비전에 비친 계엄령을 계획하고 결정하는 장소인 용산 대통령실 있었던 총리를 비롯해 여러 장관들은 충간하는 모습을 보이지 않았다. 이처럼 충간할 수 있는 자리에 충간을 하지 않으면 돌이킬 수 없는 화(禍)를 범하게 되는 것이다. 충간만 잘해도 성인(成人)의 길로 나아갈 수 있다.

子曰자왈, 吾未見剛者오미견강자케라. 或혹이 對曰대왈, 申棖신정이니이다. 子曰자왈, 棖也정야는, 慾욕이어니, 焉得剛언득강이리오.

—『論語』「公冶長(공야장)」篇 '見剛(견강)'章

[한자, 훈과 음]

未: 아닐 미, 見: 볼 견, 剛: 굳셀 강, 或: 혹은 혹, 對: 대답할 대, 申: 지지 신, 棖: 문설주 정, 慾: 욕심 욕, 焉: 어찌 언, 得: 얻을 득

[번역]

공자께서 말씀하시기를, "내가 아직 '추진력(推進力) 있는 자'[剛者강자]를 보지 못하겠도다."라고 하셨다. 어떤 사람이 대답하여 말씀 드리기를, "신정(申棖)입니다."라고 하였다. 공자께서 말씀하시기를, "'정'

은 욕심만 앞세우니, 어찌 추진력[굳세고도 끈질긴 극복의 의지를 보여줌]이 있을 수 있으리오?"라고 하셨다.

[해설]

위의 공자 말씀은 추진력 있는 사람을 아직 보지 못했다는 것이다. 이에 어떤 사람이 공자의 제자인 신정(申棖)이 추진력이 있다고 말씀드리니, 신정은 욕심만 앞세우니 추진력이 있을 수 없다고 하였다. 추진력은 욕심과 다르다는 뜻이다.

위의 공자 말씀에서 추진력으로 번역된 '강(剛)'은 '굳셀 강'으로, '과단성 있게 결단하는 성격으로서의 강단'과 '굳센 기강이 있어 끈질기게 추진해 나가는 강건한 자세' 등으로 일컫는 말이다. 이에 맞는 말로는 '추진력' 또는 '추진력 있음'이 있다. 우리가 살아나가면서 온갖 풍파를 겪게 된다. 이럴 때마다 극복할 수 있는 힘이 필요하다. 그것이 끈질긴 극복의 의지를 보일 수 있는 자질 곧 '추진력'인 것이다. 공자가 나무란 신정의 욕(慾)은 '욕심만 앞세운다'는 뜻으로, 뜻만 커서 의욕만을 앞세우니 그것만으로는 추진력이 될 수 없다. 따라서 추진력은 욕심 없는 순수한 마음에서 나올 수 있다. 사욕(私慾)을 위해 어떤 일을 박력 있게 해 나간다면 그것은 욕심이 되는 것이다. 그러면 추진력은 떨어질 수밖에 없다. 일제 치하의 독립 운동가들이 행한 독립 운동이야말로 추진력 있는 행동이었을 것이다. 사욕 없이 마음을 비운 채 끈질긴 극복 의지로 추진력 있게 행했기에, 조국의 독립도 쟁취할 수 있었던 것이다.

子貢자공이 問曰문왈, 孔文子공문자를, 何以謂之文也하이위지문야이니잇고. 子曰자왈, 敏而好學민이호학하며, 不恥下問불치하문이라, 是以謂

之文也시이위지문야니라.

—『論語』「公冶長」篇 '諡文(시문)'章

[한자, 훈과 음]

何: 어찌 하, 敏: 민첩할 민, 恥: 부끄러워할 치, 問: 물을 문, 諡: 시호 시

[번역]

자공이 여쭈어서 말씀 드리기를, "공문자(孔文子, 시호諡號)를 어째서 '문(文)'이라고 이르게 되었습니까?"라고 하였다. 공자께서 말씀하시기를, "(학문 등의 하는 일에) 민첩하고 배우기를 좋아하며 아랫사람에게 묻는 것을 부끄러워하지 않았는지라, 그래서 '문(文)'이라고 이르게 되었느니라."라고 하셨다.

[해설]

위의 내용은 공자의 제자 자공이 '공문자라는 사람은 행실이 그다지 높지 않아 보이는데 어째서 시호에 문(文)이라는 글자를 쓰게 되었습니까?'라고 여쭌 것이다. 공문자는 위(衛)나라 대부로, 이름이 어(圉)이다. 그런데 자공의 관점에서 보면, 공문자의 평소 행실이 뛰어나지 않았다. 태숙질이라는 사람을 이혼시켜 자신의 사위로 삼았기 때문이다. 그래서 그의 시호(諡號, 죽은 사람의 호)가 '문(文)'이라는 좋은 의미의 글자가 쓰인 것이 의아스럽다고 한 것이다. 그래서 자공이 이와 같은 질문을 하였던 것이다. 그런데 공자의 답변은 남의 단점을 들춰내지 않고 남의 착한 점을 세상에 알려야 한다는 의미의 교훈으로써 제자를 깨우쳐 준 것이다. 단점은 감추고 장점만 말씀하였기 때문이다.

성품이 민첩한 사람은 배우기를 좋아하지 않는다고 한 것은 사람들

이 대개 자기의 타고난 바탕만을 믿고서 배움에 태만해지는 경우가 흔히 있기 때문이다. 그리고 지위가 높은 사람은 아랫사람에게 묻는 것을 부끄럽게 여긴다고 하였는데, 사람들이 대개 벼슬이 높으면 스스로 교만해져서 지위가 낮은 사람에게 묻는 것을 부끄럽게 여긴다. 그런데 공문자는 배우기를 좋아하고 아랫사람에게 묻는 것도 부끄러워하지 않는 장점이 있기에 시호를 공문자(孔文子)로 할 수 있었다는 말이다. 그러면서 한편으로는 남의 착한 점을 감추지 않고, 남의 악한 점을 들춰내지 않는다는 교훈까지 제자에게 깨우쳐 준 것이다. 공자의 이런 태도를 익히게 되면 자연히 훌륭한 인물로 성장할 것이다.

子曰자왈, 晏平仲단평중은, 善與人交선여인교로다. 久而敬之구이경지로다.

—『論語』「公冶長」篇 '善交(선교)'章

[한자, 훈과 음]

晏: 늦을 안, 平: 평평할 평, 仲: 버금 중, 善: 잘할 선, 與: 더불어 여, 交: 사귈 교, 久: 오랠 구, 敬: 공경할 경

[번역]

공자께서 말씀하시기를, "안평중은, 남과 더불어 사귀기를 잘하도다. 오랠수록 공경할 줄 아는구나."라고 하셨다.

[해설]

안평중은 제(齊)나라 대부 안영(安嬰)이다. 사람이 오래 사귀면 공경하는 마음이 사라져 너무 쉽게 막 대할 수 있다. 그런데 안평중은

오래도록 사귀어도 능히 공경할 줄 알았다는 것이다. 이런 사귐이 오래가고 관계도 좋아진다는 말씀이다. 친하다고 함부로 대하면 그 관계는 소원해질 수 있다. 그런 사람과 관계는 또한 좋은 관계로 유지되기도 어렵다. 서로 존중하면 관계도 좋아질 것이다. 오래도록 사귀고 싶으면 상대방을 공경하라.

冉求염구가 曰왈, 非不說子之道비불열자지도언마는, 力不足也역부족야이로이다. 子曰자왈, 力不足者역부족자는, 中道而廢중도이폐하나니, 今女畫금녀획이로다.

—『論語』「雍也(옹야)」篇 '女畫(여획)'章

[한자, 훈과 음]

冉: 나아갈 염, 求: 구할 구, 冉求(염구)는 공자의 제자로 冉有(염유)라고 함. 非: 아닐 비, 說: 좋아할 열, 子: 선생님 자, 力: 힘 력, 足: 족할 족, 道: 길 도, 廢: 지쳐 쓰러질 폐, 今: 이제 금, 女: 너 여, 劃: 그을 획.

[번역]

염구가 말씀 드리기를, "선생님의 도(道)를 좋아하지 않는 것은 아니지마는, 힘이 부족합니다."라고 하였다. 공자께서 말씀하시기를, "힘이 부족한 자는, 길을 가다가 중간에 지쳐서 쓰러지나니, 지금 (보자니까) 너는 (더 이상 못 가겠다고) 금을 그어 놓고 있구나."라고 하셨다.

[해설]

공자의 제자 염구가 '선생님께서 평생을 살아오신 도(道)이며 동시에 자기 자신과 같은 제자들에게 가르침으로써 보여 주신 삶의 도(道)

이면서 학문의 도를 좋아하지 않는 것은 아니지마는, 힘이 부족하여 더 이상 그 가르침대로 따라가지 못하겠습니다.'라고 꾀병을 부리면서 한 말이다.

이에 공자는 '진정으로 힘이 부족한 자는 스스로 힘써 나가다가 정말로 힘에 부쳐 중간에 지쳐 쓰러지는 경우가 있을 수 있는 일인데, 지금 보니 염구 너는 미처 노력도 다 해보기도 전에 더 이상 못 가겠다고 딱 금을 그어 놓고 있구나.'라고 나무랐다.

진정으로 힘이 부족하다고 말할 수 있는 자는 최선을 다하려고 끝까지 노력하다가 정말로 힘이 부족하여 지쳐 쓰러지는 일은 있겠으나, 미처 노력도 해보지 않고서 지레 힘이 부족하다는 말부터 미리 하는 자는 정말로 힘이 부족하여 그러는 것이 아니라는 뜻이다. 시도도 하기 전에 미리 포기한다는 말이다. 이런 태도로 삶을 살다가는 훌륭한 인물로 거듭나기도 전에 실패의 인물로 낙인 찍힐 것이다. 힘닿는 데까지 노력하자, 그래야 후회도 없다.

子曰자왈, 質勝文則野질승문즉야요, 文勝質則史문승질즉사이니, 文質문질이 彬彬然後빈빈연후에, 君子군자니라.

—『論語』「雍也(옹야)」篇 '文質(문질)'章

[한자, 훈과 음]

質: 바탕 질, 勝: 이길 승, 文: 글월 문, 野: 촌스러울 야, 史: 사관 사, 彬: 빛날 빈, 然: 그러할 연, 後: 뒤 후

[번역]

공자께서 말씀하시기를, "본바탕이 겉꾸밈보다 나으면 촌스럽고,

겉꾸밈이 본바탕보다 나으면 '기계적인 글쟁이'[史사]에 지나지 않으니, 겉꾸밈과 본바탕이 조화 있게 빛난 연후에야 진정한 군자이니라." 고 하셨다.

[해설]

사람이 살아가는 데에는, '진실됨과 미더움' 곧 '충신(忠信)'이 본바탕이 되며, '예(禮)'가 겉꾸밈이 된다. 따라서 사람에게는, 진실되고 미더운 사람이 되도록 노력하는 것이 급선무이며, 아울러 '예'를 알아서 '예'를 지키고 행할 줄 아는 자세를 갖추어야 하는 것이므로, '진실됨과 미더움' 그리고 '예'가 조화 있게 빛난 연후에야 진정한 '군자' 곧 훌륭한 사람으로서 살아갈 수 있는 것이다. 사람이 진실되면서 예의도 반듯한 사람이 되어야 한다는 말이다. 내면과 겉모습이 조화를 이룰 때 성덕(成德)의 경지에 이르게 된다. 내면을 가꾸면서 겉모습도 가꾸자.

樊遲번지가 問知문지한대, 子曰자왈, 務民之義무민지의요, 敬鬼神而遠之경귀신이원지면, 可謂知矣가위지의니라. 問仁문인한대, 曰왈, 仁者인자가, 先難而後獲선난이후획이면, 可謂仁矣가위인의니라.

—『論語』「雍也(옹야)」篇 '樊遲(번지)'章

[한자, 훈과 음]

樊: 울타리 번, 遲: 늦을 지, 樊遲(번지)는 공자의 제자임. 務: 힘쓸 무, 民: 백성 민, 義: 옳을 의, 敬: 공경할 경, 鬼: 귀신 귀, 遠: 멀 원, 謂: 이를 위, 知: 알 지, 問: 물을 문, 先: 먼저 선, 難: 어려울 난, 獲: 얻을 획, 仁: 인할 인

[번역]

'번지(樊遲)'가 지혜로움에 대하여 여쭈었는데, 공자께서 말씀하시기를, "백성으로서의 '마땅히 해야 할 일'[義의: 도의道義]에 힘쓰고 귀신을 공경하면서도 멀리 여긴다면, 가히 지혜롭다고 이를 수 있을 것이니라."고 하셨다. (번지가) 인(仁)에 대하여 여쭈었는데, 말씀하시기를, "인(仁)을 행하는 자가 어려운 일은 (내가) 먼저 하고 얻는 일은 (나를) 뒤로 돌린다면, 가히 인(仁)하다고 이를 수 있을 것이니라."고 하셨다.

[해설]

번지(樊遲)는 성명이 번수(樊須)이고 자(字)가 자지(子遲)였다. 후대의 기록자들이 성명(姓名)과 자(字)를 줄여, 번지(樊遲)라고 한 것이다. 제자 번지가 스승 공자에게 지혜에 대해서 여쭈었다. 그에 대한 공자는 인인시교(因人施敎)의 가르침을 내렸다. '사람의 도리로서 마땅히 할 바인 도의(道義)에 오로지 힘쓰고, 귀신의 알 수 없는 것[세계]에 미혹되지 않는 것은 지혜로운 자의 일이다.'고 하였다. 다시 말하자면 사람이 귀신을 많이 믿으면 미혹되나, 믿지 않는 자는 또 능히 공경할 줄 모르니 과불급(過不及)이 없도록 능히 공경하고 멀리 여기면 지혜롭다는 것이다. 조상신을 잘 모시고 신(神)이 아닌 귀(鬼)에 해당되는 잡귀는 멀리해야 한다는 말이다.

요즘 세태를 보면 조상신을 멀리 하고 잡귀를 가까이 한다. 정초가 되면 점집을 찾아다니는 사람들이 많이 있기 때문이다. 1년 신수를 점치기 위해 시간과 비용을 과감히 투자한다. 그러나 조상신을 모시는 명절의 차례나 기제사는 등한시하는 편이 있다. 차례나 기제사를 통해 돌아가신 조상신을 모시면서 그분들을 추억하고 행하신 일들을 떠올리면서 후손으로서 사명감과 일가친척뿐만 아니라 우리 이웃을 위해 어떻게 살아갈 것인가를 다짐할 수 있는 시간이 되어야 한다. 그것이 조상신을 모시는 이유 중의 하나라 할 것이다.

그런데 요즘 실태는 조상신보다 잡귀에 더 관심이 많다. 그래서 무당이나 점집을 전전하고 노력은 하지 않은 채 일확천금을 잡고자 한다. 노력하지 않은 데 일확천금이 굴러오겠는가? 점집에 얽매여 허비의 시간을 보낼 것이 아니라, 오히려 도덕적인 생활에 힘쓰고 조상신을 잘 모시면서 자기가 맡은 일에 최선을 다하면 명예와 부귀영화도 따라올 것이다. 자기 운명도 모르는 무당이나 알 수 없는 잡귀가 자신의 운명을 좌지우지할 수는 없다. 자신의 신념을 세워 잘 이행하겠다고 조상신에게 고하면서 실천해 나가면 제 이루고자 하는 뜻을 이룰 수 있을 것이다. 신(神)에게 무엇을 해 달라고 바라지 말고 어떤 분야에 최고가 되기 위해 노력할 것이니 잘 지켜 봐달라고 기도하면 될 것이다. 신(神)도 노력하는 자에게 응답할 것이다.

조상신을 모시는 제사상의 모습이다. 조(棗)·율(栗)·리(梨)·시(柹) 순으로 정성껏 차리면 될 것이다.

인(仁)에 대한 물음에 대답은, '그 일의 어렵게 여기는 것을 내가 먼저 하고 그 효과로서 얻는 것을 나를 뒤로 돌리는 것은 인(仁)한 자의 마음이다.'라고 하였다. 어려운 일을 행하기를 앞세우는 것은 자기의 사사로운 욕심을 이기는 것이니[극기(克己)], 어렵게 여기는 것으로써 급선무를 삼아 얻을 것을 꾀하지 않는 것이 인(仁)이라 하였다. 공자는 이와 같은 일이 반드시 번지의 부족한 점을 말미암아 일러주신 것이다. 번지가 평상시 사사로운 욕심을 부렸다는 말이다. 훌륭한 사람으로 거듭나기 위해서는 개인적인 욕심을 이겨내야 한다.

子曰자왈, 君子군자는, 成人之美성인지미하고, 不成人之惡불성인지악하나니, 小人소인은, 反是반시니라.

—『論語』「顔淵(안연)」篇 '成美(성미)'章

[한자, 훈과 음]

成: 이룰 성, 美: 아름다울 미, 不: 아닐 불, 惡: 악할 악, 反: 되돌릴 반, 是: 이를 시

[번역]

공자께서 말씀하시기를, "군자는 남의 아름다운 점을 이루어 주고 남의 악한 점은 굳혀 주지 않나니, 소인은 이를 뒤집어서 행하느니라." 고 하셨다.

[해설]

위의 공자의 말씀은 군자와 소인의 차이점이기도 하다. 군자는 도의심과 두터운 인정으로 남을 상대하고, 소인은 야박한 인정으로 남

을 상대한다. 그래서 군자는 남의 장점은 말하고 자랑하지만 남의 단점을 들춰내지 않는다. 반대로 소인은 남을 생각하는 마음이 옮어서 칭찬보다는 비난하는 말을 하고 다닌다. 훌륭한 인물은 다른 사람을 세상에 설 수 있도록 도와주는 인물일 것이다. 타인의 좋은 점을 들어 칭찬해 주자. 칭찬은 고래도 춤추게 만든다.

子路자로가 問문, 聞斯行諸문사행저잇가. 子曰자왈, 有父兄유부형이 在재하니, 如之何其聞斯行之여지하기문사행지리오. 冉有염유가 問문, 聞斯行諸문사행저잇가. 子曰자왈, 聞斯行之문사행지니라. 公西華공서화가 曰왈, 由也유야가, 問聞斯行諸문문사행저어늘, 子曰자왈, 有父兄유부형이 在재라 하시고, 求也구야가, 問聞斯行諸문문사행저어늘, 子曰자왈, 聞斯行之문사행지라 하시니, 赤也적야가 惑혹하여, 敢問감문하노이다. 子曰자왈, 求也구야는, 退퇴라, 故고로 進之진지하고, 由也유야는, 兼人겸인이라, 故고로 退之퇴지호라.

—『論語』「先進(선진)」篇 '兼人(겸인)'章

[한자, 훈과 음]

問: 물을 문, 聞: 들을 문, 斯: 이 사, 行: 행할 행, 諸: 어조사 저, 在: 있을 재, 何: 어찌 하, 華: 꽃 화, 由: 말미암을 유, 赤: 붉을 적, 惑: 미혹할 혹, 敢: 감히 감, 退: 물러날 퇴, 故: 그러므로 고, 進: 나아갈 진, 兼: 겸할 겸

[번역]

자로가 여쭙기를, "(도의를) 들으면, 곧(이에) 행합니까?"라고 하였다. 공자께서 말씀하시기를, "부형(父兄)이 계시니, 어떻게 (그) 듣는다고 곧바로 행하리오?"라고 하셨다. 염유가 여쭙기를, "들으면 곧[이에]

행합니까?"라고 하였다. 공자께서 말씀하시기를, "들으면 곧 행하느니라."고 하셨다. 공서화가 말씀 드리기를, "유(由, 중유仲由)가 여쭙기를, 들으면 곧 행합니까 하였거늘, 선생님께서 말씀하시기를, '부형이 계신다' 하시고, 구(求, 염구冉求)가 여쭙기를, 들으면 곧 행합니까 하였거늘, 선생님께서 말씀하시기를, '들으면 곧 행하느니라' 하셨으니, (저) 적(赤, 공서적公西赤)이 의혹되어 감히 여쭙습니다."라고 하였다. 공자께서 말씀하시기를, "구(求)는 후퇴하는지라 그러므로 전진하게 하였으며, 유(由)는 여러 사람의 몫을 아우르는지라(아울러 행하는지라) 그러므로 후퇴하게 하였노라."고 하셨다.

[해설]

위의 내용은 공자의 제자가 각기 도의를 들으면 행합니까?를 여쭈니, 사람에 따라 달리 대답을 하였다. 이에 공서적(公西赤)이 의혹되어 '어째서 답이 다 다릅니까?'로 묻는 장면이다.

사람이 도의를 행하면서 학문을 해 나가자면, '지행쌍수(知行雙修)' 해 나가야 한다. 곧 도의를 들어서 아는 것과 그것을 실천적으로 행하는 것을 모두 다 잘 닦아 나가야 하는 것이다. 그런 점에서, 아는 것을 제대로 '아는가?' '알지 못하는가?'의 '지우(知愚)'와, 행하는 것을 '제대로 행하는가?' '그렇지 못한가?'의 '현불초(賢不肖)'가 나뉘어지는 것이다. 그런데 위의 글에서도 알 수 있듯이, '자로(子路)'는 행하는 측면에서 매우 적극적이어서 다소 지나치는 점이 있었으며, '염유(염구)'는 행동하는 측면에서 다소 부족한 점이 있었다. 그래서 공자는, 행하는데 적극적이었던 '자로'에 대해서는 '부형께서 살아 계시니, 제 마음대로 할 수 없는 점이 있다.'라는 뜻으로 다소 억눌러 주었으며, 행하는데 적극성이 부족했던 '염유(염구)'에 대해서는 적극성을 북돋우어 주었던 것이다. 공자의 말씀과 가르침은, '그 사람을 말미암아 가르침을 베푼다.'는 '인인시교(因人施教)'의 교육 방법에 의해, 이와 같이 제자의 타고난 자질과 품성에 따라 달리 행해졌던 것이다. 각자가 지닌 단점을 보완하면 당연히 훌륭한 인물이 될 것이다.

子曰자왈, 泰伯태백은, 其可謂至德也已矣기가위지덕야이의로다. 三以天下삼이천하로 讓양하되, 民無得而稱焉민무득이칭언이오녀.

—『論語』「泰伯(태백)」篇 '三讓(삼양)'章

[한자, 훈과 음]

泰: 클 태, 伯: 맏이 백, 泰伯(태백)은 周(주)나라 古公亶父(고공단보)의 長子(장자)임. 其: 그 기, 至: 이를 지, 德: 덕행 덕, 已: 따름 이, 矣: 어조사 의, 讓: 사양할 양, 民: 백성 민, 稱: 일컬을 칭, 焉: 어조사 언.

[번역]

공자께서 말씀하시기를, "태백(泰伯)은, 가히 '지덕(至德)'이라고 이를 만할 따름이로다. 세 번이나 천하를 사양하였으되, 백성들이 (그 덕이 너무도 지극하기에) 칭송할 길이 없더구나."라고 하셨다.

[해설]

위의 공자의 말씀에서, 태백(泰伯)을 논평하여 '지덕(至德)'이라는 말을 썼다. 태백(泰伯)은 중국 고대 주(周)나라 태왕(太王) 고공단보(古公亶父)의 장자이다. 둘째가 중옹(仲雍)이고 셋째가 계력(季歷)이었다. 태왕 때에 상(商)[은(殷)]나라의 도가 차츰 쇠하고 주(周)나라가 날로 강대해졌는데, 계력이 또 아들 창(昌)[문왕(文王)]을 낳았으니 성덕(聖德)이 있었다. 태왕(太王)이 그로 인하여 '상(은)나라를 치고자 하는 뜻'[전상지지(翦商之志)]이 있었으나 태백이 따르지 않았으니, 태왕이 마침내 임금의 지위를 셋째 아들 계력에게 전해서 창[昌, 문왕]에게 미치게 하고자 하였다. 태백이 아버지 태왕 고공단보의 뜻을 알고서 곧 동생 중옹과 더불어 형만(荊蠻) 땅으로 달아났다. 이에 태왕이 마침내 셋째 아들 계력을 세워 나라를 전하여 창[문왕]에게 이르게 하셨는데, 천하를 셋으로 나눔에 그 둘을 차지하셨으니, 그분이 바로 문왕(文王)이셨다.

문왕(창)이 돌아가시고 아들 발[發, 무왕(武王)]이 (임금의 지위에) 즉위하여 마침내 상(商)나라를 이기고서 천하를 차지하셨으니, 그분이 바로 무왕(武王)이다. 태백은 장자(長子)로 임금 자리를 차지할 수 있었는데, 3번씩이나 사양하고 결국 셋째 동생 계력에게 왕위 자리를 물려주려는 아버지의 뜻을 알고 둘째 중옹과 함께 남쪽 오랑캐가 사는 형만 땅으로 달아났던 것이다. 그래서 지극한 덕을 지닌 분이라 했던 것이다. 당연히 누릴 수 있는 권세와 부귀를 양보했기 때문이다.

우리나라에서도 노량진(鷺梁津)에 있는 '양녕대군(讓寧大君)'의 사당(祠堂)에 정조(正祖) 임금이 '지덕사(至德祠)'라는 액호(額號)를 사액(賜額)하였다. 그것은 '양녕대군'이 아우 세종(世宗) 임금에게 임금의 지위를 사양한 것이, 주(周)나라 문왕(文王)의 아버지 계력(季歷)[왕계(王季)]에게 임금의 지위를 사양한 태백의 덕을 공자가 '지덕(至德)'이라고 칭송한 까닭과 같다는 뜻에서 견주어 부르게 한 것이다.

주자(朱子)는, "三讓삼양, 謂固遜위고손야." 곧 "세 번 사양했다는 말은, 굳이 사양한 것을 이른 말이다."라고 하였다. 주자는 또한 이 문제에 관하여 『논어비지(論語備旨)』에 수록된 주석에서보다 구체적으로 논의하기를, "古人辭讓고인사양, 以三爲節이삼위절, 一辭爲禮辭일사위예사, 再辭爲固辭재사위고사, 三辭爲終辭삼사위종사". 곧 "고인들은, 사양하는 일에 관하여 세

번으로써 절도(節度)를 삼았으니, 한번 사양하는 것으로써 예사(禮辭)를 삼고, 거듭 사양하는 것으로써 고사(固辭)를 삼고, 세 번 사양하는 것으로써 종사(終辭)를 삼았다."라고 하였다.

『몽구(蒙求)』에 있는 내용으로, 사람을 훌륭한 인물로 만드는 구체적 예를 소개하고자 한다.

> 『사기(史記)』에 보면, 안평중영(安平仲嬰)은 제(齊)나라 정승인데 어느 날 외출을 하였다. 그 마부의 아내가 문틈으로 그 남편을 엿보니, 그 남편이 정승을 위해서 말을 부리는데 큰 일산을 쓰고 사마(駟馬, 4마리가 끄는 수레)를 몰면서 몹시 잘난 체하였다. 이윽고 집에 돌아오자 그 아내가 집을 나가겠다고 하였다. 남편이 그 까닭을 묻자 아내가 말하기를, "안자(晏子, 안영)는 키가 6척도 되지 못하건만 제(齊)나라의 정승이 되어 이름을 제후들에게 알리고 있습니다. 그렇지만 내가 그 분이 외출할 때 보니 뜻이 깊어서 항상 스스로 몸을 낮추는 모습이 있었는데, 이제 당신은 키가 8척이나 되면서 남의 말 부리는 사람이 되어 말을 몰면서도 당신의 뜻은 스스로 만족해 보였습니다. 나는 그 까닭에 집을 나가기를 청합니다."라고 하였다. 그로부터 그 남편은 스스로 억제하여 몸을 굽혔다. 안자(晏子, 안영)가 괴이하게 여겨 물어보니, 말부리는 자는 사실대로 대답하였다. 이에 안자(晏子)가 천거하여 대부(大夫)로 삼아주었다.[1)]

수레 모는 남편의 태도를 본 아내가 조금은 극단적인 처방으로 그 남편을 훌륭한 인물로 만들었다는 이야기이다. 자기 능력보다 못한 일에 만족해하는 남편을 보고 자극을 주어 더 나은 사람으로 성장할

1) 李民樹 譯, 「晏御揚揚」『蒙求』上(明文堂, 2002), 410쪽.

춘추시대 제(齊)나라 재상 안영의 마부로 있던 사람의 부인이, 그 남편의 거만한 모습을 보고 충고해 주자 겸손하고 예의 바른 사람이 되어 훗날 높은 벼슬을 할 수 있었다. 주변인들의 충고가 중요함을 알게 해주는 이야기이다.

수 있도록 해주는 것도 주변에서 그 사람을 잘 아는 사람이라는 것이다. 그만큼 그 사람의 장·단점을 잘 알고 있기 때문일 것이다. 혹시 주변인 중에 자기가 지니고 있는 능력을 제대로 발휘하지 못하는 사람이 있다면, 마부의 아내처럼 최고의 조언을 하기 바란다. 가까운 사람의 조언은 다른 한 사람을 훌륭한 인물로 만들 수 있기 때문이다.

子曰자왈, 中庸之爲德也중용지위덕야가, 其至矣乎기지의호인저. 民민이, 鮮久矣선구의니라.

—『論語』「雍也(옹야)」篇 '中庸(중용)'章

[한자, 훈과 음]

庸: 쓸 용, 爲: 할 위, 德: 덕 덕, 鮮: 더물 선, 久: 오랠 구

[번역]

공자께서 말씀하시기를, "중용(中庸)의 덕(德) 됨이 그 지극하다고나 할까. (그 도를) 백성들이 오래 견지하는 경우가 드무니라."고 하셨다.

[해설]

중용(中庸)의 도(道)는 지극한 도(道)라서 성인(聖人) 공자(孔子)께서도 행하기가 쉽지 않다고 하였다. 주자(朱子)는 『중용』의 집주(集註)에서 중(中)은 치우치지도 않고 기울지도 않으며 과불급이 없는 것이라고 하였다. 그리고 용(庸)은 평상(平常)이라고 하였다. 『중용』에서 공자의 말씀은 '군자가 중용을 행해 나가는 것은 군자이기에 시중(時中)하는 것'이라고 하였다. 공자의 이 말씀은 군자는 언제나 중을 택하여 행하지 않는 때가 없으며, 때를 따라서 중정(中正)한 도에 처한다는 말이다. 따라서 중용(中庸)의 '중(中)'은 도리에 꼭 들어맞게 행하는 것, 곧 의리를 바탕으로 하여 최선책을 택하는 자세이고, '용(庸)'은 중을 택하는 자세를 항구불변하게 유지해 나가는 것을 이르는 말이다. '중용(中庸)'은 '언제나 도리에 딱 들어맞는 도'이기에 성인인 공자께서도 행하기가 어렵다고 한 것이다. 일을 처리하고 행동하는 것이 그때그때마다 옳은 길이 되도록 하는 시중(時中)이나, 저울추처럼 융통성 있게 행하는 권도(權道)도 중용(中庸)과 같은 의미이다.

이런 중용의 도이기에 보통 사람은 항구적으로 견지해 나가며 행하기도 어렵다. 그래서 위의 『논어』 구절에서, 공자께서 한편으로는 찬탄하면서 한편으로는 탄식했던 것이다.

子曰자왈, 苗而不秀者묘이불수자가, 有矣夫유의부며, 秀而不實者수이불실자가, 有矣夫유의부니라.

—『論語』「子罕(자한)」篇 '秀實(수실)'章

[한자, 훈과 음]

苗: 싹 묘, 秀: 빼어날 수, 夫: 감탄 어조사 부, 實: 열매 실

[번역]

공자께서 말씀하시기를, "싹이 나고 이삭이 패지 못하는 경우가 있으며, 이삭이 패고서도 알맹이가 여물지 못하는 것이 있느니라."고 하셨다.

[해설]

식물이 싹을 틔우고 나서 이삭이 패거나 꽃이 피지 못하는 경우가 있으며, 이삭을 패거나 꽃이 피더라도 열매를 맺지 못하는 경우가 있다는 것이다. 공부와 학문의 경우도 마찬가지이다. 스스로 힘써 해나가지 않으며 성공하지 못할 수도 있다는 말이다. 그래서 예전부터 군자는 스스로 힘써 행해 나가는 자강불식(自强不息)을 귀하게 여겼다. 우리 사회에 지성인으로 우뚝 서기 위해서는 노력하라는 말일 것이다.

제6장 공자가 말하는 지도자(군자)의 자세

曾子曰증자왈, 吾오가, 日三省吾身일삼성오신하노니, 爲人謀而不忠乎위인모이불충호아, 與朋友交而不信乎여붕우교이불신호아, 傳전을 不習乎불습호아이니라.

―『論語(논어)』「學而(학이)」篇 '三省(삼성)'章

[한자, 훈과 음]

曾: 일찍 증, 子: 선생님 자, 曾子(증자)는 공자의 제자 曾參(증삼)이다. 吾: 나 오, 省: 살필 성, 身: 몸 신, 爲: 할 위, 謀: 꾀할 모, 忠: 진실될 충, 與: 더불어 여, 朋: 벗 붕, 交: 사귈 교, 信: 믿을 신, 傳: 전할 전, 習: 익힐 습.

[번역]

증자(증삼)께서 말씀하시기를, "내가 날마다 세 가지 관점에서 내 몸을 살피노니, 남을 위하여 꾀하되 진실된 마음으로써 하지 못했는가? 붕우와 더불어 사귀되 미덥게 하지 못했는가? 전수(傳受, 배운 바의 내용)받은 것을 익히지 못했는가?"라고 하셨다.

[해설]

날마다 세 가지 관점에서 자기를 반성한다는 말이다. 남과 더불어 어떤 일을 꾀할 때는 진실된 마음으로 하지 않았는가를 반성한다는 말이다. 만약 진실되게 내 마음을 다 바치지 못했다면 반성하고 다음부터 더 열심히 최선을 다할 것을 다짐하는 것이다. 그리고 두 번째는 친구와 사귈 때 믿음이 있게 행동해야 한다는 말이다. 친구지간의 사귐은 무엇보다 신뢰감이 중요하다는 말이다. 마지막으로 오늘 배운 공부를 복습하지 않았다면 반드시 복습하여 자기 것으로 만들어 이해하고 하루를 마무리한다는 말이다. 매일 이런 자세로 삶을 살다 보면, 지도자(리더)의 자세를 갖추게 될 뿐만 아니라 지도자로 거듭날 것이다.

子曰자왈, 父在부재에, 觀其志관기지요, 父沒부몰에, 觀其行관기행이나, 三年삼년을 無改於父之道무개어부지도라야, 可謂孝矣가위효의니라.

—『論語』「學而」篇 '觀志(관지)'章

[한자, 훈과 음]

在: 있을 재, 觀: 볼 관, 志: 뜻 지, 沒: 빠질 몰, 行: 행실 행, 改: 고칠 개, 孝: 효도 효

[번역]

공자께서 말씀하시기를, "아버지가 살아 있을 때에 그[자식의] 뜻을

살펴보고, 아버지가 돌아갔을 때에 그[자식의] 행실을 살펴볼 것이나, 3년을 아버지의 도(道)에 대하여 고치는[바꾸는] 일이 없어야, 가히 '효(孝)'라 이를 것이니라."고 하셨다.

[해설]

자식이 태어난 후 3년이 지난 후에야 부모 품을 벗어날 수 있는 것처럼, 부모가 돌아가시면 3년 동안은 부모님이 행해오던 도(道)와 법칙 등의 방법을 쉽게 바꿀 수 없다는 말이다. 그러나 부모님이 행해오던 도가 참된 도가 아닐 경우는 반드시 3년을 고수하라는 뜻은 아닐 것이다. 부모님 세대에 행해오던 법칙들이 새로운 시대에 낡은 법칙이 되어 우리가 살아가고 있는 현시대에 맞지 않는다면, 당연히 바꾸어야 할 것이기 때문이다. 공자가 위에서 행한 말씀은 참된 도(道)일 때 3년을 고수하라는 말인 것이다. 지도자는 앞날을 읽어 내는 능력도 겸비해야 할 것이다. 새로운 시대의 문화에 이바지하지 못하는 인습(因襲)은 과감히 버릴 줄도 알아야 지도자인 것이다. 현대 문화 창조에 이바지하는 것은 전통(傳統)이기 때문이다. 부모님 세대의 인습은 과감히 벗어나야 한다. 그것도 부모님을 존중하는 방법 중의 하나가 될 것이다. 전통이 우리 사회에 긍정적으로 이바지하기 때문이다.

子曰자왈, 道千乘之國도천승지국하되, 敬事而信경사이신하며, 節用而愛人절용이애인하며, 使民以時사민이시니라.

—『論語』「學而」篇 '千乘(천승)'章

[한자, 훈과 음]

道: 인도할 도, 乘: 네 필이 끄는 수레 승, 國: 나라 국, 敬: 공경할 경, 事: 일 사,

信: 믿을 신, 節: 절약할 절, 用: 쓸 용, 愛: 사랑 애, 使: 부릴 사, 時: 때 시

[번역]

공자께서 말씀하시기를, "천승지국을 인도하되, 일을 공경스럽게 하고 미덥게 하며, 씀씀이를 절약하고 사람을 사랑하며, 백성을 부리되 때맞게 하느니라."고 하셨다.

[해설]

천승지국(千乘之國)과 같은 큰 제후국을 다스리는 도(道)를 말씀한 구절이다. 수레 하나에 말이 네 필이니, 말이 4천 필이 되는 큰 제후국이다. 첫 번째가 백성을 다스리는 일을 매사 공경스럽게 하고, 두 번째가 법령이나 정책 등을 조변석개(朝變夕改)하지 않고 미덥게 하며, 세 번째는 국가 예산을 절약하고, 네 번째는 세금이나 부역 등을 줄여 백성들을 사랑하며 마지막으로 백성들을 부리기를 때에 맞게 한다는 말이다. 역사(役事)나 부역(負役) 등은 농번기가 아니라 농한기를 이용하여 동원하라는 말이다. 이처럼 참된 지도자는 백성을 진정으로 사랑하는 마음이 있기에, 은택을 베풀 수 있다는 것이다. 오늘날의 정치 지도자도 이런 마음으로 정치에 종사하면 훌륭한 정치 지도자가 될 것이다.

子貢자공이 曰왈, 貧而無諂빈이무첨하며, 富而無驕부이무교면, 何如하여하니잇고. 子曰자왈, 可也가야이나, 未若貧而樂미약빈이락하며, 富而好禮者也부이호례자야니라. 子貢자공이 曰왈, 詩云시운, 如切如磋여절여차하며, 如琢如磨여탁여마하 하니, 其斯之謂與기사지위여인저. 子曰자왈, 賜也사야는, 始可與言詩已矣시가여언시이의로다. 告諸往而知來者고저왕

이지래자오녀.

—『論語』「學而」篇 '貧富(빈부)'章

[한자, 훈과 음]

貧: 가난할 빈, 諂: 아첨할 첨, 富: 넉넉할 부, 驕: 교만할 교, 何: 어찌 하, 可: 옳을 가, 未: 아직 아닐 미, 若: 같을 약, 樂: 즐길 락, 好: 좋아할 호, 禮: 예도 예, 詩: 시경 시, 如: 같을 여, 切: 끊을 절, 磋: 갈 차, 琢: 쫄 탁, 磨: 갈 마, 其: 그 기, 斯: 이 사, 謂: 이를 위, 與: 어조사 여, 賜: 줄 사, 始: 처음 시, 與: 더불어 여, 言: 말씀 언, 詩: 시 시, 已: 그만둘 이, 告: 알릴 고, 諸: 어조사 저, 往: 갈 왕, 來: 올 래

[번역]

자공(子貢)이 말씀 드리기를, "가난하면서도 아첨하지 않으며, 부자이면서도 교만 부리지 않으면, 어떻겠습니까?"라고 하니, 공자께서 말씀하시기를, "좋은 일이기는 하나, 가난하면서도 도를 즐기며 부자이면서도 예(禮)를 좋아하는 것만 못하니라."고 하셨다.

자공이 말씀 드리기를, "『시경』의 시에 이르기를, '마치 오리는 듯 쓰는 듯이 하며 마치 쪼는 듯 가는 듯이 한다고 하였으니, 그 (바로) 이런 경우를 두고 이른 말인가?'라고 하였다. 공자께서 말씀하시기를, "(너) '사(賜)'(端木賜단목사)는, (이제) 비로소 가히 더불어 '시경 시'를 말할 수 있게 되었구나! 지나간 것을 일러 주었더니, 앞으로 올 것을 아는구나!"라고 하셨다.

[해설]

공자가 제자 자공의 물음에 답을 한 내용으로, 하나를 가르치니

둘을 아는 문일지이(聞一知二)의 자공이다. 자공은 성명이 단목사(端木賜)로 비단장사와 무역업으로 많은 재물을 모았던 인물이다. 가난한 사람은 으레 아첨하기 쉽고 부자인 사람은 교만하기 쉽다. 자공의 말처럼 가난하면서도 아첨하지 않고 부자이면서 교만 부리지 않는 것은 참된 사람이거나 매우 훌륭한 사람인 경우에나 가능한 일이다. 자공은 평소에 자신이 그런 사람에 가깝다고 생각하고 선생님께 칭찬받고 싶어 그렇게 물었던 것이다. 공자는 그것도 칭찬받을 만한 것이지만, 가난하면서도 도를 즐기며 부자이면서 예를 좋아하는 것만 못하다는 뜻밖의 가르침을 받았다. 다시 말하자면, 가난하면서도 언제나 낙천적인 자세를 잃지 않고 학문의 도를 즐기며 부자이면서도 그 재물을 쓸 곳에 쓸 줄 알아 예를 좋아하는 삶의 자세만 못하다는 가르침을 받은 것이다.

가르침을 받은 자공은 학문도 옥(玉)을 다듬듯이 단계가 있음을 알게 되었다는 말이다. 옥을 만들 때 먼저 정(丁)으로 원석(原石)을 쪼아 모양을 다듬은 다음, 줄이나 사포로 그 쪼아 모양을 잡아놓은 것을 갈고 쓸고 해서 아름다운 보석을 만든다는 말이다. 이처럼 갈고 닦으며 끊임없이 노력하는 학문의 정성(精誠)된 경지를 이르는 절차탁마(切磋琢磨)의 말이 생겨나게 된 것이다. 자공도 공자의 가르침을 받고 절차탁마의 뜻을 알아들었다는 말이다. 그래서 하나를 가르치면 둘을 안다는 문일지이(聞一知二)로 평할 수 있는 것이다.

공자의 말씀 중 "貧而樂빈이락"에서 안빈낙도(安貧樂道)의 의미가 나왔다. 일반적으로 우리가 아는 안빈낙도는 일부러 가난한 삶을 좋아하거나 일부러 가난한 것을 마음 편히 여기고 즐기는 것으로 알고 있다. 그러나 "貧而樂빈이락" 곧 "가난하지만 학문과 인생의 도를 즐긴다."는 것은 열심히 노력했는데도 현실적 여건이나 환경이 맞지 않아 가난한 현 상태를 벗어나지 못한 것이다. 그래서 그 상황을 벗어나기 위해 발버둥 치다가 더 큰 잘못을 범하기보다는 지금 자기가 처한 현실에서 자기가 할 수 있는 일에 최선을 다하면 살아가는 삶이 안빈낙도의 삶인 것이다. 그 안빈낙도의 삶은 자신이 잘하는 학문일 수도 있고, 아니면 농사일일 수도 있다. 자신이 잘하는 학문이라면 학동들을 모아놓고 학문을 가르치면서 삶을 살아가는 것이 안빈낙도인 것이다. 무조건 세상을 등지고 자연 속에서 은둔적인 삶을 살면서 자연 친화적이기를 바라면서 가난한 삶을 이어가는 것은 안빈낙도가 될 수 없다.

지도자는 삶의 방향이 자기가 뜻한 대로 되지 않아도 마음 상하지 않고 자기가 처한 처지에서 최선의 삶을 찾아 살아가는 것이다. 최선의 삶은 자기가 지닌 능력을 현실에 적용하면 살아가는 것이다. 자기가 지닌 능력이 학문이라면 그 학문을 주변 사람들과 공유하면서 사회에 보탬이 될 수 있도록 하는 것이다. 예전 낙향한 선비가 학동을 모아놓고 학문을 가르친 예가 대표적인 예일 것이다. 그러므로 가난한 삶도 마음 편하게 여기며 학문과 인생의 참된 도를 추구하면서 삶을 살 수 있는 것이다. 그 삶 과정 중에 자신이 행할 수 있는 것을 실천하면서 사는 삶이 안빈낙도(安貧樂道)의 삶인 것이다. 의도적으로 현실을 도피하거나 가난한 삶을 택하는 자세는 아니라는 말이다. 더군다나 은둔적인 삶의 형태는 더 아니다.

子曰자왈, 不患人之不己知불환인지불기지요, 患不知人也환부지인야니라.

—『論語』「學而」篇 '不患(불환)'章)

[한자, 훈과 음]

不: 아니 불, 患: 근심 환, 己: 몸 기, 知: 알 지, 也: 어조사 야

[번역]

공자께서 말씀하시기를, "남이 자기를 알아주지 않는 것을 근심하지 않고, (내 자신이) 남을 알아주지 못하는 것을 근심하느니라."고 하셨다.

[해설]

군자(君子, 지도자)는 남의 시선에 구애받지 않는다는 말이다. 여건이 맞지 않아 주변인들은 자신의 능력을 못알아 볼 수도 있다. 그리고 자기의 실력을 알아보는 시대를 못 만나 아직 인정을 받지 못했을 수도 있다. 남이 알아주고 알아주지 못하는 것에 신경 쓰지 않고 자기 자신의 발전을 추구해 나가는 것이 군자인 것이다. 남이 알아주지 않은 것은 군자인들 어찌할 도리가 없는 것이다. 오히려 남의 인정을 받는 것에 신경 쓰지 말고, 내 실력을 쌓아야 할 것이다. 그리고 군자(지도자)는 오히려 내가 남의 실력이나 재능을 알아보지 못할까를 걱정해야 된다는 의미도 담겨 있다. 이런 마음가짐이 진정한 지도자의 자세라 할 것이다.

哀公애공이 問曰문왈, 何爲則民服하위즉민복이니잇고. 孔子공자가 對曰대왈, 擧直錯諸枉거직조저왕이면, 則民服즉민복하고, 擧枉錯諸直거왕조저직이면, 則民不服즉민불복이니이다.

—『論語』「爲政(위정)」篇 '民服(민복)'章

[한자, 훈과 음]

服: 복종할 복, 擧: 들 거, 直: 곧을 직, 錯: 둘 조, 諸: 어조사 저, 枉: 굽을 왕, 則: 곧 즉

[번역]

(노나라 군주) 애공이 물어 말하기를, "어찌하면 백성들이 따릅니까?"라고 하니, 공자께서 대답하여 말씀하시기를, "곧은 사람을 들어서 굽은 사람들 있는 위의 자리에 앉혀 놓으면 백성들이 따르고, 굽은 사람을 들어서 곧은 사람들 있는 위의 자리에 앉혀 놓으면 백성들이 따르지 않습니다."라고 하셨다.

[해설]

윗물이 맑아야 아랫물도 맑다는 말이다. 지도자는 정직한 사람을 들어 쓸 줄 알아야 한다는 말이다. 정직한 사람을 윗자리에 앉혀놓으면 자연히 아랫사람들이 교화되어 정직해질 것이고, 반대로 정직하지 못한 굽은 사람을 윗자리에 앉혀놓으면 세상은 타락한다는 말이다. 지도자는 기본적으로 정직해야 하고 또 정직한 사람을 골라 쓸 줄도 알아야 진정한 지도자가 될 수 있다는 말이다.

季康子계강자가 問문, 使民敬忠以勸사민경충이권하되, 如之何여지하이리잇고. 子曰자왈, 臨之以莊임지이장이면 則敬즉경하고, 孝慈효자면 則忠즉충하고, 擧善而教不能거선이교불능이면 則勸즉권이니라.

—『論語』「爲政」篇 '使民(사민)'章

[한자, 훈과 음]

季: 끝 계, 康: 편안할 강, 子: 접미사 자, 계강자(季康子)는 노나라 실권자인 대부. 使: 하여금 사, 民: 백성 민, 敬: 공경할 경, 忠: 충성 충, 勸: 권할 권, 如: 같을 여, 何: 어찌 하, 臨: 임할 임, 莊: 엄숙할 장, 孝: 효도 효, 慈: 자애로울 자, 擧: 들 거, 善: 착할 선, 教: 가르칠 교, 能: 능할 능.

[번역]

계강자가 묻기를, "백성들로 하여금 공경하고 충성하도록 하면서 (착한 백성 되기를) 권장해 나가자면, 어찌해야 하겠습니까?"라고 하니, 공자께서 말씀하시기를, "(백성들에게) 임해 나가기를 의젓한 태도로써 하면 백성들이 공경하고, 효성스러움과 자애로움으로써 하면 백성들이 충성하고, 착한 사람을 들어서 쓰고 능하지 못한 사람을 가르쳐 나가면 백성들이 권장되느니라."고 하셨다.

[해설]

노(魯)나라 대부 계강자가 착한 백성이 되게 하려면 '어떻게 하면 되느냐?'를 공자께 물었다. 이에 공자는 착한 사람을 들어서 쓰고 재주가 없거나 있더라도 별로 유능하지 못한 사람은 가르쳐 나아가게 하여 모두가 자기가 지닌 능력을 사용할 수 있도록 적재적소(適材適所)에서 배치하여 능력을 발휘할 수 있도록 한다면 백성들이 착한 백성이 되는 것이 권장될 것이라고 하였다. 지도자는 인재의 능력을 파악하여 적재적소에 잘 배치하면 된다는 말이다. 그 적재적소에 배치하는 것이 지도자의 능력일 것이다.

或혹이 謂孔子曰위공자왈, 子자는, 奚不爲政해불위정이시니잇고. 子曰자왈, 書云서운, '孝乎효호인저, 惟孝유효라' 하며, '友于兄弟우우형제하여, 施於有政시어유정이라' 하니, 是亦爲政시역위정이니, 奚其爲爲政해기위위정이리오.

—『論語』「爲政」篇 '亦政(역정)'章

[한자, 훈과 음]

或: 혹 혹, 奚: 어찌 해, 政: 정사 정, 書: 서경 서, 孝: 효도 효, 惟: 오직 유, 施: 베풀 시, 是: 이 시

[번역]

어떤 사람이 공자께 일러 말하기를, "선생님께서는 어째서 정사(政事, 정치)를 하시지 않으십니까?"라고 하니, 공자께서 말씀하시기를, "『서경(書經)』에 이르기를, '효도할 것인저, 오직 효도해야 한다.'고 하였으며 '형제에게 우애를 하여 정사가 있는 데에서 베푼다.'고 하였으니, 이 또한 정사를 행하는 것이니, 어찌 그 정사를 행하는 것만을 목표로 삼으리오?"라고 하셨다.

[해설]

어떤 사람이 공자에게 왜 조정에 나아가 정사(政事)를 하지 않느냐? 고 물었던 것이다. 이에 공자는 집안에서 효도하고 형제간에 우애 있게 지내는 것, 이 또한 정사(政事)를 행하는 것이라고 한 것이다. 노나라 정공(定公) 초년에 공자가 벼슬하지 않았던 것이다. 응당 벼슬자리에 나아가 벼슬해야 할 사람이 벼슬자리에 나아가지 않으니 의아한 생각이 들어 어떤 사람이 그렇게 물었던 것이다.

공자의 대답은 조정에 나아가 벼슬하는 것만이 벼슬하는 것은 아니라는 말이다. 자기가 처한 위치에서 행할 수 있는 일에 최선을 다하면 그것 또한 정치라고 생각하였다. 자기에게 주어진 역할에 최선을 다하면 자연히 세상은 잘 돌아갈 것이다. 그것이 또한 정치라는 말이다.

子曰자왈, 居上거상하여 不寬불관하며, 爲禮위례호대 不敬불경하며, 臨喪임상하며 不哀불애면, 吾何以觀之哉오하이관지재리오.

—『論語』「八佾(팔일)」篇 '居上(거상)'章

[한자, 훈과 음]

居: 있을 거, 寬: 너그러울 관, 臨: 임할 임, 喪: 죽을 상, 哀: 슬플 애, 觀: 볼 관

[번역]

공자께서 말씀하시기를, "윗자리에 있으면서 너그럽지 못하며, '예'를 행하되 공경스럽지 못하며, 상례(喪禮)에 임하여 슬퍼하지 않으면, (그런 사람을) 내가 무엇으로써 살펴보리오?"라고 하셨다.

[해설]

남의 윗자리에 있으면 아랫사람에게 관용을 베풀 줄 알아야 하고, 남을 대할 때도 공경스럽게 하여 예를 다해야 한다. 상례(喪禮)에는 슬퍼함이 예의 기본이다. 공자도 남의 상가(喪家)를 다녀온 후에는 음주가무를 삼가였다. 지도자는 이런 태도와 실천을 하여야 한다는 말이다.

子曰자왈, 君子之於天下也군자지어천하야에, 無適也무적야하며, 無莫也무막야하여, 義之與比의지여비니라.

—『論語』「里仁(이인)」篇 '比義(비의)'章

[한자, 훈과 음]

適: 맞을 적, 莫: 아닐 막, 義: 옳을 의, 與: 더불어 여, 比: 나란히 할 비

[번역]

공자께서 말씀하시기를, “군자가 천하에 있어서 꼭 이래야만 된다는 것도 없으며 꼭 그래서는 안 된다는 것도 없어서, (매사를) 의(義)와 더불어 나란히 하느니라.”고 하셨다.

[해설]

군자가 세상을 살아감에 있어서 꼭 이래야 한다는 법도 없고 꼭 이래서는 안 된다는 것도 없으며, 매사에 의(義)에 맞게 생활해야 한다는 말이다. 지도자는 꼭 이래야 된다는 법도 없고 꼭 이래서는 안 된다는 법도 없는 것은 시중(時中)이면서 권도(權道)인 것이다. 일을 행할 때는 저울추처럼 그때그때 기준에 가장 알맞게 융통성을 발휘하여야 한다는 말이다. 말뚝처럼 불변의 기준을 내세우다 보면 각주구검(刻舟求劍)이 될 수 있기 때문이다. 마치 강물에 칼을 빠뜨리고 배전에 표시한 후 강을 다 건넌 후, 그 배전 아래에서 칼을 찾는 꼴이 되기 때문이다. 시대도 변하고 가치관도 변하기에 지도자의 의식과 가치관도 변해야 한다는 말이다. 지도자의 수주대토(守株待兎)가 사회를 경직되게 할 수 있다. 아무리 그루터기 앉아서 토끼를 기다려도 토끼는 안 올 것이기 때문이다. 예전의 맞던 법칙도 시대의 변화에 따라 바뀐다. 지도자는 시대를 읽어 내는 안목도 있어야 한다는 말이다. 그런데 그 안목은 중용(中庸)의 도(道)이면서 시중(時中)이고 권도(權道)가 되어야 한다. 언제나 도리에 맞게 결정이 되어야 하기 때문이다. 이런 태도로 살면, 매사가 의(義)에 들어맞는 생활을 하는 것이다.

子曰자왈, 德不孤격불고라, 必有隣필유린이니라.

—『論語』「里仁(이인)」篇 '有隣(유린)'章

[한자, 훈과 음]

德: 덕 덕, 孤: 외로울 고, 隣: 이웃 린

[번역]

공자께서 말씀하시기를, "덕은 외롭지 않은지라, 반드시 이웃이 있느니라."고 하셨다.

[해설]

사람이 덕(德)을 닦고 도(道)를 행해 나가려고 하면 어려운 일이 있을 수 있다. 하지만 함께하는 이웃이 있어 외롭지는 않다는 말이다. 옳은 일을 행하다 보면 훼방꾼이 있을 수도 있지만, 한편으로는 주변인의 도움도 있다는 말이다. 그러니 중간에 변절할 것이 아니라, 지조를 지키며 군자의 도를 실천해 나가면 되는 것이다. 이런 태도가 지도자의 자세인 것이다.

子曰자왈, 不患無位불환무위요, 患所以立환소이립하며, 不患莫己知불환막기지요, 求爲可知也구위가지야니라.

—『論語』「里仁」篇 '立位(입위)'章

[한자, 훈과 음]

患: 근심 환, 位: 지위 위, 莫: 아닐 막, 己: 몸 기, 知: 알 지, 求: 구할 구, 可: 가히 가, 也: 어조사 야

[번역]

공자께서 말씀하시기를, "지위(地位)가 없는 것을 근심하지 말고 (무슨 방법으로 그런 자리에 설 수 있는지) 설 수 있는 방법을 근심하며, 자기를 알아주지 않는 것을 근심하지 말고 알아줄 만한 일을 할 것을 구해야 하느니라."고 하셨다.

[해설]

사람이 태어나서 세상에 도를 펴고 밝히기 위하여 부단히 자기 자신을 갈고닦아 실력을 쌓음으로써 마침내 스스로 어떤 지위에 오를 수 있도록 노력해야 하고, 자기에게 지위가 없는 것을 근심하는 것은 바람직하지 못하다는 말이다. 남들이 알아줄 만한 일을 하는 것이 더 급한 일기 때문이다. 지도자는 남이 알아주기를 기다리는 것이 아니라 남들이 알아줄 만한 실력을 기르고 또 알아줄 만한 일을 찾아 나서서 행한다는 말이다.

子曰자왈, 唯仁者유인자라야, 能好人능호인하며, 能惡人능오인이니라.

—『論語』「里仁」篇 '好惡(호오)'章

[한자, 훈과 음]

唯: 오직 유, 好: 좋아할 호, 惡: 싫어할 오

[번역]

공자께서 말씀하시기를, "오직 '인자(仁者)'라야 능히 남을 좋아할 줄 알며 능히 남을 미워할 줄 아느니라."고 하셨다.

[해설]

오직 인자(仁者)라야 진정으로 사사로운 마음이 없이 남을 좋아하고 미워할 수도 있다는 말이다. 인자(仁者)는 어진 사람으로 해석하는 것보다 더 큰 의미를 지닌다. 일단 사사로운 감정에 얽매임이 없고 공정함이 있는 큰 사람을 일컫는 말이다. 따라서 훌륭한 지도자는 희노애락(喜怒哀樂)과 싫어함과 좋아함이라는 감정을 옳게 쓸 수 있어야 한다는 말이다.

子曰자왈, 放於利而行방어리이행이면, 多怨다원이니라.

—『論語』「里仁」篇 '放利(방리)'章

[한자, 훈과 음]

放: 의존할 방, 利: 이로울 리, 行: 행할 행, 多: 많을 다, 怨: 원망할 원

[번역]

공자께서 말씀하시기를, "(매사를) 이익에 의지해서 행하게 되면, 원망받을 일이 많으니라."고 하셨다.

[해설]

자기에게 이롭고자 하면 반드시 남에게 해(害)가 되니, 남들로부터 원망 사는 일이 많아진다는 말이다. 지도자는 매사를 판단할 때 이익이 아니라 의리를 판단의 기준으로 삼아야 된다는 말이다.

子謂子産자위자산하사대, 有君子之道유군자지도가, 四焉사언이니, 其行己也기행기야가, 恭공하며, 其事上也기사상야가, 敬경하며, 其養民也기양민야가, 惠혜하며, 其使民也기사민야가, 義의니라.

—『論語』「公冶長(공야장)」篇 '子産(자산)'章

[한자, 훈과 음]

謂: 이를 위, 産: 낳을 산, 焉: 어조사 언, 其: 그 기, 行: 행할 행, 己: 몸 기, 也: 어조사 야, 恭: 공손할 공, 事: 섬길 사, 上: 위 상, 敬: 공경할 경, 養: 기를 양, 民: 백성 민, 惠: 은혜 혜, 使: 부릴 사, 義: 의로울 의

[번역]

공자께서 자산(子産)에 대하여 이르시기를, "군자다운 도(道)가 네 가지가 있었으니, (그) 몸을 행하는 것이 공순하였으며, (그) 윗사람을 섬기는 것이 공경스러웠으며, (그) 백성들을 기르는 것이 은혜로웠으며, (그) 백성들을 부리는 것이 의로웠느니라."고 하셨다.

[해설]

자산(子産)은 정(鄭)나라 대부 공손교(公孫僑)이다. 공자는 자산의 군자다운 도(道) 4가지를 설명하였다. '공(恭)'은 외모로 공손함을 뜻하고, '경(敬)'은 마음으로 공손함을 이르는 글자이다. '혜(惠)'는 사랑하고 이롭다는 뜻이고 '의(義)'는 경우에 맞게 행한다는 말이다. '경우'는 '경위(涇渭)'에서 온 말이다. 언제나 흐린 강물 경수(涇水)이고, 언제나 맑은 강물 위수(渭水)이다. 이 흐린 물 경수(涇水)가 맑은 물 위수(渭水)로 흘러들어, 맑은 물과 흐린 물이 분명히 구별되었기에 경위(涇渭)라는 말이 생겼다. 그래서 경위(涇渭)는 사리의 옳고 그름을 판단할 때

사용하는 어휘로 사용되어 왔다. 그 경위(涇渭)가 발음하기에 편하도록 '경우'로 바뀐 것이다.

子자가, 在陳재진하사, 曰왈, 歸與귀여인져, 歸與귀여인져. 吾黨之小子오당지소자가, 狂簡강간하여, 斐然成章비연성장이나, 不知所以裁之부지소이재지로다.

—『論語』「公冶長(공야장)」篇 '狂簡(광간)'章

[한자, 훈과 음]

在: 있을 재, 陳: 나라 진, 歸: 돌아갈 귀, 與: 어조사 여, 吾: 나 오, 黨: 고을 당, 狂: 뜻 클 광, 簡: 빠뜨릴 간, 斐: 문채날 비, 然: 그러할 연, 成: 이룰 성, 章: 문장 장, 裁: 재단할 재

[번역]

공자께서 진(陳)나라에 계시면서 말씀하시기를, "돌아갈까 보다. 돌아갈까 보다. 우리 고을의 젊은이들이, 뜻이 크고 사소한 일은 빠뜨려서, 찬란하게도 문장(文章)을 이루고는 있으나, 재단(裁斷)할 줄을 모르도다."라고 하셨다.

[해설]

공자께서 진(陳)나라에 계실 때 노(魯)나라에 있는 고향의 젊은이들이 생각났던 것이다. 그래서 빨리 돌아가서 젊은 제자들을 문채나게 하고 싶다고 한 것이다. 지금 노나라 젊은 제자들이 찬란하게 문장을 이루고는 있지만, 학문과 일을 절도 있고 융통성 있게 재단할 줄은 모른다고 걱정하신 것이다. 그래서 하루바삐 고향으로 돌아가 고향의

젊은이들을 가르치고 싶다고 한 것이다.

子夏자하가 爲莒父宰위거보재라, 問政문정한대, 子曰자왈, 無欲速무욕속하며, 無見小利무견소리니, 欲速則不達욕속즉부달하고, 見小利則大事견소리즉대사가 不成불성이니라.

—『論語』「子路(자로)」篇 '莒父(거보)'章

[한자, 훈과 음]

莒: 감자 거, 父: 노인이나 명칭 보, 宰: 재상 재, 問: 물을 문, 政: 정사 정, 欲: 하고자 할 욕, 速: 빠를 속, 見: 볼 견, 利: 이로울 리, 達: 통달할 달, 事: 공적인 일 사, 成: 이룰 성

[번역]

자하가 노(魯)나라 '거보(莒父)'땅의 원님[읍장]이 되었는지라, 정사에 대하여 여쭈었는데, 공자께서 말씀하시기를, "속히 하고자 하지 말 것이며, 작은 이익을 바라지[보려 하지] 말 것이니, 속히 하고자 하면 잘 이루어지지 않고 작은 이익을 바라면 큰일이 이루어지지 않느니라."고 하셨다.

[해설]

거보(莒父)는 노(魯)나라 고을 이름이다. 제자 자하가 정사에 대해서 여쭈었다. 이에 공자가 속히 하고자 하면 급하고 갑작스러워 질서가 없어서 도리어 일이 잘 이루어지지 않고, 작은 이익을 바라면 큰일이 이루어지지 않는다고 한 것이다. 작은 일에 얽매이게 되면 성취하는 바가 작고 잘못되는 바가 크기 때문일 것이다.

공자께서 말씀한 큰일은 세상을 바로잡는다든가 천하에 어진 정치를 베풀어 나라를 잘 다스리거나 대중을 교화시키는 일들일 것이다. 이런 큰일을 이루게 되면 작은 일들은 저절로 바로잡히게 될 것이기에 공자는 이와 같은 가르침을 내린 것이다.

孔子曰공자왈, 君子군자가, 有九思유구사하니, 視시에 思明사명하며, 聽청에 思聰사총하며, 色색에 思溫사온하며, 貌모에 思恭사공하며, 言언에 思忠사충하며, 事사에 思敬사경하며, 疑의에 思問사문하며, 忿분에 思難사난하며, 見得견득에 思義사의니라.

—『論語』「季氏(계씨)」篇 '九思(구사)'章

[한자, 훈과 음]

思: 생각할 사, 視: 볼 시, 明: 눈 밝을 명, 聽: 들을 청, 聰: 귀 밝을 총, 色: 얼굴빛 색, 溫: 따뜻할 온, 貌: 외모 모, 恭: 공손할 공, 言: 말씀 언, 忠: 진실될 충, 事: 공적인 일 사, 敬: 공경할 경, 疑: 의심할 의, 問: 물을 문, 忿: 성낼 분, 難: 나중에 생기게 될 어려울 난, 得: 얻을 득, 義: 의로울 의

[번역]

공자께서 말씀하시기를, "군자가 '생각할 것'이 아홉 가지가 있으니, 보는 데에는 '눈이 밝을 것'을 생각하며, 듣는 데에는 '귀가 밝을 것'을 생각하며, 얼굴빛에 있어서는 '온화할 것'을 생각하며, 외모에는 '공순할 것'을 생각하며, 말에는 '진실될 것'을 생각하며, 일에는 '공경스럽게 할 것'을 생각하며, 의심나는 데에는 '물을 것'을 생각하며, 분에 못 이길 때에는 (나중에) '어려워질 것'을 생각하며, 얻는 것을 볼 경우에는 (얻음이) '의로울 것'[경우(涇渭)에 맞을 것]을 생각하느니라."고 하

셨다.

[해설]

군자는 도를 배우고 실천하는 사람이다. 위의 글은 그 군자에 뜻을 둔 사람의 목표이다. 그 목표는 눈과 귀가 밝아서 보고 듣는 것을 다 기억하는 것을 뜻한다. 이는 보는 데에는 눈이 밝을 것을 생각하고 듣는 데에는 귀가 밝을 것을 생각한다는 말이다. 단순히 시력이 좋고 청력이 뛰어나다는 말은 아닐 것이다. 보고 듣는 것을 사리에 맞게 잘 판단한다는 뜻이다.

얼굴빛은 늘 온화한 빛을 지녀 외모가 공순하게 보일 수 있게 하고 말에는 진실된 말만 하며, 공적인 자리나 사적인 일이나 모두 공경스럽게 하며, 의심이 날 때는 반드시 물어보아야 한다는 말이다. 그리고 분노를 참지 못할 정도로 화가 났을 때에는 나중에 생기는 어려움을 생각해야 된다고 하였다. 한편으로 얻는 것을 볼 경우에는 경우에 어긋나지 않는가를 살펴야 한다고 하였다. 이런 생각을 평소하면서 행동한다면 군자가 되고 참된 지도자가 되는 것이다.

공자가 말한 지도자의 자세는 자기자신을 성찰(省察)하는 것이었다. 그 성찰 중에는 몇 가지가 있지만, 그중에서도 다른 사람과 일을 행할 때 진실된 마음을 다받쳐 행했는지를 들여다보아야 한다고 하였다. 그리고 부모님의 뜻도 존중할 줄 알아야 한다고 하였다. 그래서 돌아가신 부모님의 뜻도 3년 안에는 바꾸지 않는다고 하였다. 우리가 태어나 오로지 부모님의 사랑 속에 지낸 최소한의 시간이 3년이기에, 그 기간만이라도 부모님의 유지를 받들어 나가는 것이 진정한 효도이면서 지도자의 자세가 된다고 한 것이다.

지도자는 대중을 부릴 때도 때에 맞게 행해야 한다고 하였다. 부역(負役)이나 역사(役事)에 대중들이 동원될 때도 지도자는 농한기를 이용하였다고 하였다. 현대의 지도자도 시민들의 일상생활에 지장이 없도록 선제적으로 조치를 취해야 한다는 말이다. 눈이 올 것 같으면 미리 제설(除雪) 작업을 하고 소외된 계층들의 소비물품은 제대로 지급되고 있는지 등을 미리미리 점검하는 일이 공자가 말씀한 오늘날의 지도자의 모습일 것이다.

또한 재물을 쓸 곳에 제대로 쓸 줄 알고 예의와 법 규정을 잘 지키는 것도 지도자가 지켜야 할 규범인 것이다. 그뿐만 아니라 정직한 사람을 들어다 쓰고, 남의 능력을 제대로 평가하지 못하는가를 늘 근심하면서 제대로 평가하여 제 위치에서 제 능력을 발휘할 수 있도록 노력하는 자세를 취하는 것이 오늘날 지도자의 자세일 것이다. 이런 태도가 2500년 전에 공자가 말씀한 지도자의 자세인 것이다.

제7장 『공자가어(孔子家語)』의 공자 말씀

현재 전하는 『공자가어(孔子家語)』는 위(魏)나라의 왕숙(王肅, 195~256)이 발견하여 주석을 붙인 판본이다. 내용은 공자에 대한 일문(逸文)·일화(逸話)·일사(逸事) 등을 모은 책이다. 공자의 삶과 인생관을 알 수 있는 책이기에 공자의 언행과 관련된 부분을 살펴보고자 한다.

1. 바른 말 하는 사람이 필요하다

孔子曰공자왈, 良藥苦於口而利於病양약고어구이리어병, 忠言逆於耳而利於行충언역어이이리어행. 湯武以諤諤而昌탕무이악악이창, 桀紂以唯唯而亡걸주이유유이망. 君無爭臣군무쟁신, 父無爭子부무쟁자, 兄無爭弟형무쟁제, 士無爭友사무쟁우, 無其過者무기과자, 未之有也미지유야. 故曰고왈, 君失之군실지, 臣得之신득지, 父失之부실지, 子得之자득지, 兄失之형실지, 弟得

之제득지, 己失之기실지, 友得之우득지. 是以國無危亡之兆시이국무위망지조, 家無悖亂之惡가무패란지악, 父子兄弟無失부자형제무실, 而交友無絶也이교우무절야.

[한자, 훈과 음]

良: 좋을 양, 藥: 약 약, 苦: 쓸 고, 而: 말 이를 이, 利: 이로울 리, 病: 병 병, 忠: 진실될 충, 言: 말씀 언, 逆: 거스를 역, 於: 어조사 어, 耳: 귀 이, 行: 행동 행, 湯: 탕 임금 탕, 武: 무 임금 무, 諤: 곧은 말할 악, 昌: 창성할 창, 桀: 하나라 걸왕 걸, 紂: 은나라 주왕 주, 唯: 발어사 유, 亡: 망할 망, 爭: 간쟁할 쟁, 過: 허물 과, 未: 아닐 미, 失: 잘못 실, 是: 이 시, 危: 위태할 위, 兆: 조짐 조, 家: 집 가, 悖: 어그러질 패, 亂: 어지러울 란, 惡: 악할 악, 交: 사귈 교, 絶: 끊을 절

[번역]

공자가 말씀하기를, "좋은 약은 입에 쓰나 병에는 이롭고, 진실된 말은 귀에는 거슬리나 행동에는 이롭다. 옛날 은(殷)나라를 세운 탕(湯)임금과 주(周)나라를 세운 무왕(武王)은 직간하는(諤諤악악) 신하로 인해 나라가 창성하게 되었고, 하(夏)나라 걸(桀)왕과 은(殷)나라 주(紂)왕은 아첨하는 자(唯唯유유)들 때문에 나라를 망친 것이다. 군주로서 간쟁(諫爭)하는 신하가 없고, 형으로서 간쟁하는 아우가 없고, 선비로서 간쟁하는 벗이 없으면서 과실을 저지르지 않는 자는 아직 있지 않았느니라. 그러므로 군주가 실수하면 신하가 바로잡아 주고, 아버지가 실수하면 아들이 바로잡아 주며, 형이 실수하면 아우가 바로잡아 주고, 자신이 실수하면 벗이 바로 잡아 주어야 한다고 말한 것이다. 이렇게 되어야 나라에는 위태로움과 망함의 징조가 없게 되며, 집안에는 패란(悖亂, 어긋나고 어지러운 것)의 악행이 없게 되며, 부자(父子)와 형제

사이에 실수가 없게 되고, 친구 사이에 절교가 없게 되는 것이다."라고 하셨다.

[해설]

입에 쓴 약이 병을 나게 하는 것처럼, 평상시 귀에 거슬리는 충언(忠言)은 사람 관계를 더욱 돈독하게 해주면서 관계도 오래가게 한다는 말이다. 더 나아가 군주와 신하의 관계에서도 직간(直諫)이나 충언은 나라를 정상적으로 운영할 수 있게 한다는 말이다. 하(夏)나라 마지막 왕인 걸(桀)왕이나 은(殷)나라 마지막 주(紂)왕은 "唯唯유유" 곧 "아첨하고 악행을 부추기는 말"들을 좋아하여 나라가 망하게 되었고, 은(殷)나라를 세운 탕(湯) 임금이나 주(周)나라를 건국한 무왕(武王)은 "諤諤악악" 곧 "군주가 잘못하면 곧바로 직간"하는 충신들이 있기에 건국(建國)도 가능했다는 말이다. 이처럼 현명한 군주에게는 직간하는 충신이 필요하다는 말이다. 나라뿐만 아니라 사회와 집안에서도 바른말 하는 동료와 친구, 그리고 형제자매가 있어야 함을 역설한 것이다.

2. 맹목적인 효(孝)는 진정한 효가 아니다

曾子耘瓜증자운과, 誤斬其根오참기근, 曾晳怒증석노, 建大杖以擊其背건대장이격기배, 曾子仆地而不知人久之증자부지이부지인구지. 有頃乃蘇유경내소, 欣然而起흔연이기, 進於曾晳曰진어증석왈, 嚮也參得罪於大人향야삼득죄어대인, 大人用力教參대인용력교삼, 得無疾乎득무질호. 退而就房퇴이취방, 援琴而歌원금이가, 欲令曾晳而聞之욕령증석이문지, 知其體康也지기체강야.

孔子聞之而怒공자문지이노, 告門弟子曰고문제자왈, 參來勿內삼래물내. 曾參自以無罪증삼자이무죄, 使人請於孔子사인청어공자, 子曰자왈, 汝不聞乎여불문호, 昔瞽瞍有子曰舜석고수유자왈순, 舜之事瞽瞍순지사고수, 欲使之未嘗不在於側욕사지미상불재어측, 索而殺之색이살지, 未嘗可得미상가득. 小棰則待過소추칙대과, 大杖則逃走대장칙도주, 故瞽瞍不犯不父之罪고고수불범불부지죄, 而舜不失烝烝之孝이순불실증증지효. 今參事父금삼사부, 委身以待暴怒위신이대폭노, 殪以不避에이불피, 旣身死而陷父於不義기신사이함부어불의, 其不孝孰大焉기불효숙대언, 汝非天子之民也여비천자지민야, 殺天子之民살천자지민, 其罪奚若기죄해약. 曾參聞之曰증삼문지왈, 參罪大矣삼죄대의. 遂造孔子而謝過수조공자이사과.

[한자, 훈과 음]

耘: 김맬 운, 瓜: 오이 과, 誤: 잘못할 오, 斬: 벨 참, 根: 뿌리 근, 怒: 성낼 노, 建: 세울 건, 杖: 지팡이 장, 擊: 칠 격, 背: 등 배, 仆: 엎드릴 부, 地: 땅 지, 久: 오랠 구, 頃: 잠깐 경, 蘇: 깨어날 소, 欣: 기뻐할 흔, 起: 일어날 기, 進: 나아갈 진, 嚮: 방금 향, 教: 가르칠 교, 得: 얻을 득, 疾: 병 질, 退: 물러날 퇴, 就: 나아갈 취, 房: 방 방, 援: 당길 원, 琴: 거문고 금, 歌: 노래 가, 欲: 하고자 할 욕, 令: 하여금 령, 聞: 들을 문, 知: 알 지, 體: 몸 체, 康: 편안할 강, 怒: 성낼 노, 告: 알릴 고, 來: 올 래, 勿: 말 물, 內: 안 내, 罪: 허물 죄, 使: 시킬 사, 請: 청할 청, 汝: 너 여, 昔: 예 석, 瞽: 소경 고, 瞍: 소경 수, 舜: 순임금 순, 嘗: 일찍이 상, 側: 곁 측, 索: 찾을 색, 殺: 죽일 살, 未: 아닐 미, 得: 얻을 득, 棰: 회초리 추, 待: 갖출 대, 過: 허물 과, 杖: 지팡이 장, 逃: 달아날 도, 走: 도망칠 주, 故: 그러므로 고, 犯: 범할 범, 罪: 허물 죄, 失: 잃을 실, 烝: 김 오를 증, 今: 이제 금, 事: 섬길 사, 委: 맡길 위, 待: 기다릴 대, 暴: 사나울 폭, 怒: 성낼 노, 殪: 죽일 에, 避: 피할 피, 旣: 이미 기, 死: 죽을 사, 陷: 빠질 함, 孰: 누구 숙, 焉:

어조사 언, 奚: 어찌 해, 若: 같을 약, 遂: 드디어 수, 造: 나아갈 조, 謝: 용서빌 사, 過: 지나칠 과

[번역]

증자(증삼, 증석의 아들)가 오이(참외)밭을 매다가 실수하여 오이 뿌리를 베었다. 아버지 증석이 성내어 큰 지팡이를 들고 증자의 등을 내리쳤다. 증자가 땅에 엎어져 사람을 알아보지 못할 정도로 오래 있었다. 잠시 후에 정신이 들자 도리어 즐거운 표정을 지으며 일어나 증석에게 다가가 말하기를, "방금 제(증삼)가 아버님(대인, 증석)께 죄를 얻었을 때 아버님께서는 너무 힘을 들여 저를 훈계하셨습니다. 혹 병을 얻지나 않았는지요?"라고 하였다. 물러나 자기 방으로 들어가 거문고를 타면서 노래하였는데, 증석(아버지)으로 하여금 거문고 소리를 듣고 자신의 몸이 아무렇지도 않음을 아시도록 하기 위함이었다.

공자가 듣고 노여워하여 문하 제자들에게 말하기를, "증삼이 오거든 받아들이지 말아라."라고 알렸다. 증삼은 스스로 죄가 없다고 생각하고 사람을 시켜 공자께 뵙기를 청하였다. 공자가 말하기를, "너희들은 듣지 못하였느냐? 옛날 고수의 아들 순(舜)이 있었다. 순은 고수를 섬길 때 고수가 심부름을 시키고자 할 때면 일찍이 그 곁에 있지 않은 적이 없었으나 순을 찾아 죽이려 할 때에는 일찍이 찾을 수가 없었다. 작은 회초리의 매는 그대로 맞았지만 큰 지팡이로 때리고자 할 때면 도망쳐 버렸다. 그렇게 함으로써 고수는 아버지가 아니라는 죄까지는 범하지 않도록 하였고, 순도 지극한 효를 잃지 않을 수 있었던 것이다. 지금 증삼은 아버지를 섬기면서 마음대로 노기를 드러낼 수 있도록 자신의 몸을 내맡겨 두어 죽음에 이르도록 피하지 않았으니, 이윽고 그 몸이 죽어 아버지를 불의의 늪에 빠뜨렸다면 이는 그 불효함이

얼마나 큰 것이겠느냐? 너희들은 천자의 백성이 아니냐? 천자의 백성을 죽이게 되면 그 죄가 어떠한지 아느냐?"라고 하였다. 증삼이 듣고 말하기를, "저의 죄가 큽니다."라고 하였다. 그리고 마침내 공자께 나아가 사과(謝過)를 하였다.

[해설]

증삼(증자)이 오이밭에서 오이 뿌리를 베어 버리는 잘못을 범했다. 이에 아버지 증석은 노여움이 커서 큰 지팡이로 증삼의 등짝을 내려쳤다. 이에 증삼은 정신을 잃을 정도의 충격을 받았다. 그리고는 아버지 증석이 걱정할까 봐 아무렇지 않음을 보여주기 위해 스스로 거문고를 켜고 노래를 불렀다.

이에 공자는 증삼의 이런 행위는 도리어 아버지의 더 큰 잘못을 세상에 드러낼 수 있는 행위라고 비난하였다. 옛날 순임금은 아버지 고수가 못된 짓을 해도 비위를 잘 맞춰드리면서도 큰 처벌을 내릴 때에는 한 번도 옆에 있지 않았다고 하였다. 혹시라도 잘못된 일이 벌어지면 그 원망이 아버지 고수에게 가, 세상 사람들이 아버지 고수를 비난할 것이기 때문이다. 그런데 기절할 정도의 폭력을 당한 증삼은 맹목적으로 아버지를 위한 효도 아닌 효도를 행했던 것이다. 그래서 혹시라도 증삼이 죽거나 불구가 되면 더 큰 잘못을 범했을 때, 세상 사람들은 아버지 증석을 향해 온갖 비난을 했을 것이다. 그래서 그런 큰 비극이 일어나지 않게 바르게 처신하지 못한 증삼의 행위는 진정한 효가 아니라는 말이다.

역대 대통령 중 어느 한 분께서 2022년 9월 해외 순방 중에 비속어를 사용하면서 "바이든"과 "날리면"으로 우리를 혼동케 한 일이 있었다. 논란이 된 내용은 "국회에서 이 새끼들이 승인 안 해주면 ○○○은

쪽팔려서 어떡하나"였다. "○○○"이 "바이든"인데, 당시 일부 여당 의원과 청와대 참모들은 "날리면"이라고 변명하였다. 이때 잘못을 바로잡았다면 더 큰 불행인 계엄령은 없었을 것이다. 잘못을 바로잡아 주지 못한 참모들과 측근인들의 잘못도 있다는 말이다. 공자가 이들에게 무엇이라고 일갈했을까? 아마도 공자 자신의 주변에 얼씬도 못하게 했을 것이다. 나쁨을 나쁘다고 직언하지 못한 죄가 크기 때문이다. 순임금처럼 큰 잘못을 저지르지 못하게 주변에서 제대로 처신했다면, 나라의 혼란은 물론 대통령 개인의 불행도 막을 수 있었을 것이다. 당시 뉴스 영상을 보면 주변인들은 너무나 당당하게 "바이든"을 "날리면"으로 왜곡하는 모습이었다. 주변인들의 잘못도 크다.

『맹자(孟子)』「만장(萬章)」장 집주에 "순의 아버지는 완고하고 어머니는 간사하여 항상 순을 해치고자 하였다(舜父頑母嚚, 常欲害舜)."는 내용이 있다. 그래서 순임금은 장가들 때도 그 사실을 가족들에게 알리지 않았다고 한다. 순임금의 현재 어머니는 새어머니시고 동생 상(象)도 순임금께서 이복동생이다. 아버지는 포악하고 새어머니와 이복동생은 간악하니 요(堯)임금의 두 딸과 결혼할 때도 알리지 않았던 것이다. 그리고 아버지 고수와 이복동생 상이 얼마나 간악한 짓을 했는지 『맹자(孟子)』「만장(萬章)」장에 만행이 폭로되고 있다. "순(舜)의 부모가 순(舜)으로 하여금 창고를 수선하게 하고는 사다리를 없애고 고수(瞽瞍)가 창고에 불을 질렀고, 순에게 우물을 치게 하고 나오려 하니 다가가 (우물을) 덮어 버렸다(父母使舜으로 完廩捐階하고, 瞽瞍焚하며 使浚井하여, 出커시늘 從而揜之라)."는 내용이 그것이다.

그러나 현명한 순임금은 두 개의 삿갓으로 위기를 모면했으며, 고수와 상이 우물을 메울 때는 미리 파놓은 구멍을 따라 빠져나올 수 있었다. 이런 위험에 처했던 순임금은 그래도 아버지를 원망하지 않았고, 이복동생 상(象) 역시 미워하지 않았다. 예견했기에 모두 자신의 능력으로 위기를 극복할 수 있었던 것이다. 그러니 간악한 아버지와 새어머니, 그리고 이복동생이 있어도 세상 사람들에게 아버지를 비롯한 가족들의 비난과 험담을 줄일 수 있었던 것이다. 공자도 증삼에게 자신의 지혜와 능력으로 아버지의 횡포를 막아 더러운 이름을 세상에 나게 하면 안 된다는 교훈을 준 것이다. 대통령의 비속어 "바이든"과 "날리면"도 그때 참모들이 왜곡시킬 것이 아니라, 바로잡아 주었다면, 계엄령까지 가지도 안 했을 것이다. 그때 공자처럼 아첨하는 증삼을 꾸짖듯 그 대통령의 참모들을 따끔하게 질책한 어진 분 한 분만 그 여당에 있었더라면 청와대의 역사는 달라졌을 것이다. 언제나 아첨(阿諂)과 아부(阿附)가 문제인 것이다.

『맹자(孟子)』「이루(離婁)」장 상(上)에는 증석·증삼·증원 3대 걸친 효(孝) 이야기가 나온다. 증자(증삼)께서 아버지 증석을 봉양할 적에 밥상에 반드시 고기반찬을 올렸다. 그리고 밥상을 물리 때는 반드시 "누구에게 주시겠습니까?"라고 여쭈었다. 그리고 아버지 증석이 "남은 고기반찬이 있느냐?"라고 물으시면 반드시 "있습니다."라고 대답하였다. 증석이 돌아가시자 손자 증원이 아버지 증자(증삼)를 봉양하였다. 그런데 밥상을 물릴 때 증원은 "누구에게 주시겠습니까?"라고 청하지 않았으며, 증자가 "남은 것이 있느냐?"라고 물으시면, 반드시 "없습니다."라고 대답을 하였다. 이는 그 고기반찬을 다음 식사 때 다시 아버지 밥상에 올리려고 한 것이다. 증원처럼 입과 몸뚱이만 섬기는 것을 양구체자(養口體者)라 하고, 증자처럼 아버지 뜻을 받드는 것을 양지자(養志者)라 한다. 이 '양지자'는 정신적인 효이고 '양구체자'는 물질적인 효도인 셈이다. 아버지 뜻을 미리 파악하고 그 뜻을 따르는 증삼이 더 큰 효도를 했다고 할 것이다. 아버지 증석은 고기반찬을 후손인

손자 증원과 나누어 먹고 싶었던 것이다. 아들 증삼은 다소 폭력적이었던 아버지 증석을 마음으로 섬겼던 것이다. 어떻게 부모님을 대하고 섬겨야 하는지 순임금과 증삼의 예를 통해 살펴볼 수 있었다. 이처럼 어떻게 행하는 것이 진정한 효도이고 남을 위하는 행위인지를 공자는 분명히 제시하였다.

3. 향 싼 종이에 향기 나고, 생선 싼 종이에 비린내 난다

孔子曰공자왈, 吾死之後오사지후, 則商也日益즉상야일익, 賜也日損사야일손. 曾子曰증자왈, 何謂也하위야.

子曰자왈, 商也好與賢己者處상야호여현기자처, 賜也好說不若己者사야호세불약기자, 不知其子부지기자, 視其父시기부, 不知其人부지기인, 視其友시기우, 不知其君부지기우, 視其所使시기소사, 不知其地부지기지, 視其草木기시초목, 故曰고왈, 與善人居여선인거, 如入芝蘭之室여입지란지실, 久而不聞其香구이불문기향, 卽與之化矣즉여지화의. 與不善人居여불선인거, 如入鮑魚之肆여입포어지사, 久而不聞其臭구이불문기취, 亦與之化矣역여지화의. 丹之所藏者赤단지소장자적, 漆之所藏者黑칠지소장자흑, 是以君子必愼其所與處者焉시이군자필신기소여처자언.

[한자, 훈과 음]

死: 죽을 사, 後: 뒤 후, 商: 헤아릴 상(복상 상), 益: 더할 익, 賜: 줄 사(단목사 사), 損: 덜 손, 謂: 이를 위, 好: 좋을 호, 與: 더불어 여, 賢: 어질 현, 己: 몸 기, 處: 곳 처, 說: 달랠 세, 視: 볼 시, 使: 부릴 사, 居: 살 거, 芝: 지초 지, 蘭: 난초 란, 室: 방 실, 久: 오랠 구, 香: 향기 향, 卽: 곧 즉, 化: 될 화, 善:

착할 선, 鮑: 절인 어물 포, 魚: 고기 어, 肆: 방자할 사, 臭: 냄새 취, 亦: 또 역, 丹: 붉을 단, 藏: 감출 장, 赤: 붉을 적, 漆: 옻 칠, 黑: 검을 흑, 愼: 삼갈 신

[번역]

공자가 말씀하시기를, "내 죽은 뒤에 자하[성명이 卜商복상]는 날마다 다해갈 것이요, 자공[성명이 端木賜단목사]은 날마다 덜해갈 것이다."라고 하였다. 증자가 여쭈기를, "무슨 뜻입이까?"라고 하였다.

공자가 말씀하시기를, "자하는 자신보다 나은 사람과 놀기를 좋아하고 자공은 자신보다 못한 사람과 놀기를 좋아하기 때문이다. 그 아들을 알지 못하겠거든 그 아버지를 보면 되고, 그 사람됨을 알지 못하겠거든 그 친구를 보면 되며, 그 임금을 알지 못하겠거든 그가 부리는 사람을 보면 되며, 그 땅을 알지 못하겠거든 그에 난 초목을 보면 된다. 그러므로 훌륭한 사람과 함께 거처하면 마치 지초와 난초가 있는 방에 들어간 것과 같아, 오래 지나면 그 향기는 맡을 수는 없지만 저절로 그 향기가 배게 되는 것과 같으며, 착하지 못한 사람과 함께 거처하게 되면 생선 가게에 들어간 것 같아, 오래 지나면 그 냄새를 맡을 수는 없지만 역시 그 몸에 그 냄새가 배어드는 것과 같다고 말하는 것이다. 단(丹, 붉은 것)이 소장하고 있는 것은 붉은 색이며 칠(漆, 옻칠)이 가지고 있는 것은 검은색이다. 이 까닭으로 군자는 반드시 그 함께 처하는 바를 조심하는 것이란다."라고 하셨다.

[해설]

위의 공자의 말씀은 '近朱者赤근주자적, 近墨者黑근묵자흑'이다. 곧 '붉은색을 가까이하면 붉게 변하고, 검은색을 가까이하면 검어진다.'는 말이다. 사람을 사귈 때 좋은 사람과 교류를 해야 발전이 있다는 말이다.

우리는 의식하지 못하는 사이 주변인들로부터 말과 행동 등으로부터 영향을 받는다. 인간은 사회적 동물이기에 모방도 잘한다. 이런 관계로 착한 사람과 교류하면 덕을 본받게 되고 악한 사람과 놀게 되면 나쁜 점에 물들게 된다는 말이다. 지금 자공(단목사)이 자신보다 못한 사람들과 어울려 다니니 스승인 공자가 염려가 되어 그렇게 경계심으로 말씀한 것이다. 자신의 주변인들을 잘 살펴 사귐도 이어가야 할 것이다. 그보다 먼저 주변인들에게 선한 영향력을 줄 수 있는 사람이 되어야 할 것이다.

4. 국민이 우선이다

孔子曰공자왈, 舟非水不行주비수불행, 水入舟則沒수입주칙몰, 君非民不治군비민불치, 民犯上則傾민범상칙경, 是故君子不可不嚴也시고군자불가불엄야, 小人不可不整一也소인불가불정일야.

[한자, 훈과 음]

舟: 배 주, 非: 아닐 비, 行: 갈 행, 沒: 빠질 몰, 治: 다스릴 치, 民: 백성 민, 犯: 범할 범, 傾: 기울 경, 是: 이 시, 嚴: 엄할 엄, 整: 가지런할 정

[번역]

공자가 말씀하시기를, "배는 물이 없으면 운행할 수 없으나 배에 물이 차면 가라앉고 만다. 임금은 백성이 아니면 다스릴 수가 없지만, 백성이 임금을 범하게 되면 나라는 기울어지고 마는 법이다. 이 까닭으로 군자는 자기의 행동을 엄하게 하지 않을 수 없으며 소인은 언제

나 정일(整一, 바르게)하게 하지 않을 수 없다."고 하셨다.

[해설]

백성 곧 국민이 주권자이라는 의식이다. 배는 군주이고 물은 백성(국민)이라는 말이다. 배를 띄우는 것은 물이지만, 그 배를 엎는 것도 물이라는 말이다. 『맹자(孟子)』「진심(盡心)」장(章) 하(下)에 맹자는 "民爲貴민위귀 社稷次之사직차지". 곧 "백성이 귀하고 사직은 다음이다."라고 하여, "社稷사직" 곧 "군주"보다 '백성이 가장 귀하다'고 하였다. 그리고 맹자(孟子)와 동시대 인물인 순자(荀子)는 『순자(荀子)』「왕제(王制)」편에서 "傳曰정왈, 君者舟也군자주야. 庶人者水也서인자수야. 水則載舟수즉재주, 水則覆舟수즉복주, 此之謂也차지위야."라고 하여, "예전부터 전하여 오는 말 중에, 군주는 배요, 일반 백성은 물이다. 물은 배를 뜨게 하지만 그 물이 배를 뒤엎기도 한다."라고 소개하였다. 이는 오늘날 민주주의의 국민주권론과 상통한다. 모든 권력은 국민으로부터 나오기 때문이다. 배는 물이 있어야 그 기능을 발휘할 수 있다. 반대로 물로 인해 유명(幽明)을 달리할 수도 있다는 말이다.

오늘날 국민의 투표로 지도자가 뽑히기도 하지만, 또 국민들의 투표로 물러나기도 한다. 그래서 투표권은 총알보다도 더 무섭다는 말이 나온 것이다. 전쟁으로 소유권을 따지던 시대가 지나고 법이 그 자리를 차지하게 되어 전쟁은 점차 줄어들게 되었다. 전쟁보다 법이 더 합리적이고 편리했기에 법에 의해 소유권이 결정되었던 것이다. 그 법치가 정착되면서 선거를 통한 주권자의 선택도 자리 잡으면서 투표권이 총알보다도 더 무섭다는 국민주권론이 제자리를 잡게 되었던 것이다. 이 국민주권론은 일찍이 공자(孔子)와 맹자(孟子)에 의해 주장되었던 것이다. 국민을 위해 정책을 발의하고 제정하는 지도자는 시대를 초월하여 언제나 요구되는 지도자상이다. 지도자여 국민을 위한 것이 아니면, 단체를 위한 정책이라도 펼치자. 그러면 청사(靑史)에 길이 남을 지도자가 될 것이다.

5. 난세를 예견한 기린의 죽음

叔孫氏之車士曰숙손씨지거사왈, 子鉏商자서상, 採薪於大野채신어대야, 劃麟焉획린언, 折其前左足절기전좌족, 載以歸재이귀.

叔孫以爲不祥숙손이위불상, 棄之於郭外기지어곽외, 使人告孔子曰사인고공자왈, 有麕而角者유균이각자, 何也하야. 孔子往觀之공자왕관지, 曰왈, 麟也린야, 胡爲來哉호위래재, 胡爲來哉오위래재. 反袂拭面반메식면, 涕泣沾衿체읍첨금, 叔孫聞之숙손문지, 然後取之연후취지. 子貢問曰자공문왈, 夫子何泣爾부자하읍이. 孔子曰공자왈, 麟之至爲明王也인지지위명왕야, 出非其時而見害출비기시이견해, 吾是以傷焉오시이상언.

[한자, 훈과 음]

叔: 아재비 숙, 孫: 손자 손, 車: 수레 거, 鉏: 호미 서, 商: 헤아릴 상, 採: 캘 채, 薪: 섶나무 신, 野: 들 야, 劃: 그을 획, 麟: 기린 린, 折: 꺾을 절, 左: 왼 좌, 足: 발 족, 載: 실을 재, 歸: 돌아올 귀, 祥: 상서러울 상, 棄: 버릴 기, 郭: 성곽 곽, 外: 바깥 외, 告: 알릴 고, 有: 있을 유, 麕: 노루 균, 角: 뿔 각, 何: 어찌 하, 往: 갈 왕, 觀: 볼 관, 胡: 어찌 호, 來: 올 래, 哉: 어조사 재, 反: 뒤집을 반, 袂: 소매 메, 拭: 닦을 식, 面: 얼굴 면, 涕: 눈물 체, 泣: 울 읍, 沾: 더할 첨, 衿: 옷깃 금, 聞: 들을 문, 然: 그러할 연, 後: 뒤 후, 取: 취할 취, 問: 물을 문, 爾: 어조사 이, 至: 이를 지, 出: 날 출, 見: 볼 견, 害: 해칠 해, 吾: 나 오,

傷: 상심할 상

[번역]

숙손씨(叔孫氏)의 수레를 모는 자로 자서장(子鉏商)이 말하기를, '대야(큰 못이름)에 나무하러 갔다가 기린 한 마리를 획득하였습니다. 그 기린은 왼쪽 앞발이 꺾였고 수레에 싣고 돌아왔습니다.'고 하였다.

숙손씨는 상서롭지 못한 것이라 여겨 성곽 밖에 버리도록 하고는 공자에게 사람을 보내 알렸다. "노루처럼 생기고 뿔이 있는 짐승이 무엇입니까?" 공자는 가서 보고는 말하기를, "기린이다. 어찌 여기까지 왔을까? 어찌 여기까지 왔을까?"라고 말하였다. 그리고는 소매를 뒤집어 얼굴을 닦으니 눈물이 흘러 옷깃을 적셨다. 숙손은 들은 연후에 취(取)하였다. 자공이 여쭈기를, "선생님께서는 어찌해서 우셨습니까?"라고 하였다. 공자께서 말씀하시기를, "기린이 나타난 것은 명왕(明王)을 위해서이다. 그런데 그때가 아닌데 나타났다가 해(害)를 당하게 되었구나. 내 이 까닭으로 상심한 것이다."라고 하였다.

[해설]

기린은 상서로운 동물이기에 성인이 나타나는 태평성대에 출현하는 동물이다. 기린의 모습은 앞이마에 외뿔이 있고 배는 황색이며 등은 얼룩덜룩하고 말과 같은 발굽, 사슴과 같은 몸뚱이, 소와 같은 꼬리가 있다고 하였다. 기질이 온순하고 풀밭을 밟고 다녀도 곤충이나 작은 벌레들이 죽지 않았다고 한다. 오늘날 우리가 아는 목이 긴 기린은 아니다.

그런데 애공 14년 경신년 공자 나이 71세(B.C. 481년)에 노(魯)나라 서쪽에서 왼쪽 앞발이 꺾여 움직이지 못하는 기린이 노(魯)나라 실권자인 숙손씨의 수레 모는 자서상(子鉏商)에게 붙잡혀 온 것이다. 이 모습을 본 공자는 태평성대도 아닌 때에 상서로운 동물 기린이 붙잡혀 왔기에, 세상이 잘못되었음을 한탄하였던 것이다.

71세였던 기원전 481년에 공자는 역사서인 『춘추(春秋)』를 지으셨다. 이 『춘추(春秋)』에는 기린을 획득하는 과정을 '봄에 사냥하였는데 대야에서 자서상이 기린을 잡은 것'으로 되어 있다. 이에 공자가 자세히 보고 기린임을 알았다고 하였다. 기린은 성왕(聖王)에 의해 올바른 정치가 행해지면 그 조짐으로 나타나는 것으로 알려져 있었는데, 공자가 살았던 춘추시대는 혼란이 가중되는 시기였다. 그러므로 성왕의 치세(治世)가 아닌 난세(亂世)에 상서로운 동물인 기린이 잘못 나와 어리석은 인간들에게 잡힌 것을 보고, 공자는 슬퍼하였던 것이다. 공자는 2년 뒤인 기원전 479년 4월에 73세의 일기로 세상을 떠났다.

제2부 논어(論語)의 현대적 의미

제1장 『논어』에 대해서

『논어(論語)』의 명칭은 한(漢)나라 경제(景帝) 말에서 무제(武帝) 사이에 쓰인 것으로 추정되고 있다. 그 이전은 전(傳)·기(記)·공자왈(孔子曰)·론(論)·어(語) 등으로 일컬어져 왔다. 그리고 편저자는 명확히 알려져 있지 않으나, 공자의 제자 또는 제자의 제자들과 그 문인들이 편찬한 것으로 추정하고 있는데, 특히 증자(曾子)와 유자(有子) 계통의 제자들이 참여한 것으로 알려져 있다.

중국 송(宋)나라 때 정자(程子) 곧 정이천(程伊川) 선생은 『논어』 책이 유자(有子, 有若유약)와 증자(曾子, 曾參증삼) 계통의 문인들에 의해서 편찬되었다고 주장하였다. 그 이유는 유독 유약(有若)과 증삼(曾子) 두 분이 '자(子)'로 일컬어졌기 때문이라고 하였다. '자(子)'는 '큰선생님 자'로 학문이나 도덕성이 높은 분들에게 붙이는 접미사이다. 특히 유약(有若) 같은 경우는 공자의 제자 중에서도 그렇게 이름이 알려졌던 분도 아닌데 『논어』 두 번째 구절에서 "有子曰유자왈"로 나온다. 이는 『논어』

편찬자가 유약(有若) 계통의 문인들이 참여했음을 알게 하고, 직접 스승이기에 '큰선생님 자'자인 '자(子)'를 사용하였을 것으로 추정해 볼 수 있다. 유약은 공자보다 43살 연하이다. 스승인 공자가 돌아가시자 공자와 모습이 비슷한 유악을 제자들은 공자를 섬기듯이 섬겼다[1]고 한다.

『논어』는 「학이(學而)」편으로부터 「요왈(堯曰)」편에 이르기까지, 모두 20편(篇) 499장(章) 12,700자(字)로 구성된 책이다. 『논어』 20편의 편명(篇名)들은, 대개 각 편 첫 구절의 말씀이나 첫 구절의 글구가 시작되는 부분에 있는 글자들 또는 인명(人名) 등을 따서 정한 것이다. 그리고 장(章)의 명칭은 청(淸)나라 때 학자 장대(張岱)의 저술 『사서우(四書遇)』에서 시작되었다.

『논어』는 공자의 언행(言行)을 중심으로 하여 그 가르침과 사상을 계승한 제자들과의 언행 등을 기록한 책으로, 예로부터 오늘날까지 중국과 한국·일본 등 동양에서, 그리고 근래에는 동서양에서 두루 글공부하며 도(道)를 추구하는 사람들에 의해 많이 읽히고 사상적으로 많은 영향을 끼쳤다. 그 내용은 배움의 즐거움·가르침의 도(道)·인간관계의 중요성·자기 성찰과 선비정신 등 우리가 삶을 살아가면서 이웃과 더불어 소통하고 이해하면서 배려하는 것들의 내용이다. 그래서 『논어』는 시공(時空)을 초월해서 사람들이 올바르게 행동하고 사고하는데 기준이 되었기에, 2500여 년이 지난 오늘날에도 사람들로부터 사랑받고 있다.

우리나라에 『논어』가 들어온 것은 삼국시대로 추정이 된다. 『삼국사기(三國史記)』 권제38 「잡지(雜志)」 제7 관직[職官직관] 상(上) '국학(國

1) 사마천, 성범진 외 옮김, 『사기열전』 上, 까치, 1995, 83쪽.

學)'에, 국학은 신문왕 2년에 설치하였고 교수 방법에 "박사 혹은 조교한 사람이 더러는 『예기』·『주역』·『논어』·『효경』 등으로 교수하였다."[2]는 내용이 있다. 그리고 『삼국사기』 권제46 「열전(列傳)」 '설총(薛聰)'조에, "설총은 성품이 똑똑하고 분명하여 배우지 않고서도 도덕과 학술을 알았다. 방언(方言)으로 『구경(九經)』을 풀이하여 후학들을 가르쳤으므로 지금[고려]까지 학자들이 그를 종주로 받든다."[3]는 내용이 있다. 『구경(九經)』[4]에 『논어』가 포함된다. 또한 『삼국사기』 권제47 「열전(列傳)」 '죽죽(竹竹)'조에, 죽죽(竹竹)이라는 화랑이 말하기를, "그대의 말이 당연하다. 그러나 나의 아버지가 나를 죽죽이라고 이름 지은 것은 나로 하여금 참대와 같이 한겨울에도 시들지 말며 꺾일지언정 굽히지 말라는 뜻이니 어찌 죽기를 두려워하여 살아서 항복하겠는가?"[5]로 말한 부분은, 『논어』의 구절 "해가 차가워진 연후에야, 소나무와 백송이 뒤늦게 시드는 줄을 아느니라."[6]를 인용한 표현이다. 그리고 『삼국사기』 권제46 「열전(列傳)」 '강수(强首)'조에, 아버지가 강수의 뜻을 알아보기 위해 "네가 불도 공부를 하겠느냐? 유도 공부를 하겠느냐?"[7]라고 물으니, 강수가 대답하기를, "제가 들으니 불도는 세속을 떠난 교리로써 세상 사람들을 어리석게 한다 하니 어찌 불도

---

2) 『三國史記』 卷第38 「雜志」 제7 職官 上 '國學'. "博士若助教一人, 或以禮記·周易·論語·孝經, (…中略…), 教授之."

3) 『三國史記』 卷第46 「列傳」 6 '薛聰'. "聰性明銳, 生知道待. 以方言讀九經, 訓導後生, 至今學者宗之."

4) 『구경(九經)』은 『역경(易經)』·『주역(周易)』·『서경(書經)』·『시경(詩經)』·『예기(禮記)』·『춘추(春秋)』·『효경(孝經)』·『논어(論語)』·『맹자(孟子)』·『이아(爾雅)』 등이다.

5) 『三國史記』 卷第47 「列傳」 7 '竹竹'. "君言當矣. 而吾父名我以竹竹者, 使我歲寒不凋, 可折而不可屈. 豈可畏死而生降乎."

6) 『論語』 「子罕」篇 '歲寒'章. "子曰, 歲寒然後에 知松柏之彫也니라."

7) 『三國史記』 卷第46 「列傳」 6 '强首'. "爾學佛乎, 學儒乎."

공부를 하겠습니까? 저는 유자(儒者)의 도를 배우고자 합니다."[8]라고 대답하는 장면이 있다. 강수의 대답처럼, 신라시대 때 이미 유학(儒學)이 전파되었음을 확인할 수 있다. 이와 같이 『삼국사기』에 산재(散在)된 내용으로 파악할 수 있는 것은 삼국시대에 이미 『논어』는 국학(國學)의 교재였으며 유학도 공부의 대상이었다. 이런 사실로 미루어 볼 때, 『논어』는 삼국시대에 이미 수용되어 활용된 경서(經書)임을 알 수 있다.

예로부터 글공부하는 사람들은 누구나, 『논어』를 읽고 그 배운 것을 실천할 경우에는, 삶의 참된 도리를 터득하여 자기 자신의 심성을 수양하고 인격을 높일 수 있을 것으로 여겨 왔다. 그리고 나라를 바르게 다스리거나 세상을 바로잡아, 마침내 나라를 도덕이 빛나게 하고 세상을 밝은 세상이 되도록 변화시킬 수 있을 것으로 여겨 왔다. 따라서 『논어』의 구절구절에 담긴 말씀과 기록된 글의 뜻이 모두 의미심장하기 때문에, 고금(古今)의 글공부하는 사람들이 모두 실천의 도(道)로 여겨 온 것이다. 이런 이유로 동양 고전의 정수(精髓)인 『논어』를 추천하면서 현대적 의미와 활용을 살펴보고자 하는 것이다.

8) 『三國史記』 卷第46 「列傳」 5 '强首'. "愚聞之, 佛世外教也, 愚人間人, 安用學佛爲. 願學儒者之道."

제2장 『논어』의 현대적 의미와 활용

1. 공자(孔子)의 자연미

1) 樂山樂水요산요수

『논어』에서 공자(孔子)의 자연미를 살필 수 있는 것은 「옹야(雍也)」편의 '산수(山水)'장이다.

子曰자왈, 知者지자는 樂水요수하고 仁者이자는 樂山요산이니 知者는 動동하고 仁者는 靜정하며 知者는 樂낙하고 仁者는 壽수이니라.

—『論語』 「雍也(옹야)」篇 '山水(산수)'章

[한자, 훈과 음]

子曰(자왈)의 '子(자)'는 '아들 자'가 아니라 '큰선생님 자'인 字(자)이다. 『논어』에서의 子曰(자왈)은 모두가 '공자왈'을 이르는 말이다. 공자는 위대한 聖人(성인)이기에 성(姓)씨까지도 함부로 칭할 수 없었다. 그래서 '큰선생님 자(字)'만 칭하면서 높이고 있는 것이다. 따라서 子曰(자왈)은 '공씨 큰선생님께서 말씀하시기를'의 뜻을 지녔다. 樂水(요수)와 樂山(요산)의 '樂(요)'는 '좋아할 요'이다. 원래 樂(악)이었다. 그 '풍류 악'에서 '즐거울 락'으로, 또 '좋아할 요'로 전이된 한자의 구성원리인 轉注(전주)의 한자이다. 音樂(음악)인 풍류를 즐기다 보니, 좋아하게 되었다는 말이다.

[번역]

공자께서 말씀하시기를, "지혜로운 자는 물을 좋아하고 인자(仁者)는 산을 좋아하니, 지혜로운 자는 동적(動的)이고 인자(仁者)는 고요하며 지혜로운 자는 (제 뜻을 따라 즐기는 도를) 즐기고 인자(仁者)는 (그 도의 생명력과 영향력이) 오래 가느니라."고 하셨다.

[해설]

공자가 『논어』에서 말한 위의 내용은 최초로 자연과 인간과의 관계를 내재적인 같은 형태와 구조로 인식하여 밝힌 것이다. 지혜로운 사람이 물을 좋아하는 까닭은 사람도 물의 속성처럼 멈추지 않고 계속 움직이라는 뜻이다. 그 움직임은 단순히 육체적 몸놀림이 아니라 학문 수양을 끊임없이 행하라는 의미였다. 그리고 어진 사람은 산을 좋아한다고 했는데, 만물을 생장시키는 산이 우뚝 솟아 크면서 넓고 그 속에는 온갖 동식물이 생장하면서 계곡물도 흐르고 있는 것이다. 그 우뚝 솟은 모습에서 호연지기(浩然之氣, 하늘과 땅 사이에 가득 한 기)를 느끼면서도 큰 산처럼 움직임이 없는 정적인 상태이다. 따라서 어진 사람은 도를 즐길 뿐만 아니라 그 도를 삶을 통해 나타내면서 그 영향력이 우리 삶에 미쳐 마침내 영원불멸의 생명력을 가질 수 있다는 것이다. 마침 큰 산이 장엄하게 오래 그 자리를 지키듯이, 어진 사람은 인격의 품위가 크다는 것이다.

『논어』 「자한(子罕)」편 '지자(知者)'장에 "知者지자는 不惑불혹하고 仁者인자는 不憂불우하니라."라고 한 부분이 있다. 곧 "지혜로운 자는 현혹되지 않고, 어진 자는 근심하지 않는다"로, 지혜로운 사람은 사리에 밝아 물질적인 욕망에 현혹되지 않고 어진 자는 천명을 즐기는 자라 사욕(私慾)을 이길 수 있기에 근심이 없다는 것이다. 공자는 자연물을 인간 정신의 품격에 비유하여 표현하였다. 이것이 인간 최초의 자연미에 대한 견해이다. 지혜로운 자는 물과 같이 유동적이라서 두뇌 회전이 빠르면서 활동적인 모습을 지닌 자이고, 어진 자는 태산처럼 우뚝 솟은 모습에서 의젓하고 장엄한 태도를 잃지 않아 덕망이 있는 존재인 것이다. 이처럼 공자의 자연미는 지자(知者)와 인자(仁者)를 품격의 특징을 말하는 가운데서 비롯되었다.

오늘날 배우는 자들도 배움에 임해서 유동적인 물의 흐름을 좋아하는 지자(知者)처럼 배우면서 사리에 밝게 할 뿐만 아니라, 큰 기상을 지닌 산처럼 천리에 통달하게 하여 사욕(私慾)을 이길 수 있는 능력을 길러 인자(仁者)에 다가가는 모습을 보여야 할 것이다. 이것이 공자의 자연미를 제대로 알고 실천하는 것이다. 지혜로운 자는 강물처럼 두뇌 회전이 빠르고 인자(仁者)는 우뚝한 산처럼 지자(知者)가 지닌 강물까지 품을 뿐만 아니라 큰 기상을 지닌 인물이라는 말이다. 현명한 사람은 큰 뜻을 품어야 그 뜻을 이룰 수 있다는 말이다. 과거시험에 낙방한 25세의 두보도 태산을 바라보며 「망악(望嶽)」을 노래하여 호연지기(浩然之氣)를 노래했던 것이다. 뜻을 이루기 위해서는 당연히 노력이 따라야 할 것이다.

2) 자연은 인간 정신의 품격 상징

공자는 자연물을 인간 정신의 품격을 상징하는 것으로 보았다.

子曰자왈, 爲政以德위정이덕이 譬如北辰비여북신이 居其所거기소어든 而衆星이중성이 共之공지니라.

—『論語』「爲政(위정)」篇 '北辰(북신)'章

[한자, 훈과 음]

譬: 비유할 비, 北辰(북신)의 '신(辰)'은 '별 신'임. '북신'은 하늘의 북극성을 가리키는 말로 중심축을 이르는 말이다. 눈에 보이지 않는 큰 축인 북신[북극성]을 따라 천지가 운행되고 있기 때문이다. 마치 문의 돌쩌귀가 있어 문이 열리고 닫힐 수 있는 것처럼, 천지자연이 북신에 의지하여 돌고 있다는 것이다.

共之(공지)의 '共(공)'은 '함께 공'의 의미이다. 따라서 '共之(공지)'는 '함께 돈다'는 뜻이다.

[번역]

공자께서 말씀하시기를, "정사를 행하기를 덕으로써 함이 비유하면 마치 북신(북극성)이 제자리에 머물러 있으면 뭇 별들이 (그를 향해) 함께 도는 것과 같으니라."고 하셨다.

[해설]

이의 글은 인간의 윤리를 자연으로부터 파악한 것이다. 하늘에 있는 북극성은 모든 별의 중심축이 되어 자연 질서의 중심축이 되어 천지자연의 섭리를 거슬리지 않게 돌아가게 하는 것처럼, 위정자가 덕으로써 정치를 행하면 특별히 의식적으로 애쓰지 않아도 온 천하는 잘 돌아가게 되어 있다는 말이다. 마치 북극성을 중심으로 자연의 사계절이 순행하는 것처럼 봄이 가면 여름이 오고, 여름이 가면 가을이 오는 것처럼 자연스러운 계절의 변화이다. 이처럼 위정자가 덕치를 행하면 아랫사람은 저절로 순화되어 선한 행동을 하게 된다는 말이다. 인간의 도덕 윤리를 자연물로 파악한 경우이다.

『논어』「자한(子罕)」편 '세한(歲寒)'장에 "子曰자왈, 歲寒然後세한연후에 知松柏之後彫也지송백지후조야니라." 곧 "공자께서 말씀하시기를, '한 겨울의 날씨가 차가워진 연후에야 소나무와 전나무가 더디게 시드는 줄을 아느니라.'고 하셨다."라는 내용이 있다. 이는 자연 현상을 인간의 정신이나 품격 또는 절조와 같은 형태로 파악한 것이다. 공자가 『논어』에서 자연물을 인간의 정신 품격에 비유한 것은 처음이 아니다. 이미 『시경』 시에는 자연물을 예찬한 시가 많이 존재하고 있기 때문이다. 따라서 자연은 인간과 무관한 것이 아니다. 자연은 인간의 정신생활, 인간의 내적인 정감과 밀접한 관계에 있다. 유자(儒者)인 공자의 자연미로 인해 자연이 막연한 자연 숭배의 대상도 아니고 그렇다고 해서 자연이 단순히 향락(享樂)의 공간으로서의 자연도 아닌 것이다. 철저한 유자(儒者)는 상자연(賞自然)을 하면서도 현실을 잊지 않았다. 그와 같은 전통은 조선 시대 유자들에게 전해져 물아일체(物我一體)와 연군지정(戀君之情)의 정신으로 계승되었다. 송강(松江) 정철(鄭澈)이 「관동별곡(關東別曲)」에서 자연을 감상하면서 임금에 대한 충으로써 그 자연물을 진상하고픈 정신이 곧 유자들의 전통적인 자연관의 계승이었다. 자연도 도(道)를 추구하는 대상이 될 수 있기 때문이다.

맹자도 『맹자(孟子)』「진심(盡心)」장(章) 상(上)에서 공자의 호연지기(浩然之氣)를 태산에 비유하여 표현하였다.

“孟子曰맹자왈 孔子登東山而小魯공자등동산이소노하시고 登泰山而小天下등태산이소천하하시다.”

맹자께서 말씀하시기를, “공자께서 노나라 동산에 올라가시어 노나라를 작게 여기셨고, 태산에 올라가시어 천하를 작게 여기셨다.”고 하셨다.

이는 높은 곳에 올라 큰 꿈을 지니자는 의미이다. 자연을 공경의 대상인 인격체로 본 것이다.

위의 글 『맹자』에서 공자는 높은 곳에 올라갈수록 사물이 작게 보인다고 하셨다. 이는 교만함을 나타내고자 한 것이 아니라, 태산에 올라 천하가 작다고 한 것은 태산처럼 큰 꿈을 품었을 때 세상을 품을 수 있다는 의미이다. 그래서 꿈을 크게 지녀야 한다는 말이다.

당장 눈앞의 이익 때문에 돌이킬 수 없는 과오를 범하는 경우가 있다. 작은 이익에 얽매이기보다는 큰 꿈을 지녀야 세상도 크게 보인다. 꿈과 이상이 없는 청춘은 미래도 밝지 않기 때문이다. 웅장한 포부를 지니고 그 포부를 실현하기 위해 노력해야 한다.

시성(詩聖) 두보(杜甫)도 25세 때 과거시험에 낙방한 후, 태산에 올랐다. 그때 지은 「망악(望嶽, 태산을 바라보며)」을 감상해 보자.

태산은 그 어째서, 岱宗夫何如대종부하여,
제와 노 땅에 푸른 빛이 끝나지 아니하였는가? 齊魯青未了제노청미료.
조물주가 신령스럽게 빼어남을 모았고, 造化鍾神秀조화종신수,
산의 북쪽과 남쪽이 어두우며 밝음을 나누었도다. 陰陽割昏曉음양할혼효.
층층히 피어나는 구름에 가슴을 훤히 하고, 盪胸生曾雲탕흉생층운,

눈을 크게 뜨고 보니 돌아가는 새가 산으로 들어가네.

決眥入歸鳥결자입귀조.

마땅히 산의 꼭대기에 올라, 會當凌絶頂회당릉절정,

뭇 산이 적음을 한 번 보리라. 一覽衆山小일람중산소.

두보의 웅장한 포부가 느껴지는 시이다. 두련과 함련에서 태산의 장관을 노래하였으며, 경련과 미련에서는 두보의 호탕한 마음인 호연지기(浩然之氣)가 그려졌다. 두보도 과거시험에 낙방한 후, 태산을 통해 큰 꿈을 꾸었던 것이다. 이처럼 성현과 선현들은 자연물을 하나의 감상물로 보지 않고 그 대상을 인격체로 대하여 본받을 존재 곧 인간 정신의 품격으로 바라보았던 것이다. 이것이 동양적 가치관에서의 자연미인 것이다. 오늘날에도 자연을 단순한 감상의 대상이거나 정복의 대상으로만 보지 말고 나를 성찰하거나 본받을 만한 대상으로서의 자연을 의인화하여 바라본다면 더 큰 감동을 받을 수 있을 것이다. 자연은 무분별한 정복의 대상이 아니라 우리와 함께 해야 할 영원한 존재이기 때문이다. 그러면 자연 환경의 파괴로 엄습한 기후 변화도 극복할 수 있는 방법이 존재할 것이다. 동양적 가치관에서의 자연미에서 그 해답을 찾아야 할 것이다. 자연은 공존의 대상이면서 경외의 대상이기도 하기 때문이다.

두보의 「망악(望嶽)」 시 원문 중에 "盪胸生曾雲탕흉생층운"이 있다. 이때 "曾층"을 "曾증"으로 읽지 않아야 한다. '층층이 층'으로 읽어야 하기 때문이다. 일부 판본은 "曾층" 대신 "層층"자로 된 것도 있다.

2. 사제지간(師弟之間)을 통해 본 공자

1) 정치에 종사하는 제자들

공자는 『논어』에서 제자들을 어떻게 바라보고 평가하고 있는지 그 내용을 먼저 살펴보자. 먼저 정치가인 제자들에 대한 평가를 살펴보자.

季康子계강자가 問문, 仲由중유는 可使從政也與가사종정야여잇가. 子曰자왈, 由也유야는 果과하니 於從政乎어종정호에 何有하유리오. 曰왈, 賜也사야는 可使從政也與가사종정야여잇가. 曰왈, 賜也사야는 達달하니 於從政乎어종정호에 何有하유리오. 曰왈, 求也구야는 可使從政也與가사종정야여잇가. 曰왈, 求也구야는 藝예하니 於從政乎어종정호에 何有하유리오.

—『論語』「雍也(옹야)」篇 '從政(종정)'章

[한자, 훈과 음]

중유(仲由)는 자로(子路)의 성명이고, 사(賜)는 자공(子貢)으로 성명이 단목사(端木賜)이다. 단목(端木)이 그의 성(姓)씨이고 사(賜)가 이름이다. '여(與)'는 '의문 어조사'이다. '과(果)'는 '과감하고 결단력이 있을 과' 자(字)이고 '달(達)'은 '사리에 밝을 달' 자이며 '예(禮)'는 '다재다능할 예' 자이다.

[번역]

계강자가 여쭙기를, "중유(仲由, 자로)는 정사(政事)에 종사하게 할 만합니까?"라고 하였다. 공자께서 말씀하시기를, "유(由)는 과단성(果斷性)이 있으니, 정사에 종사함에 무슨 어려움이 있겠는가?"라고 하셨다. (계강자가) 말씀 드리기를, "사(賜, 단목사, 자공)는 정사에 종사하게 할 만합니까?"라고 하였다. (공자께서) 말씀하시기를, "사(賜)는 사리에 통달했으니, 정사에 종사함에 무슨 어려움이 있겠는가?"라고 하셨다. "염구(冉求, 염유)는 정사에 종사하게 할 만합니까?"라고 하였다. 말씀하시기를, "염구(冉求)는 다재다예(多才多藝)하니, 정사에 종사함에 무슨 어려움이 있겠는가?"라고 하셨다.

[해설]

위 글의 문답은, 노나라 대부 계강자가 공자의 제자인 중유(자로)와 자공(단목사) 그리고 염유(염구)에 대해서 정치에 종사할 만한가를 묻는 질문에 답한 글이다. '자로는 과단성이 있으니 정치에 종사함이 무슨 어려움이 있겠습니까?'라고 했으며, 자공에 대해서는 '자공은 사리에 통달하니 정치를 행함에 무슨 어려움이 있겠습니까?'라고 대답했다. 그리고 염구에 대해서는 '그는 재능이 있어 조예가 깊으니 정치를 함에 무슨 어려움이 있겠습니까?'라고 하였다. 이는 제자들의 장점을 말하여 제각기 적재적소에 쓰임이 있을 수 있음을 말해준 것이다.

이는 오늘날 학생들 곧 제자들을 평가하는 점과는 많은 차이점이 있다. 동일한 시험을 보게 하고 그 성적에 따라 각자의 능력인 양 점수를 부여하는 일률적인 평가와는 질적으로 다르기 때문이다. 앞으로 제자들에 대한 제대로 된 평가를 한다면 공자 같은 평가가 바른 평가일 것이다. 점수대로 한 줄로 나란히 줄을 세우는 것이 아니라, 그 제자가 지닌 장점을 최대한 부각시켜 자기가 지닌 능력이나 재주를, 우리 사회를 위해 펼칠 수 있도록 만들어 주는 그런 스승이 필요한 것이다. 어떤 제자는 과단성이 있어 알맞고, 또 다른 제자는 사리에 밝으니 정사에 종사함에 아무 어려움이 없으며, 다재다능한 재주를 지닌 제자도 정사에 종사함에 아무 어려움이 없다는 것이다. 제자들이 지닌 장점을 잘 살펴 그 뜻을 펴게 해준 것이다. 이런 스승이 진정으로 제자를 아는 분이라 할 것이다. 한편으로는 어느 누구도 우리 사회에서 필요 없는 존재가 아니라는 말이기도 하다. 그들의 장점을 살려 그 재능을 펼칠 수 있는 곳에 배치하면 된다는 의미이기도 하기 때문이다. 이제는 줄 세우기를 그치고 제자들의 재능을 제대로 발굴하여 그들의 꿈과 이상을 펼칠 수 있도록 안내해야 할 것이다.

공자가 제자에 대한 바른 평가로, 공자의 제자들이 노나라 정치권에서 높이 평가되기 시작하였다. 그러자 노나라 대부 집안의 인물인 계간자의 아들 계자연이 공자의 제자인 자로와 염구를 가신으로 부리고 있는 것을 과시하기 위해 공자께 "자로와 염구는 대신(大臣)이라 할 만합니까?(仲由·冉求는 可謂大臣與잇가?)"라고 물으니, 공자가 대답하기를, '그대가 남다른 질문을 할 사람으로 생각했더니, 고작 중유와 염구를 묻는구나. 대신이란 도리에 맞게 임금을 섬기다가 안 되겠거든 그만두는 법이니, 이제 보니까 중유와 염구는 관직이나 채워서 구색을 갖추는 신하에 불과하다.'[1]라고 하였다. 이는 계관자의 오만함을 억눌러 주기 위해 일부러 자로와 염구를 다소 가볍게 말해 대신의 역할을 못하고 있다고 하였다. 그러자 계자연은 '두 제자들은 큰 신하가 아니기 때문에 계씨 집안의 일을 잘 따르는 신하는 되겠군요?'[2]라고 하니, 공자가 '아비와 임금을 시해하는 일은 따르지 않을 것이다.'[3]라고 대답하였다. 이는 두 제자가 대신(大臣)의 도에는 부족할지 모르지만 군신 간의 도리를 아는 사람이라서 죽음이나 윗사람을 시해하는 일을 당하

1) 『論語』 「先進」篇 '具臣'章. "子曰, 吾가 以子爲異之問일러니 曾由與求之問이로다. 所謂大臣者는 以道事君하다가 不可則止하나니 今由與求也는 可謂具臣矣니라."

2) 앞의 책. "然則從之者與잇가."

3) 위의 책. "子曰, 弑父與君은 亦不從也리라."

더라도 결코 그 절의를 빼앗을 수 없는 사람이라는 뜻을 밝혀주었다. 이처럼 제자의 능력과 처지를 정확히 파악하고 있을 뿐만 아니라, 제자에 대한 믿음 또한 대단하였다. 이런 관계가 진정한 사제지간(師弟之間)일 것이다.

중궁(仲弓)이 계씨(季氏)의 가신(家臣)이 되어 정사(政事)에 대해 여쭈었다.

子曰자왈, 先有司선유사요 赦小過사소과하며 擧賢才거현재니라. 曰왈, 焉知賢才而擧之언지현재이거지리잇고. 曰왈, 擧爾所知거이소지면 爾所不知이소부지를 人其舍諸인기사저아.

—『論語』「子路(자로)」篇 '有司(유사)'章

[한자, 훈과 음]

'先(선)'은 '먼저 선'이고 '司(사)'는 '맡을 사'이다. '有司(유사)'는 벼슬아치를 뜻한다. '赦(사)'는 '용서할 사'이고 '過(과)'는 '허물 과'이다. '擧(거)'는 '거용할 거'이고 '賢(현)'은 '어질 현'이며 '才(재)'는 '재주 재'이다. '焉(언)'은 '어찌 언'이고 '知(지)'는 '알 지'이다. '爾(이)'는 '너 이'이고 '舍(사)'는 '버릴 사'이다.

[번역]

공자께서 말씀하시기를, "관리들에게 솔선하고, 작은 허물은 용서할 일로 여겨 넘기며, 어진 사람과 유능한 사람을 등용해야 한다."라고 하셨다. (중궁이) 말씀 드리기를, "어찌 어진 사람과 유능한 사람인 줄을 알아 등용합니까?"라고 하였더니, (공자께서) 말씀하시기를, "(우선) 네가 아는 사람부터 등용하게 되면, 네가 미처 모르는 자를 남들이 내버려두겠는가?"라고 하셨다.

[해설]

계씨의 가신이 된 중궁이 정치에 대해 여쭈니, 세 가지의 기본적인 주의사항을 일러주셨다. 정치하는 관리들이 솔선수범(率先垂範)하지 않으면 임금이 신하의 직분을 행할 처지에 처하게 되고, 작은 허물을 용서하지 않으면 아래에 온전한 죄를 짓지 않은 사람이 없게 되며, 어진 사람과 능력 있는 사람을 등용하지 않으면 온갖 직책이 있기는 하나 그 씀이 제대로 사용되지 않는다는 것이다. 그러자 중궁(仲弓, 염옹冉雍)이 '어진 사람과 재주 있는 사람을 어떻게 구분하여 거용(擧用)할 수 있는가요?'로 여쭈니, '우선 네가 아는 어진 사람들과 재주 있는 사람을 거용하면 자연히 남들이 너에게 훌륭한 사람을 추천하게 될 것'이라고 하였다. 따라서 공자가 행한 정치에 종사하는 제자에게 당부한 것은 다른 관리자보다 솔선수범하면서 작은 허물은 감추어 줄 수도 있으면서 덕이 있으면서 재주 있는 인물을 들어다 쓰면 정치는 잘 될 것이라고 하였다.

요즘 정치하는 사람들이 새겨들어야 할 말씀이다. 능력보다는 지연(地緣), 학연(學緣)이 우선되는 정치이기 때문이다. 또한 정치하는 국회의원들은 당(黨)을 만들어 사사로이 개인의 또는 집단의 이익을 앞세우고 있는 것이 현실이다. 뿐만 아니라 상대방의 작은 잘못도 그냥 넘기지 않고 확대 재생산하여 소모적인 비난을 행하고 있는 것이 현실이다. 여야 정치인 모두 공자가 중궁에게 내린 정사를 한 번쯤 새기면서 정치를 행하면 좋을 것 같다. 정치 또한 살아 있는 생물이기 때문이다.

2) 스승을 모시는 제자들의 자세와 스승의 태도

공자의 제자들은 평상시 스승을 어떻게 모셨을까?

閔子민자는 侍側시측에 誾誾如也은은여야하고 子路자로는 行行如也항항여야하고 冉有염유·子貢자공은 侃侃如也간간여야어늘 子자가 樂낙하시다.

曰왈 若由也약유야는 不得其死然부득기사연이로다.

—『論語』「先進(선진)」篇 '侍側(시측)'章

[한자, 훈과 음]

'閔子(민자)'는 공자의 제자 민자건(閔子騫)을 높여 말한 호칭이다. '誾(은)'은 '온화할 은'이다. '誾誾(은은)'은 '자상하다'의 의미로 쓰였다. '行(항)'은 '항렬 항'자이고 '行行(항항)'은 '굳세고 씩씩한 모양'이다. '侃(간)'은 '강직할 간'이고 '侃侃(간간)'은 '화락하다'는 뜻이다.

[번역]

'민자'는 곁에서 모심에 자상한 듯하였으며, '자로'는 굳세고 씩씩한 듯하였으며, '염유(염구)'와 '자공'은 화락한 듯하였거늘, 공자께서 즐거워하셨다. (공자께서 말씀하시기를) "중유(仲由, 자로) 같은 사람은, 온당한 죽음을 얻지 못할 듯하구나."라고 하셨다.

[해설]

공자의 제자들은 각각 그 성품과 기개에 따라 스승을 모시는 방법이 달랐다. 『논어』「선진(先進)」편 '진채(陳蔡)'장에서 밝힌 민자건은 덕행에 뛰어난 제자였다. 그래서 여기서도 '閔子(민자)'라 하여 '도덕 높은 큰선생님 자'字(자)를 붙여 존칭하였다. 따라서 민자건이 스승인 공자를 모실 때에는 항시 은은하고 온화하며 기쁜 모습으로 모셨고, 직설적이고 나서기를 좋아하는 자로는 굳세고 씩씩하게 모셨으며, 정사에 유능한 염유(염구)와 언어에 능했던 자공은 강직하면서도 화락하게 모시었다.

공자께서 특별히 자로에 대해서 언급하기를, '제 죽음을 얻지 못할 듯하다.'고 염려하였다. 『춘추좌전(春秋左傳)』에 공회지난에 대한 내용이 있다. 자로는 위나라 정승인 공회의 채읍을 관리하는 읍장이었다. 위나라 영공 때 일로, 새 어머니 남자(南子)가 음란한 짓을 하자 그의 아들 세자인 괴외(蒯聵)가 그 계모인 남자(南子)를 죽이려고 하다가 뜻을 이루지 못하고 송나라로 달아났다. 영공이 죽자 남자는 괴외의 아들 첩(輒)을 새 임금으로 세웠다. 괴외가 새 어머니 남자(南子)를 죽이려고 하다가 죄를 얻어 망명자가 되고, 그의 아들 첩(輒)이 임금이 되어 아버지 괴외(蒯聵)를 막았다.

자로가 모시는 공회가 자기 임금 첩(輒)인 출공(出公)을 배신하고 은밀히 출공[첩輒]의 아버지인 괴외와 내통하여 정변을 일으킨 것이다. 출공 12년 초에 공회가 지방에 머물고 있는 괴외를 몰래 자기 집으로 오게 한 후, 군대를 일으켜 출공을 습격했던 것이다. 이 일로 출공은 노나라로 도망하였고 괴외가 임금이 되었다.

이 소식을 접한 자로는 공회의 집으로 달려가서 보니, 공회와 괴외가 함께 누대 위에 나란히 서 있었다. 그 모습을 본 자로는 분노하여, "공회 당신은 어찌하여 역적 괴외와 함께 있는가? 내 당장 당신들을 죽이리라."라고 소리쳤다. 그러면서 누대에 불을 질러 두 사람을 죽이고자 하였다. 놀란 괴외가 석걸과 호염 두 장수를 내보내어 자로를 막게 하였다. 창칼이 번쩍이며 금세 싸움터에 먼지가 자욱하더니, 자로가 갑자기 싸움을 중지시키면서 "군자는 죽어도 관을 벗지 않는다."라고 하면서, 즉각 관(모자)을 주워 쓰고 죽음을 기다렸다. 석걸과 호염 두 장수는 당장 달려들어 자로를 죽였다. 『사기(史記)』에 전하는 내용이다.

이렇듯 공자는 제자들의 개성을 파악하여 장점을 살려 주고 단점을 고쳐주고자 하였다. 공자의 예견대로 자로는 제 죽을 자리에서 죽지 못했다.

子曰자왈, 柴也시야는 愚우하고 參也삼야는 魯노하고 師也사야는 辟벽하고 由也유야는 喭언이니라.

—『論語』「先進(선진)」篇 '柴也(시야)'章

[한자, 훈과 음]

'柴(시)'는 '섶 시'인데, 여기서는 공자의 제자 高柴(고시)로, 字(자)가 子羔(자고)이다. '愚(우)'는 '어리석을 우'이다. '參(삼)'은 '석 삼'으로 曾參(증삼) 곧 曾子(증자)를 이르는 말이다. '魯(노)'는 '노둔할 노'이다. '師(사)'는 '스승 사'로, 여기서는 자장(子張) 전손사(顓孫師)의 이름이다. 성(姓)이 전손(顓孫)이고 이름이 師(사)인 공자의 제자로, 字(자)가 子張(자장)이다. '辟(벽)'은 '편벽될 벽'이다. '由(유)'는 '곡절 유'인데 여기서는 仲由(중유)로 字(자)가 子路(자로)이다. '喭(언)'은 '큰말 언'으로 豪言壯談(호언장담)한다는 글자이다.

[번역]

(공자께서 말씀하시기를), "고시(高柴, 高子羔고자고)는 어리석고, 증삼(曾參, 曾子)은 노둔(魯鈍)하고, 전손사(顓孫師, 子張자장)는 한 쪽으로만 잘하

며, 중유(仲由, 子路자로)는 호언장담(豪言壯談)하느니라."고 하셨다.

[해설]

위의 공자의 말씀은 모두 공자의 제자에 대한 평이다. 고시(高柴)는 '어리석다'고 하였다. 우(愚)는 지혜가 부족하나 덕의 두터움이 남음이 있다는 말이다. 『공자가어(孔子家語)』에 "제자 시(柴)는 사람의 발이 그림자를 밟지 않고, 금방 땅을 뚫고 나온 벌레를 죽이지 않고, 막 자라나는 식물을 꺾지 않고, 부모님 상(喪)을 당해서는 피눈물을 흘리기를 삼 년을 하면서 일찍이 치아를 드러내 웃은 일이 없으며 어려움을 피하여 행하되 샛길로 가지도 않고 쪽문 같은 작은 문을 통하지도 않았다."라고 하였다. 따라서 스승인 공자는 제자의 이름을 손수 부르면서 제자에 대한 애정을 드러내면서 그의 성질을 드러내고자 하였다. 한 마디로 제자 고시(高柴)는 지혜가 부족해도 덕망과 인정이 두터워 항상 곧은 태도를 견지한다는 것이다.

제자 증삼(曾參) 곧 증자(曾子)에 대해서도 평을 하였다. 증삼은 재주가 둔하였지만 그 노둔함으로써 도를 터득할 수 있었다는 것이다. 제자들 중에 총명한 제자들이 많았을 것인데, 그 도(道)를 전하는 것은 배움을 성실하게 행한 증삼이었다는 것이다. 재주는 조금 부족해도 꾸준히 성실하게 노력하면 그 배움이 확실할 수 있다는 믿음을 표현한 것이다. 어떤 제자가 학문을 이룰 수 있는가를 밝혀주었다.

제자 자장(子張)은 성이 복성(複姓)인 전손(顓孫)이고 이름이 사(師)이다. 공자는 자장을 편벽 곧 한쪽으로만 잘한다고 평하였다. 벽은 '치우친 행동에 익숙하다.' 곧 용모와 거동에 익숙하면서도 성실성이 적은 것을 이른 말이다. 다시 말하자면 자장은 겉모습 치장인 외면치레에 힘써 말재주에 능했던 인물로, 성실성이 부족했던 것이다.

중유(仲由) 곧 자로(子路)는 호언장담 곧 평소에 말을 할 때 가다듬어지지 않은 채 큰소리치는 속된 병통이 있었던 것이다. 좋게 평하면 과단성이 있는 인물이라고도 할 수 있다.

이렇듯 공자는 제자들이 지닌 편벽된 점을 알려주면서 완전한 인격체인 군자의 길로 나아가기를 바랐다. 단순히 학교에 출석해서 매시간 수업에 임해 하교하는 제자들의 감시 아니 감사만 하는 오늘날 스승의 일과는 조금 차이가 난다. 오늘날에도 공자가 행했던 제자들의 장단점을 잘 파악하여 그들이 올바른 사회인으로 성장할 수 있도록 인도해주면 더 좋을 것이다.

스승의 도가 추락한 오늘날 어떻게 하면 사제지간(師弟之間)의 예(禮)가 살아날 수 있을까? 스승은 제자들에게 그들의 장점을 최대한 드러낼 수 있도록 칭찬해주고 단점은 개선될 수 있도록 조언을 하는 쪽으로 가르침을 내리면 좋을 것이다. 요즘 세태가 좋은 직장을 위해 먼저 좋은 대학을 가게 해야 하는 현실과는 맞지 않은 교육일 수도 있다. 하지만 제자들의 장점을 살리면 얼마든지 좋은 대학에 입학할 수도 있으며, 그 결과 좋은 직장에도 들어갈 수 있을 것이다. 지금은 제자들의 장점은 아랑곳하지 않은 채 일정한 점수만 얻을 수 있는 시험공부에 매달리게 하여, 제자들이 무엇을 잘하고 관심을 가지는지 단점은 어떤 점이 있는지조차도 알 수 없는 현실이 되었다. 이런 시대일수록 공자가 행한 교육법을 되새겨보아야 할 것이다. 그러면 공자의 제자들이 스승을 대하던 그런 온화하고 친절한 모습이 되살아나 사제지간(師弟之間)의 정(情)도 살아날 것이다.

3) 제자에 대한 격려와 질책

공자는 제자들에게 격려와 질책도 하였다. 제자 중에 집안이 천민 출신이 있었다. 그가 염옹(冉雍)이다. 자(字)가 중궁(仲弓)이다.

子가 謂仲弓曰위중궁왈, 犁牛之子이우지자가 騂且角성차각이면 雖欲勿用수욕물용이나 山川산천은 其舍諸기사저아.

—『論語』「雍也(옹야)」篇 '騂角(성각)'章

[한자, 훈과 음]

'仲弓(중궁)'은 冉雍(염옹)의 자이다. '犁牛(이우)'는 잡무늬의 얼룩소를 뜻한다. '犁(리)'는 '얼룩소 리'이다. '騂(성)'은 '붉을 성'이다. '角(각)'은 '뿔이 났다'는 의미이다. 騂且角(성차각)은 '붉고도 뿔이 밤톨만큼 난 송아지'를 뜻하는 한자이다. 산천신에게 바치는 제물로 최상품의 어린 송아지를 두고 일컫는 말이다.

[번역]

공자께서 중궁(仲弓)을 일러 말씀하시기를, "얼룩소의 새끼가 붉고도 뿔이 났다면, 비록 (산천 제사에) 쓰지 않고자 하나 산천신(山川神)께서 버리시겠는가?"라고 하셨다.

[해설]

중궁 염옹은, 아버지 염리(冉離)가 천민이었다. 그래서 배경이 없는 집안이다. 공자보다는 29세 어리다. 집안 자체로 개인을 도와줄 형편도 못되고 게다가 아버지의 신분이 천하여 악행을 행했다고 주자가 주석에서 밝혀 놓았다. 아버지 염리가 처음부터 천민은 아니었던 것 같다.

염리의 조상은 주(周) 문왕(文王)의 열 번째 아들 염계재(冉季載)의 후손이기 때문이다. 염리는 안씨(顔氏) 부인을 얻어 첫째인 염경(冉耕, 염백우)과 둘째인 염옹(冉雍, 중궁)을 얻었는데 안씨 부인이 둘째를 출산한 후 돌아가시게 되자 어린 아들을 키우기 위해 둘째 부인을 얻었는데, 그가 공서씨(公西氏) 부인으로 셋째 염구(冉求, 염유)의 생모가 된다. 공서씨 부인이 세 아들을 공자 제자로 보내 훗날 공문십철(孔門十哲)[4]의 이름을 올리게 된 것이다. 그래서 이들 세 아들을 두고 '일문삼현(一門三賢)' 곧 '한 가문에서 세 명의 현자'가 나왔다고 칭하게 된 것이다. 이런 사실을 두고 미루어 생각해 보자면, 세 명의 현자 아버지인 염리(冉離)는 어느 시기에 죄를 얻어 천민으로 강등되었던 것 같다.

둘째 염옹(중궁)의 형은 염경(염백우)이고 동생은 염구(염유)이다. 모두 공자의 10대 제자이다. 주자가 주석에서 밝힌 것처럼 아버지가 신분이 천하고 악행까지 저질렀으니, 일반인들이 편견에 사로잡혀 염옹 곧 중궁을 인정하지 않을 수 있었다는 것이다. 그러나 공자는 산천 제사에 희생물로 바치는 송아지에 비유하여, 그 재능이 있으면

---

4) 공문십철(孔門十哲)

안회(顔回): 자(字)가 안연(顔淵), 덕행에 뛰어난 제자, 32세에 요절

민손(閔損): 자(字)가 민자건(閔子騫), 덕행과 효행에 뛰어난 제자

염경(冉耕): 자(字)가 염백우(冉伯牛), 덕행에 뛰어난 제자, 염리(冉離)의 첫째 아들로 문둥병으로 요절하였음

염옹(冉雍): 자(字)가 중궁(仲弓), 염리의 둘째 아들로 덕행에 뛰어난 제자

염구(冉求): 자(字)가 염유(冉有) 또는 자유(子有), 염리의 셋째 아들로 노나라 대부 계강자 밑에서 벼슬하였음, 화술에 능하였음

재여(宰予): 자(字)가 자아(子我), 스승 공자와 3년 상(喪)을 두고 논쟁을 하였음. 재여는 1년상(喪)으로 할 것을 주장하였음

단목사(端木賜): 자(字)가 자공(子貢), 이재(理財)에 뛰어났던 제자

중유(仲由): 자(字)가 자로(子路) 또는 계로(季路), 용맹 있는 제자

언언(言偃): 자(字)가 자유(子游), 무성 고을 읍장을 지냄

복상(卜商): 자(字)가 자하(子夏), 문학에 뛰어난 제자

언젠가는 쓰일 수 있음을 밝혔다. 공자의 사상을 알게 하는 부분이기도 하다. 사람을 판단할 때는 신분이 아니라 재능으로 판단해야 한다는 생각이기 때문이다. 중궁의 아버지가 한 때의 실수로 천민이 되어, 마치 희생물로 쓸 수 없는 얼룩소처럼 되었다. 그러나 그 얼룩소 새끼가 뛰어나면 산천신도 거부하지 않는 것처럼 흠이 있는 아비의 자식들이 훌륭한 자질을 지니고 있으면 언젠가는 사회에 참되게 쓰일 수 있음을 보여준 것이다. 공자는 이전까지 해오던 신분으로 사람을 판단하지 않고, 재능으로 판단하였다. 이런 판단력이 지도자의 안목이고 개혁적인 사고인 것이다.

공자는 뒷배경이 초라한 제자에게 격려도 하였지만, 질책도 하였다.

冉求염구가 曰왈, 非不說子之道비불열자지도언마는 力不足也역부족야이로이다. 子曰자왈, 力不足者역부족자는 中道而廢중도이폐하나니 今女금녀는 畫획이로다.

—『論語』「雍也(옹야)」篇 '女畫(여획)'章

[한자, 훈과 음]

'說(열)'은 '좋아할 열'이고 '廢(폐)'는 '지쳐 쓰러질 폐'이며 '劃(획)'은 '그을 획'이다.

[번역]

염구가 말씀 드리기를, "선생님의 도(道)를 좋아하지 않는 것은 아니건마는, 힘이 부족합니다.'라고 하였다. 공자께서 말씀하시기를, '힘이 부족한 자는 길을 가다가 중간에 지쳐서 쓰러지나니, 지금 너는 스스로 한계를 그어 놓고 있구나."라고 하셨다.

[해설]

위의 글은 염옹(중궁)의 배다른 동생 염구(冉求) 곧 염유(冉有)에 대한 글이다. 둘째 형인 염옹이 벼슬하여 임지로 떠나자 제자들이 동요하여 벼슬길에 나아가고자 하였다. 그때 동생인 염구도 학당을 떠나 출사(出仕)의 길로 나아가고자 하였다. 그러면서 은근히 스승인 공자에게 의중을 떠본 것이다. '선생님의 가르치신 도가 기쁘지 않은 것은 아니지만 제가 능력이 부족하여 더 이상 행하기가 어렵습니다.'라고 하니, 공자께서 말씀하시기를 '진정으로 능력이 부족한 사람은 열심히 행하다가 정말 힘이 부치면 중도에 그만두는데, 너 염구는 열심히 행하지도 않고 미리 한계를 정해 놓고 있구나.'라고 질책하였다.

그래도 염구는 학문을 그만두고 계씨 집안의 가신이 되었다. 계씨의 가신이 된 후에는 정당하지 못한 계씨의 정권을 위해 충성을 다 바치자 스승인 공자는 염구를 성토하였던 것이다.

季氏계씨가 富於周公부어주공이어늘 而求也이구야가 爲之聚斂而附益之위지취렴이부익지한대 子曰자왈, 非吾徒也비오도야로소니 小子소자아. 鳴鼓而攻之명고이공지가 可也가야니라.

—『論語』「先進(선진)」篇 '吾徒(오도)'章

[한자, 훈과 음]

'富(부)'는 '넉넉할 부'이다. '周公(주공)'은 周(주) 왕조를 세운 문왕(文王)의 아들이며, 무왕(武王)의 동생 단(旦)이다. 주공(周公)은 무왕과 무왕의 아들인 성왕(成王)을 도와서 주 왕조의 기틀을 확립한 인물이다. '求(구)'는 '구할 구'로 여기서는 공자의 제자 冉求(염구)를 가리킨다. '聚(취)'는 '모일 취'이고 '斂(렴)'은 '거둘 렴'이다. '附(부)'는 '붙을 부'이고 '益(익)'은 '더할 익'이다. '非(비)'는 '아닐 비'이고 '徒(도)'는

'무리 도'이다. '鳴(명)'은 '울 명'이고 '鼓(고)'는 '북 고'이며 '攻(공)'은 '공격할 공'이다. '可(가)'는 '옳을 가'이다.

[번역]

계씨가 '주공(周公)'보다 부자였는데, 염구(冉求)가 계씨를 위하여 재물을 모으고 세금을 거두어 덧보태서 이롭게 해주었는데, 공자께서 말씀하시기를, "(염구는) 우리의 무리가 아니니, 얘들아, 북을 울려서 죄를 성토함이 옳다."라고 하셨다.

[해설]

자기 문하를 벗어난 제자에게도 늘 변함없는 애정을 보내어, 북을 울려 성토하게 하였던 것이다. 그 결과 염구가 바른 정치로 돌아올 수 있게 하였다. 그 후 염구는 바른 정사로 계씨를 인도하여 민중들을 위한 정치를 펼쳤던 것이다.

스승의 도가 땅에 떨어진 오늘날 어떻게 해야 하는가를 잘 보여준 가르침이다. 제자의 부족한 점을 북돋워 주면서 잘못된 길로 가는 제자는 어김없이 꾸짖어 바른 길로 나아갈 수 있도록 해야 참된 스승의 길이 될 것이다. 참된 스승의 길은 멀고도 험하다. 사회에 진출한 제자들까지도 늘 관심 속에 두어야 하기 때문이다.

4) 공자의 나무람과 꾸짖음

공자가 제자를 직접적으로 나무라거나 꾸짖은 장면도 있다. 어떨 때 제자를 나무라고 꾸짖는지 보자.

樊遲번지가 請學稼청학가한대 子曰자왈, 吾不如老農오불여노농호라. 請學爲圃청학위포한대 曰왈, 吾不如老圃오불여노포호라. 樊遲번지가 出출커늘 子曰자왈, 小人哉소인재라, 樊須也번수야여. 上상이 好禮호례(면) 則民莫敢不敬즉민막감불경하고 上상이 好義호의면 則民莫敢不服즉민막감불복하고 上상이 好信호신이면 則民莫敢不用情즉민막감불용정이니 夫如是부여시면 則四方之民즉사방지민이 襁負其子而至矣강부기자이지의리니 焉用稼언용가리오.

—『論語』「子路(자로)」篇 '農圃(농포)'章

[한자, 훈과 음]

'樊遲(번지)'는 공자의 제자로 이름이 '樊須(번수)'이다. 번수의 字(자)는 '子遲(자지)'였다. '번자지(樊子遲)'를 줄여 '번지(樊遲)'라고 불렀다. 이때 '子(자)'는 높임의 뜻이 있다. '稼(가)'는 '심을 가'로, '오곡을 심는 것'을 이르는 한자이고, '圃(포)'는 '밭 포'로, '채소를 가꾸는 것'을 이르는 한자이다. '小人(소인)'은 '세세한 백성'이라는 뜻으로, 여기서는 이상이 작은 사람을 지칭하는 말이다. '襁(강)'은 '포대기 강'으로 '짠 실로 만들어서 어린아이를 등에 싸매는 것'을 이른다.

[번역]

'번지'가 농사짓는 법 배우기를 청하자, 공자께서 말씀하시기를, "내가 노련한 농부만 못하니라."고 하셨다. ('번지'가) 채소밭 가꾸는 법 배우기를 청하자, (공자께서) 말씀하시기를, "내가 노련한 채소밭 가꾸는 이만 못하니라."고 하셨다. '번지'가 (밖으로) 나가거늘, 공자께서 말씀하시기를, "틀이 작은 사람이구나. '번수'여. 윗사람이 예(禮)를 좋아하면 백성들이 감히 (윗사람을) 공경하지 않는 사람이 없고, 윗사람이 의(義)를 좋아하면 백성들이 감히 복종하지 않는 사람이 없고, 윗사람이 신의(信義)를 좋아하면 백성들이 감히 제 정(情)을 다 쓰지 않는 사람이 없다. 무릇 이와 같으면[윗사람이 호례(好禮)·호의(好義)·호신(好信)하게 되면] 사방의 백성들이 그 자식을 포대기[강보(襁褓)]에 싸서 업고 이르러 올 것이니, 어찌 농사짓는 법만을 쓰리요?"라고 하셨다.

[해설]

위의 글은 제자 번지의 이상이 낮음을 나무라신 말씀이다. 이는 결단코 농업에 종사하는 것이 천하다는 인식이 아니라, 제자 번지를 큰 사람으로 키우기 위해 하신 말씀이기 때문이다. 『맹자(孟子)』의 「등문공(滕文公)」장(章) 상(上)에 '대인지사(大人之事)'와 '소인지사(小人之事)'라는 말이 있다. 대인 곧 군자와 같은 위정자를 일컫는 말이다. 대인은 천하를 경영하는 분으로 일반인들이 행하는 일 곧 농사를 짓거나 생활필수품을 만드는 일보다 백성을 잘 다스리는 일에 전념해야 한다는 말이다. 논공행상(論功行賞)을 행하고 생활필수품을 만드는 것은 소인들이 하면 된다는 것이다. 따라서 공자가 제자 번지에게 당부한 것은 위정자로서의 본분을 다해 줄 것을 요구한 것으로, 예(禮)와 의(義) 그리고 신(信)이다. 성인의 문하에서 농사짓는 법과 채소밭 가꾸는 일을 물었기에, 그 포부가 작음을 깨우쳐 주신 것이다. 또 번지 앞에서 곧바로 깨우쳐 주지 않고 나중에 다시 일러주신 뜻은 혹시라도 가르침의 진정한 뜻을 깨닫지 못하고 진짜로 노련한 농사꾼을 찾아가서 농사짓는 법을 배우게 되면 학문의 길을 잃게 되고 더욱 멀어질까 두려워해서 그렇게 다시 말씀하신 것이다.

공자가 학당에서 제자들을 가르치고 늦도록 있어도 계씨 집안에 가신 노릇하는 염구(염유, 자유)가 돌아오지 않았다. 밤이 깊은 후에 돌아온 염구에게 '왜 늦었느냐?'고 물었다.

冉子염자가 退朝퇴조이어늘 子曰자왈, 何晏也하안야오. 對曰대왈, 有政유정이러이다. 子曰자왈, 其事也기사야로다. 如有政여유정인댄 雖不吾以수불오이나 吾其與聞之오기여문지니라.

—『論語』「子路(자로)」篇 '退朝(퇴조)'章

[한자, 훈과 음]

'冉子(염자)'는 '冉求(염구)'로 字(자)가 '子有(자유)'로 '冉有(염유)' 또는 '有子(유자)'라고도 한다. 여기서는 두 단어를 합친 말로 '冉子(염자)'라고 한 것이다. '朝(조)'는 '조정 조'로 '계씨의 집안'을 일컫는 말이다. '晏(안)' '늦을 안'으로 '늦었다'는 뜻이다. 공자 말씀의 '政(정)'은 '정사 정'으로 '국정'을 이르는 말이며, '事(사)'는 '일 사'로 '집안 일'이다. '以(이)'는 '써 이'로 '쓴다'는 한자이다. '與(여)'는 '더불어 여'로 '참여한다'의 한자이다.

[번역]

염자[염유(冉有)]가 (계씨의) 조정(朝廷)에서 물러 나오자, 공자께서 말씀하시기를, "어째서 늦었는가?"라고 하셨다. (염자가) 대답해서 말씀드리기를, "정사(政事)가 있습니다."라고 하였다. 공자께서 말씀하시기를, 그것은 대부의 집안일이었을 것이다. 만일 국정(國政)이었다면, 비록 나를 (거기에) 쓰지 않았으나, 내가 (말로써라도) 참여해서 들었을 것이다."라고 하셨다.

[해설]

위의 공자의 말씀은 제자 염구(염유)가 자기 분수를 알고 명분을 바르게 하도록 꾸짖은 말씀이다. 이때는 염구(염유, 염자)가 계씨의 가신 노릇할 때의 일이다. 밤늦게 학당에 돌아온 제자 염구에게 '왜

이리 늦었느냐?'고 물으니, '조정에 회의가 있어 늦었다'고 답하였다. 그러자 공자는 '보나다나 계씨의 집안 일일 것이다'라고 하였다. 권력자가 조정의 일이라고 자기 집안에서 행하면 그것은 틀림없이 개인의 사사로운 정책일 것이라는 공자의 말씀이다. 따라서 조정의 일 곧 국가의 일을 논하는 국사는 권력자 개인의 집에서 사사로이 의논할 것이 아님을 가르쳐준 꾸짖음이다. 이는 염구로 하여금 자기 분수를 알고 명분을 지킬 것을 일깨운 말씀인 것이다.

공자가 제자들에게 나무라고 꾸짖은 일은, 이상을 크게 가지지 못하거나 자기 분수 밖의 일을 행할 때이다. 총명한 식견을 가지고 실생활에서 떳떳하게 생활을 할 것을 강조하였다. 오늘날 제자들이 사회인으로 활동하면서 개인의 사사로운 이익에 사로잡혀 있거나 명분도 없는 일에 매진하고 있다면, 스승은 어떻게 해야 할까?

5) 공자 자신에 대한 평

공자는 자기 자신에 대한 스스로의 평은 어떠했는가를 살펴보자. 초(楚)나라 섭현(葉縣)의 현령인 섭공(葉公)은 공자와 대화할 기회가 있었다. 그런데 그 공자에 대한 고매한 인격과 달관한 식견이니 학문의 깊이 등을 측량할 수 없었다. 그러던 중 어느 날 제자인 자로에게 공자의 훌륭한 점을 물었던 것이다. 이에 자로가 스승님과 여러 번 대화했다면 그 위대함을 즉시 깨달았을 것인데, 아직 깨닫지 못하는 것을 보고 대답조차 하지 않았던 것이다. 이 사실을 공자에게 아뢰었다.

葉公섭공이 問孔子於子路문공자어자로어늘 子路자로가 不對부대한대 子曰자왈, 女녀가 奚不曰其爲人也해불왈기위인야가 發憤忘食발분망식하며 樂以忘憂낙이망우하여 不知老之將至云爾부지노지장지운이오.

—『論語』「述而(술이)」篇 '葉公(섭공)'章

[한자, 훈과 음]

'葉公(섭공)'은 이름이 '沈諸梁(심제량)'이고 字(자)가 '子高(자고)'였다. '葉(섭)'은 '성 섭'이다. 일반적으로는 '잎사귀 엽(葉)'으로 사용된다. '奚(해)'는 '어찌 해'이다. '憤(분)'은 '마음으로 통하려 애쓸 분'이다. '將(장)'은 '장차 장'이고 '爾(이)'는 '어조사 이'로 의문 부사 '奚(해)'와 호응하여 쓰인다.

[번역]

섭공이 자로에게 공자의 인물됨을 묻거늘 자로가 대답하지 않았다. 공자께서 말씀하시기를, "네가 어째서 '그 사람됨이 마음으로 통하려고 애쓰는 뜻을 내서 음식을 먹는 것도 잊어버리며, (이치를 터득하면) 즐거워하면서 근심도 잊어서, 늙음이 장차 이르러오는 줄도 알지 못한다.'고 일러 말하지 않았는가?"라고 하셨다.

[해설]

섭공이 공자의 제자 자로에게 스승인 공자에 대해서 물었지만, 자로는 제대로 대답해주지 않았다. 자로(子路) 중유(仲由)는 섭공이 공자와 여러 번 대화했음에도 그 위대함을 깨닫지 못하는 것을 보고 대답하지 않았던 것이다. 그리고 물을 처지도 못되기 때문으로 여겼다.

이에 공자가 대답하지 않은 자로를 꾸짖으면서 인간관계에 있어 진지하게 임하라고 하면서 한 말씀이다. 따라서 공자는 자기 자신을 '그 사람됨이 아직 터득하지 못하셨거든 마음으로 통하려고 애쓰는 뜻을 내어 밥 먹는 것도 잊어버리시고, 이미 터득하셨거든 즐거운 마음으로 열심히 일하며, 근심을 잊고 살아서 그 자신이 늙어가는 줄도 모르는 사람이라고 왜 말하지 않았는가?'라고 소개하였다. 배우기를 독실함을 강조하였다.

子曰자왈, 我아(는) 非生而知之者아비생이지지자라 好古호고(하여) 敏以求之者也민이구지자야로라.

—『論語』「述而(술이)」篇 '敏求(민구)'章

[한자, 훈과 음]

'生而知之(생이지지)'는 '기질이 맑고 밝으며 의리가 밝게 드러나서, 배우기를 기다리지 않고서도 도리를 안다'는 뜻이다. '好古(호고)'는 '옛것을 배우기를 좋아한다'는 뜻이다. '敏(민)'은 '빠를 민'이고 '求(구)'는 '구할 구'이다.

[번역]

공자께서 말씀하시기를, "나는 (도리를) 나면서부터 아는 자가 아니라, 옛것을 좋아하여 민첩하게 해서 구하는 자이다."라고 하셨다.

[해설]

공자께서 스스로 나면서부터 도리를 안 자가 아니라고 하였다. 그러면서 옛것인 성현들의 도를 좋아해서 부지런히 힘써 구하기를 좋아하는 사람이라고 했던 것이다. 그런데 후대의 사람들은 공자야말로 '생이지지(生而知之)' 곧 '나면서부터 안 사람'이라고 칭했던 것이다. 아마도 당시 사람들이나 제자들이 공자의 거룩함을 보시고 나면서부터 도의를 아신 분이 아닐까 생각해서 그렇게 여겼던 것이다. 하지만 공자는 세상 사람들과 제자들에게 의리(義理)를 추구하는 학문에 부지런히 힘쓰기를 권장하기 위해 했던 것이다. 그리고 공자는 『논어』 「술이(述而)」편 '묵지(默識)'장에서 "默而識之묵이지지하며 學而不厭학이불염하며 誨人不倦회인불권이 何有於我哉하유어아재오." 곧 "말 없는 가운데 마음속에 새겨 두며 배우되 싫증내지 않으며 남을 가르치기를 게을리하지 않는 것이 나에게 있어서 그리 대단하다고 할 것이 무엇이 있단 말인가?"라고 하여, 선현들의 말씀이나 도덕을 말 없는 가운데 묵묵히 마음속에 새겨 두며 배우되 싫증 내지 않으며, 남에게 가르치고 깨우쳐 주기를 게을리하지 않는 것이 나의 전부이다. 그러니 그런 점이 나에게 대단한 일은 아닐 것이다. 남들에게도 있을 수 있는 일이기 때문이다. 그래서 배움을 싫증 내지 않고 가르치기를 게을리하지 않는 것은 자랑거리도 되지 못한다는 겸사이다.

子曰자왈, 出則事公卿출즉사공경하고 入則事父兄입즉사부형하며 喪事상사를 不敢不勉불감불면하며 不爲酒困불위주곤이 何有於我哉하유어아재오.

—『論語』「子罕(자한)」篇 '何有(하유)'章

[한자, 훈과 음]

'事(사)'는 '섬길 사'이다. '敢(감)'은 '감히 감'이고, '勉(면)'은 '힘쓸 면'이다. '困(곤)'은 '괴로울 곤'이다. '何(하)'는 '어찌 하'이고 '我(아)'는 '나 아'이며 '哉(재)'는 '어조사 재'이다.

[번역]

공자께서 말씀하시기를, "나가서는 공경(公卿)을 섬기고, 들어와서는 부형(父兄)을 섬기며, 상사(喪事)를 감히 힘쓰지 않음이 없으며, 술에 곤욕(困辱)되지 않는 것이, 나에게 있어서 대단하다고 할 것이 무엇이 있겠는가?"라고 하셨다.

[해설]

공자께서 자신의 생활 전부를 4가지로 말씀하신 것이다. 밖에 나가서는 공경(公卿)을 섬기고, 집안에 들어와서는 부형(父兄)을 섬기며, 상(喪)을 당했을 때는 정성을 다하며, 술에 취하여 곤욕을 당하지 않는 것이 네 평소 생활의 전부라고 하였다. 이 네 가지가 내가 내세울 만한 것이기에 남달리 칭송까지 받을 수 있는 일도 아니라는 것이다. 이는 누구나 행할 수 있는 것이지만, 또 쉽게 실천하기 쉽지 않다. 하지만 공자는 누구나 행할 수 있는 당연한 것들을 잊지 않고 행했던 것이다. 이런 사실을 알고 우리도 행할 수 있다면 공자와 같은 실천을 행하는 것일 것이다. 성인(聖人)이 지향한 삶은 먼 곳에 있지 않다. 이웃들에게 친절하고 남의 어려움에는 진심을 다해 함께 공감해주며 지나친 음주는 삼가는 것이다.

3. 공자의 미학사상(美學思想)

1) 정감의 진실성

공자의 미는 사람들에게 정신적, 감성적으로 즐거움을 줄 수 있는 대상으로 여겼다. 또한 공자는 인간의 감정 중 도덕적 순결성과 숭고함을 강조하였다. 그러서 공자는 예술로 표현해야 할 정감은 어느 한 종류의 정감이 아니며 보편적인 사회적 의의와 숭고한 도덕적 가치를 지닌 정감이어야 함을 역설하였다. 또한 문학을 포함한 예술적 장르는 소망뿐만 아니라 원망을 표현할 수도 있다고 하였다. 그와 같은 원망의 감정 표현에 앞서 그 감정 표현은 솔직해야 한다고 하였다. 개인의 사리사욕으로 인한 불만에서 발생하는 원망은 있을 수 없다고도 하였다.

子曰자왈, 士사가 志於道而耻惡衣惡食者지어도이치악의악식자는 未足與議也미족여의야니라.

—『論語』「里仁(이인)」篇 '志道(지도)'章

[한자, 훈과 음]

'士(사)'는 '선비 사'로 흔히 道(도)를 배워서 그 도를 실천하기 위해 벼슬길에 나아가는 사람을 일컫는 말이다. '志(지)'는 '뜻 지'이고 '耻(치)'는 '부끄럽게 여길 치'이다. '惡(악)'은 '나쁠 악'이다. '足(족)'은 '족히 족'이고 '與(여)'는 '더불어 여'이며 '議(의)'는 '의논할 의'이다.

[번역]

공자께서 말씀하시기를, "선비가 도(道)에 뜻을 두고서 나쁜 옷과 나쁜 음식을 부끄럽게 여기는 자는, 아직 족히 (그와) 더불어 도(道)를 의논할 수 없다."라고 하셨다.

[해설]

공자가 시나 문학 작품 등 예술적 장르에서 잘못을 원망할 수 있다고 하였지만, 도(道)에 뜻을 둔 선비가 허술한 옷과 거친 음식을 부끄러워하는 사람은 그와 더불어 도를 의논할 수 없다고 하였다. 이는 공자가 보기에 잘못된 행동이기에 그런 사람들은 잘못을 들어 원망을 말할 수 없다고 한 것이다.

공자는 자기를 알아주지 않는 세상에 대해서도 원망은 하지 않았다. 『논어』 「헌문(憲問)」편 '막지(莫知)'장에 "子曰자왈, 莫我知也夫막아지야부인저. 子貢자공이 曰왈, 何爲其莫知子也하위기막지자야잇고. 子曰자왈, 不怨天불원천하며 不尤人불우인이요 下學而上達하학이상달하노니 知我者지아자는 其天乎기천호인저."라고 한 부분이 있다. 곧 "공자께서 말씀하시기를, '나를 알아주는 사람이 없구나.'라고 하셨다. 자공이 말씀 드리기를, '어찌하여 (그) 선생님을 알아주는 사람이 없겠습니까?'라고 하였다. 공자께서 말씀하시기를, '하늘을 원망하지 않으며 남을 탓하지 않고, 아래로 인간사를 배워 위로 천리(天理)에 통해 가나니, 나를 알아주는 자는 (그) 하늘이라고나 할까?'라고 하셨다."로 번역된다. 세상 사람들는 공자가 덕이 있기는 한데, 세상을 안타까워하며 세상을 바로잡고자 하는 공자의 뜻을 알지 못했다. 그래서 공자는 '나를 알아주는 사람이 없다'고 자탄하신 것이다.

이 말씀에 제자 자공이 '어째서 스승님을 알아주는 사람이 없습니까?'로 질문을 한 것이다. 이에 공자가 하늘도 원망하지 않고 남을 탓하지 않는다고 하면서 진정으로 나를 알아주는 이는 하늘이라고 하였다. 이처럼 공자도 무조건 하늘을 원망하거나 남을 탓하지 않았다. 개인의 사리사욕이나 불만으로 인한 원망은 용납하지 않았다는 것이다. 하지만 공자의 이와 같은 주장은 사회적, 개인적 가치를 위해서는 사회에 대한 비판의 목소리를 낼 수도 있다는 견해이다. 다만 그것이 정감의 표현에 있어 진정성이 있어야 한다고 한 것이다. 진정성이란, 개인의 욕심을 넘어 사회를 위한 공동의 가치여야 한다는 것이다.

子曰자왈, 巧言令色교언영색이 鮮矣仁선의인이니라.

—『論語』「學而(학이)」篇 '鮮仁(선인)'章

[한자, 훈과 음]

'巧(교)'는 '좋게 한다는 교'이고, '令(령)'은 '착하게 가진다는 령'이다. '色(색)'은 '얼굴빛 색'이다. '鮮(선)'은 '드물 선'으로 사용되었다.

[번역]

공자께서 말씀하시기를, "말씀을 좋게 하고 얼굴빛을 곱게 가지는 사람이 드무니라, 어진 사람이."라고 하셨다.

[해설]

위의 공자 말씀은, 말을 듣는 사람의 입맛에 맞게 하면서 얼굴빛을 곱게 가져 일부로 착한 척하는 모습을 지칭하는 말이다. 쉽게 말하자면 아부를 일삼는 사람은 본심의 덕 곧 인(仁)을 행할 수 있는 마음이 차츰 사라지게 된다는 것이다. 그래서 외면적인 아름다움에 치중하는 사람은 진정성이 떨어진다는 것이다.

말을 공손하게 하고 얼굴빛을 곱게 가지는 것이 그다지 나쁠 것은 없다. 이왕 남을 대할 때 공손한 태도와 상냥한 말로 대하면 좋을 것이다. 다만 겉꾸밈만 전적으로 삼아 행한다면 덕행을 행할 수 있는 마음이 차츰 없어지게 되므로, 그와 같은 태도를 조심하자는 뜻에서 공자가 행하신 말씀이다.

오늘날 윗사람을 섬기거나 타인을 대할 때 어느 정도의 교언영색(巧言令色)도 필요하다. 다만 마음속에는 진정성이 담겨 있을 때 그 교언영색도 빛이 날 것이다. 이는 표현과 행동에는 언제나 진실성이 반영

되어야 한다는 논리이다. 그 진실성과 진정성을 바탕으로 했을 때, 교언영색도 필요할 것이다. 진실성은 사라지고 아첨과 아부만 난무한다면 뒤탈이 날 것이기 때문이다. 진정성 있는 마음에 약간의 겉꾸밈을 더하면 금상첨화(錦上添花)가 될 것이다. 교언영색만 전적으로 행하는 사람은 경계의 대상이 되어야 한다. 거짓이 있기 때문이다. 이런 거짓된 사람을 걸러내는 안목도 지도자의 자세인 것이다. 안목을 길러 단체나 회사 더 나아가서 우리 사회를 위한 안목을 길러야 할 것이다. 그것이 현대를 살아가는 지도자의 자세인 것이다. 이런 안목으로 보면 누가 교언영색만 일삼는지 아니면 약간의 조미료로 주변 사람들이 듣기 좋게 말을 하는지 금방 알아볼 수 있을 것이다.

2) 공자가 본 장식미

공자는 장식에 대한 미감을 드러내었다. 이런 장식미는 인간 감성에 즐거움과 혜택을 주는 것으로 파악하였다. 도가(道家)에서 인간의 형식미와 장식미는 향락과 사치의 표본이 되기에 인간이 지닌 타고난 본성을 해치는 것으로 간주한 것과는 차이가 난다.

子자가 謂衛公子荊위위공자형하사대, 善居室선거실이로다. 始有시유에 曰苟合矣왈구합의라 하고 少有소유에 曰苟完矣왈구완의라 하고 富有부유에 曰苟美矣왈구미의라 하니라.

—『論語』「子路(자로)」篇 '居室(거실)'章

[한자, 훈과 음]

'荊(형)'은 '모형나무 형'으로 '위나라 대부'를 가리킨다. '苟(구)'는 '대강 구'이며

合(합)은 '모일 합'이다. '完(완)'은 '갖출 완'이다. '富(부)'는 '넉넉할 부'이고 '美(미)'는 '아름다울 미'이다.

[번역]

공자께서 위(衛)나라의 공자(公子) '형(荊)'에 대하여 이르시기를, "그는 집에 거처하기를 잘하였다. 처음 소유할 때에 이르기를 '그런 대로 겨우 어울린다'라고 하고, 다소 갖추어졌을 때에는 '그런 대로 이만하면 갖추어졌다'라고 하였고, 넉넉하게 소유했을 때에는 '그런 대로 이만하면 아름답다.'라고 하였다."라고 하셨다.

[해설]

위의 글에서 공자는 외물로써 마음의 편안함을 가지지 않았다는 내용이다. 완전함과 아름다움을 힘써 행하면 외물에 얽매여 교만하고 인색한 마음이 생기게 된다는 것이다. 위(衛)나라 대부 형(荊)이 집을 소유함에 있어 작은 집에서 출발하여 점차 좋고 아름다운 집으로 옮겨가도 집의 크고 화려함으로써 마음의 편안함을 삼지 않아, 그 욕심이 쉽게 만족해하는 마음을 소개한 것이다. 큰 저택과 넓은 평수의 아파트에 사는 요즘, 사람들이 새겨들어야 할 말이기도 하다. 물질적 삶에 얽매여 교만하고 인색한 마음이 생겨나기 때문이다.

子曰자왈, 禹우는 吾無間然矣오무간연의로다. 菲飮食而致孝乎鬼神비음식이치효호귀신하시며 惡衣服而致美乎黻冕악의복이치미호불면하시며 卑宮室而盡力乎溝洫비궁실이진력호구혁하시니 禹우는 吾無間然矣오무간연의로다.

—『論語』「泰伯(태백)」篇 '無間(무간)'章

[한자, 훈과 음]

'禹(우)'는 '하우씨 우'로 우왕(禹王)을 이르는 말이다. '間然(간연)'은 틈이 벌어진 듯 사이가 뜬 모양이다. '間(간)'은 '틈 간'이고, '菲(비)'는 '박할 비'이다. '致孝鬼神(치효귀신)'은 '제사 받드는 것을 풍성하고 조촐하게 함'을 이르는 말이다. '衣服(의복)'은 '평상복'을 이른다. '黻(불)'은 '가죽으로 만들어진 무릎까지 가려지게 하는 옷'이다. '冕(면)'은 '공복을 입고 머리에 쓰던 면류관'을 이른다. '溝洫(구혁)'은 '논과 논 사이의 수로'이다.

[번역]

공자께서 말씀하시기를, "우(禹) 임금은 내가 틈을 내어 흠잡을 길이 없도다. 음식을 박하게 하시고 귀신에게 효도하기를 극진히 하셨으며, 의복은 검소하게 하시면서도 공복(公服)과 면류관에 아름다움을 극진히 하셨으며, 궁궐과 집을 낮게 하시고 치수(治水) 사업에는 힘을 다하였으니, 우 임금은 내가 틈을 내어 흠잡을 길이 없다."라고 하셨다.

[해설]

하(夏)나라를 건국하신 우왕(禹王)에 대한 평을 하신 내용이다. 우왕께서 평상시 음식은 소박하게 드시고 의복 또한 검소한 차림으로 박하게 하셨다는 말이다. 그러면서 종묘와 조정에 대해서는 예의를 다하였다고 했다. 조상을 위한 제사는 효도하기를 극진히 하였으며 공무를 보실 때는 예복으로써 예를 다했으며, 백성들을 위한 정책을 펼칠 때는 사시는 궁궐을 검소하게 하면서 논과 논 사이에 수로를 내어 가뭄과 홍수를 대비할 뿐만 아니라 지경과 경계를 바로 잡아 성군(聖君)의 모습을 보여주셨다.

공자가 바라본 장식미는 예의복식의 미를 강조하면서 정신적 즐거움과 관련을 맺고 있다. 물질로 인해 야기되는 교만함보다는 스스로 받들기를 박하게 하고 삼가기를 백성들을 위해 행했으며 꾸미기를 종묘제례(宗廟祭禮)와 조정의 예를 위해 행하였던 것이다. 공자가 행했던 것처럼, 자기 자신이나 우리를 위한 물질적 사치를 행하기보다는 인간 존재와 사회를 위한 아름다움을 위해 검소하고 소박한 아름다움으로 나아가야 할 것이다.

우 임금께서 행하신 자신이 먹는 음식은 박하게 하고 조상신을 모실 때는 극진히 하였으며, 자신의 의복은 검소하게 입었는데 반하여 나라에서 하사한 공복은 아름답게 입어 나라의 권위를 세웠다고 하였다. 그리고 임금이 사는 궁궐은 집을 낮게 지었고, 백성들에게 꼭 필요한 물을 관리하는 치수(治水) 사업에는 최선을 다했다고 하였다. 요즘 고위직들이 새겨들어야 할 말씀인 것이다. 이로 보아 공자가 지녔던 장식미는 물질적 풍요로움에 만족하지 못하는 요즘 사회에 필요한 장식미가 아닐까?

3) 공자의 음악미

공자는 음악에 대해서 어떻게 생각하고 있을까? 앞에서 다룬 미감처럼 즐거움과 혜택을 중시하였다.

子자가 語魯大師樂어노태사악하야 曰왈, 樂악은 其可知也기가지야이니 始作시작에 翕如也흡여야하여 從之종지에 純如也순여야하며 皦如也교여야하며 繹如也역여야하여 以成이성이니라.

—『論語』「八佾(팔일)」篇 '語樂(어악)'章

[한자, 훈과 음]

'語(어)'는 '일러줄 어'이며 '大師(태사)'는 '樂官(악관)의 이름'이다. 이때 '大'는 '클 태'로 음을 익어야 한다. '翕(흡)'은 '합할 흡'이고 '從(종)'은 '놓을 종'이며 '純(순)'은 '어울릴 순'이다. '皦(교)'는 '밝을 교'이고 '繹(역)'은 '실마리 찾을 역'이다. '成(성)'은 '음악의 한 장이 끝나는 것'을 뜻하는 말로, '마칠 終(종)'과 같은 의미로 쓰였다.

[번역]

공자께서 노(魯)나라의 태사(大師)에게 음악에 대하여 말씀하셔서 이르시기를, "음악은 그 가히 알 만하니, 처음 시작할 때에 (소리가) 합해지는 듯하여, (소리를) 풀어놓을 때에는 순수하게 하나로 어울리는 듯하며 또렷한 듯하며 실날같이 끌고 나가는 듯하여서 한 장(章)이 이루어진다."라고 하셨다.

[해설]

위의 글은 공자가 노나라 태사에게 음악에 대해서 이야기한 내용이다. 이는 공자의 음악 감상에 대한 평으로, 처음에는 관악기와 현악기 등의 악기 소리가 서로 합쳐지는 듯이 들리고, 이어서 여러 악기가 순수하게 하나로 합쳐 성음을 이루어 조화롭게 되며 서로 어울린 여러 악기의 소리가 선명하며, 음색이 맑게 전개되면서 실날같이 끊어지지 않고서 가늘게 이어진다는 것이다. 연주를 묘사한 부분으로 내용과 관련짓지 않고 심미적 면의 특징으로 음악을 파악하였다.

子자가 在齊재제하사 聞韶문소하시고 三月삼월을 不知肉味부지육미하사 曰왈, 不圖爲樂之至於斯也부도위악지지어사야호라.

—『論語』「述而(술이)」篇 '聞韶(문소)'章

[한자, 훈과 음]

'韶(소)'는 '순임금 음악 소'이다. '圖(도)'는 '의도할 도'이고 斯(사)는 '이 사'이다.

[번역]

공자께서 제(齊)나라에 계시면서 순(舜) 임금의 음악 소(韶)를 들으시고 석 달을 고기 맛을 알지 못하시면서 말씀하시기를, "음악 됨이 이 경지에 이를 줄은 생각도 못했다."라고 하셨다.

[해설]

공자께서 제나라에 머물 때 순임금의 음악 소(韶)를 듣고 미각으로 느낄 수 있는 고기 맛을 석 달 동안 느낄 수 없다고 한 것이다. 이는 심미적 아름다움이 감각적인 미를 변화시켜 아무런 맛도 느낄 수 없게 했다는 것이다. 이는 공자가 느낀 고도의 심미적 아름다움을 표현한 것이다. 이런 심미적 아름다움은 정신적인 미로 승화되어 그 감성적 미보다 심미적 아름다움을 더해준 것이다. 아름다움은 눈으로 보는 아름다움보다 마음으로 느끼는 아름다움이 훨씬 좋다는 말이다.

子자가 謂韶위소하시되 盡美矣진미의요 又盡善也우진선야라 하시고 謂武위무하사대 盡美矣진미의요 未盡善也미진선야라 하시다.

—『論語』「八佾(팔일)」篇 '韶武(소무)'章

[한자, 훈과 음]

'韶(소)'는 '순임금 음악 소'이고 '武(무)'는 '무왕의 음악 무'이다. '美(미)'는 '소리나 용모의 성대함'을 뜻하는 글자이고, '善(선)'은 '아름다운 내용'을 뜻하는 한자이다. '盡(진)'은 '정성을 다할 진'이다.

[번역]

공자께서 순(舜) 임금의 음악 '소(韶)'에 대하여 이르시기를, "극진히 아름답고 또 내용이 극진히 좋다."라고 하시고, 무왕의 음악 '무(武)'에 대하여 이르시기를, "극진히 아름답지만 내용이 다 좋지는 않다."라고 하셨다.

[해설]

공자는 순임금의 음악인 '소(韶)'를 '진미(盡美)'와 '진선(盡善)'하다고 하였다. 그리고 주(周)나라를 무력으로 통일한 무왕의 음악인 '무(武)'에 대해서는 '진미(盡美)'하기는 하지만 '진선(盡善)'하지는 않다고 하였다. 이는 순임금의 음악은 형식이 아름다우면서 내용도 좋다는 것이다. 하지만 무왕의 음악은 형식은 아름다운데 내용이 극진하지 못하다는 평을 하였다. 순임금께서는 요임금으로부터 왕위를 선양(禪讓)받으시고 잘 다스려 태평한 시대를 이루었지만, 무왕은 은(殷)나라 마지막 왕인 주왕(紂王)을 무력으로 정벌하고 백성들을 구제하였기에 그 순서가 뒤바뀌어 행해졌다는 것이다. 순임금처럼 겸손해하시면서 천하를 차지하여야 했는데, 무왕은 성(性)대로 하신 순임금의 방법을 따르지 않고 정벌과 주살로써 천하를 얻어 부득이 어진 정사를 베풀어 백성들을 따르도록 하였기에 그 실속이 같지 않다는 것이다. 공자의 미(美)에 대한 관점을 읽을 수 있는 부분이다. 따라서 진선(眞善)하지는 못해도 진미(眞美)할 수는 있다는 공자의 미(美)에 대한 관점으로, 미(美)와 선(善)은 일치하지 않음을 알 수 있다.

공자는 "사람으로서 어질지[仁하지] 못하면 음악이 있은들 무슨 소용이 있겠는가?"[5]라고 했는데, 이는 사람이 어질지 못하면 음악이 제대로 쓰일 수 없다는 것이다. 결국 음악도 인(仁)을 표현할 때에야 비로소 가치가 있다는 것이다. 오늘날 음악에 종사하는 사람들이 새겨들어야 할 부분이다. 오늘날 음악은 성정(性情)을 순화시키는 데 이바지하기보다는 쾌락을 위해 존재하는 음악처럼 느껴지기 때문이다. 따라서 공자는 『시경』 「관저」장을 논평하는 말씀이기는 해도 『시경』 시 전체를 논평하는 말씀에서 음악은 "즐거워하면서도 넘치지 않고, 슬퍼하면서도 마음을 상하지는 않는 것이다."[6]라고 하여, 미감에 절제를 통한 중정(中正)한 아름다움을 제시하였다. 즐거워하되 즐거워하는 마음이 도리에 넘치지 않고 슬퍼하더라도 그 슬퍼하는 속마음을 해쳐서 몸과 마음을 상하게 하면 안 된다는 것이다. 따라서 공자는 인(仁)하지 못하거나 감정이 지나치게 넘치면 음악도 의미가 없다고 했다. 쾌락을 좇는 오늘날 우리 음악이 어디로 가야 할 것인지 그 방향성을 제시해 주는 듯하다. 사람이 사람다운 구실을 하지 못할 때 그 음악도 아무 소용이 없기 때문이다. 순리를 따라 성정(性情)을 순화할 수 있는 진선(眞善)의 음악이 필요한 시대이다.

---

5) 『論語』 「八佾」篇 '禮樂'章. "人而不仁이면 如樂에 何오."

6) 『論語』 「八佾」篇 '關雎'章. "樂而不淫하고 哀而不傷이니라."

4. 안빈낙도(安貧樂道)의 삶

안빈낙도(安貧樂道)란, 가난한 생활을 마음 편히 여기고 학문의 도를 즐긴다는 말이다. 가난한 삶을 살면서도 학문의 즐거움을 누리던 안회(顔回)의 삶을 이르는 말일 수도 있다. 『논어』「옹야(雍也)」편 '호학(好學)'장에, 노(魯)나라 애공(哀公)이 공자에게 '제자 중에 누가 배우기를 좋아하는 사람입니까?'로 묻는 장면이 있다. 이에 공자는 "안회(顔回)라는 자가 배우기를 좋아하여, 노여움을 옮기지 않으며 제 허물에 대한 판단이 갈래나지 않고 분명하더니, 불행히도 명이 짧아 죽었는지라 지금은 없사오니, 배우기를 좋아한다는 자를 아직 듣지 못하겠습니다."[7]라고 대답한 것이다. 안회(안연)와 같이 물질적인 삶에 얽매이지 않고 학문의 도를 즐길 수 있는 삶이 안빈낙도(安貧樂道)의 삶이라는 말이다. 공자가 중시한 즐거움은 외부 곧 물질적 만족이 아니라 내부 인간이 지닌 내재적 감정에서 느낄 때 오는 자각적인 깨달음이었다.

子曰자왈, 知之者지지자가 不如好之者불여호지자요 好之者호지자가 不如樂之者불여낙지자이니라.

—『論語』「雍也(옹야)」篇 '知之(지지)'章

[한자, 훈과 음]

'知(지)'는 '알 지'이고 '者(자)'는 '사람 자'이다. '好(호)'는 '좋을 호'이고 '樂(낙)'은 '즐길 낙'이다.

---

7) 『論語』「雍也」篇 '好學'章. "有顔回者가 好學하여 不遷怒하며 不貳過하더니 不幸短命死矣라 今也則亡(무)하니, 未聞好學者也케이다."

[번역]

공자께서 말씀하시기를, "(도를) 아는 것이 좋아하는 것만 못하고 좋아하는 것이 즐기는 것만 못하다."라고 하셨다.

[해설]

여기서도 공자는 인간의 내재적 정감상의 자각적인 요구를 하였다. 학문의 도가 무엇인지를 아는 자는 학문의 도를 좋아하는 것만 못하고 학문의 도를 좋아하는 자는 학문의 도로만 즐거움을 삼는 자만 못하다는 것이다. '호(好)'는 일시적인 흥취에서 비롯된다면 '낙(樂)'은 마음속으로부터의 만족에서 오는 것으로, 외부 환경의 작동에 변화하지 않기 때문이다. 안회(안연)의 즐거움은 바로 이 즐거움에서 오는 것이다. 모든 것을 즐기면서 행하자, 그러면 이길 자가 없다.

子曰자왈, 賢哉현재라 回也회야여. 一簞食일단사와 一瓢飮일표음으로 在陋巷재누항에 人不堪其憂인불감기우어늘 回也회야가 不改其樂불개기락하니 賢哉현재라 回也회야여.

—『論語』「雍也」篇 '陋巷(누항)'章

[한자, 훈과 음]

'賢(현)'은 '어질 현'이고 '哉(재)'는 '어조사 재'이다. '回(회)'는 '돌 회'로 '안회'를 가리키는 말이다. 안회(顔回)의 자(字)는 자연(子淵)이다. "안자연(顔子淵)"을 공자(孔子)는 "子淵"에서 "淵"자만 따서 안연(顔淵)이라고 칭했다. '簞(단)'은 '대나무 그릇 단'이고 '食(사)'는 '밥 사'이다. '一簞食(일단사)'는 '한 바구니의 밥' 또는 '도시락 밥'이라는 뜻이다. '瓢(표)'는 '표주박 표'이고 '飮(음)'은 '마실 음'이다. '一瓢飮(일표음)'은 '한 표주박의 마실 물'을 뜻한다. '陋(누)'는 '누추할 누'이고 '巷(항)'은

'거리 항'이다. '堪(감)'은 '견딜 감'이고 '憂(우)'는 '근심할 우'이다. '樂(락)'은 '즐거워할 락'이다.

[번역]

공자께서 말씀하시기를, "어질도다, 안회여. 한 바구니 밥과 한 표주박의 마실 것으로 누추한 시골 거리에 서 있음에 남들은 그 근심을 이기지 못하거늘, 안회가 그 즐거움을 고치지 않으니, 어질도다, 안회여."라고 하셨다.

[해설]

안회의 가난함이 주먹밥과 찬물뿐이지만 그곳에 처하기를 태연하게 하여 그 학문의 즐거움을 해치지 않았으니, 공자께서 어질다고 감탄한 것이다. 가난한 삶 속에서 학문의 도를 추구하기 쉽지 않기 때문일 것이다. 호구지책(糊口之策)도 면하지 못하면서 공부한다고 늘 책만 끼고 있다고 생각해 보자. 주변에서 어떻게 생각할까?

子曰자왈, 飯疏食飮水반소사음수하고 曲肱而枕之곡굉이침지라도 樂亦在其中矣낙역재기중의니 不義而富且貴불의이부차귀는 於我어아에 如浮雲여부운이니라.

—『論語』「述而」篇 '疏水(소수)'章

[한자, 훈과 음]

'飯(반)'은 '밥 반'이고 '疏(소)'는 '거칠 소'이다. '食(사)'는 '밥 사'이고 '飮(음)'은 '마실 음'이다. '疏食(소사)'는 '거친 밥'이라는 뜻이다. '曲(곡)'은 '굽을 곡'이고 '肱(굉)'은 '팔뚝 굉'이며 '枕(침)'은 '베개 침'이다. '樂(낙)'은 '즐거울 낙'이고 '在(재)'는

'있을 재'이다. '義(의)'는 '의로울 의'이고 '富(부)'는 '재물 부'이며 '貴(귀)'는 '귀할 귀'이다. '浮(부)'는 '뜰 부'이고 '雲(운)'은 '구름 운'이다.

[번역]

공자께서 말씀하시기를, "거친 밥을 먹고 물을 마시며 팔뚝을 굽혀 베더라도 마음속의 즐거움이 또한 그 가운데에 있으니, 의(義)롭지 못하고서도 부자가 되고 또 귀한 존재가 되는 것은 나에게 있어서 마치 뜬구름과 같다."라고 하셨다.

[해설]

나물 먹고 물 마시고 팔을 베고 눕더라도 대장부 살림살이 이만하면 족할지라도 그 학문의 즐거움은 바꿀 수 없으며, 의롭지 못한 채로 부귀에 처하는 것을 가볍게 보기를 마치 뜬구름과 같은 듯이 하였다. 구전되는 민요 중에 '나물 먹고 물 마시고 하늘을 이불 삼아 팔베개를 하고 눕더라도 대장부의 살림살이가 이만하면 족하다.'고 한 내용과 같다. 가난한 삶에 처해도 도를 추구하는 마음을 잃지 않는 것이 선비정신일 것이다. 이런 선비정신의 일면이 우리 서민들의 의식 속에서도 살아 있어 이런 노래가 유행했을 것이다. 정당한 부귀는 결코 나쁠 것이 없다. 하지만 의롭지 못한 부귀에 처하는 것은 마치 뜬구름 같은 것이다.

진정한 도를 행하고 실천하게 되면 우리 사회에 도움이 되는 삶이 될 것이다. 그러면 만인이 우러러보게 될 것이다. 이런 삶이 안빈낙도의 삶인 것이다. 물질적으로 가난하다고 한탄하지 말고 그 속에서 학문의 도를 즐기면서 지역 사회에 모범이 되게 하자. 그러면 지역 사회는 물론 세상 사람들이 저절로 본받게 될 것이다. 가난해도 도의에서 벗어나지 않는 참된 삶을 영위하여 자기 자신과 사회 발전을 꾀하며 적극적으로 노력하는 삶을 살 때 진정한 안빈낙도의 삶이 될 것이기 때문이다. 아무 노력도 하지 않은 채 가난한 삶 그 자체를 벗어나고자 노력하지 않는 것은 공자가 말한 진정한 안빈낙도가 아닐 것이다. 누구나 다 가난한 삶은 싫어한다. 그래서 그 가난한 삶을 벗어나고자 노력해야 한다는 것이다. 그것도 부정한 방법이 아니라 정당한 방법으로 말이다. 그렇게 노력해도 시대적 운수가 맞지 않아 그 가난한 삶에서 벗어나지 못할 경우 그 같은 어려운 상황을 벗어나고자 발버둥 치다가 더욱 나쁜 길로 떨어질 것이 아니라 그 주어진 삶을 즐기라는 것이다. 그 즐기는 삶으로는 자신이 잘할 수 있는 것을 행하면서 자신에게 이로울 뿐만 아니라 지역사회에도 이바지하는 것이다. 그것이 공자가 말한 빈이락(貧而樂)이면서 안빈낙도(安貧樂道)의 삶인 것이다.

子貢자공이 曰왈, 貧而無諂빈이무첨하며 富而無驕부이무교면 何如하여하니잇고. 子曰, 可也가야이나 未若貧而樂미약빈이락하며 富而好禮者也부이호예자야니라.

子貢자공이 曰왈, 詩云시운 如切如磋여절여차하며 如琢如磨여탁여마라하니 其斯之謂與기사지위여인저. 子曰, 賜也사야는 始可與言詩已矣시가여언시이의로다. 告諸往而知來者소저왕이지래자오녀.

—『論語』「學而」篇 '貧富(빈부)'章

[한자, 훈과 음]

'子貢(자공)'은 공자 제자로, 姓名(성명)이 端木(단목) 賜(사)이고 字(자)가 子貢(자공)이다. 노나라와 위나라에서 재상을 지냈으며 무역에 소질이 있어 스승인 공자를 경제적으로 도왔다. '貧(빈)'은 '가난할 빈'이고 '諂(첨)'은 '아첨할 첨'이다. '富(부)'는 '재물 부'이고 '驕(교)'는 '교만할 교'이다. '何(하)'는, '어찌 하'로 의문사이고 '如(여)'는 '같을 여'로, 흔히 '~와 같다'는 뜻을 보태 주는 어조사로 쓰인 글자이다. '何如(하여)'는 그 두 글자가 합쳐져서 이루어진 '의문사'로 '어떠한가?'의 의미이다. '未若(미약)'은, '아직 아니다'라는 뜻을 지닌 '未(미)'와 '~와 같다'는 뜻을 지닌 '若(약)'이 합쳐진 것으로, '아직 ~하는 것[자]만 못하다'로 풀이되는, 관용적(慣用的) 표현이다. '切(절)'은 '끊을 절'이고 '磋(차)'는 '갈 차'이다. '琢(탁)'은 '쫄 탁'이고 '磨(마)'는 '갈 마'이다. '告(고)'는 '알릴 고'이고 '諸(저)'는 '어조사 저'이며 '來(래)'는 '올 래'이다.

[번역]

자공이 말씀드리기를, "가난하면서도 아첨하지 않으며, 부자이면서도 교만 부리지 않으면, 어떠하겠습니까?"라고 하니, 공자께서 말씀하시기를, "좋은 일이기는 하나, 가난하면서도 (도를) 즐기며 부자이면서도 예(禮)를 좋아하는 것만 못하다."라고 하셨다.

자공이 말씀드리기를, "『시경』 시에 이르기를, 마치 오리는 듯 가는 듯이 하며 마치 쪼는 듯 가는 듯이 한다고 하였으니, 그 (바로) 이런 경우를 두고 이른 말인가 보군요?"라고 하였다. 공자께서 말씀하시기를, "사(賜, 자공)는 비로소 가히 더불어 시(詩)를 말할 수 있게 되었구나! 지나간 것을 일러 주었더니, 앞으로 올 것을 아는구나!"라고 하셨다.

[해설]

앞 구절에서의 '자공'의 질문에 있는 "貧而無諂빈이무첨, 富而無驕부이무교."의 경지도 평범한 사람으로서는 도달하기 어려운 훌륭한 경지이다. 가난한 사람은 으레 아첨하기 쉬운 법이며, 부자인 사람은 또한 교만 부리기 쉬운 법이다. 그러기에 가난하면서도 아첨하지 않고 부자이면서도 교만 부리지 않는다는 것은, 참된 사람에 가깝거나 매우 훌륭한 인격을 보여주는 사람에게 있을 법한, 결코 쉽지 않은 일이다. 그러므로 자공(단목사)은, 자기 자신이 평소에 그런 사람이 되고 싶었을 것이며, 또한 자공 스스로가 생각하기에도 자기 자신이 그런 사람일 것으로 자부했을 것이다. 그러기에 선생님의 칭찬을 듣고 싶어 그와 같이 질문을 한 것이다.

그러나 선생님의 가르침은, 그만하면 훌륭하다고 칭찬해주실 것으로 기대했던 자공에게는 뜻밖의 큰 가르침이었다. 그러나 선생님께서는 일단, '좋은 일이다.' 또는 '될 법한 일이다.'라는 뜻의 말씀으로써 그 훌륭한 점을 어느 정도 칭찬을 해주시기는 하면서도, 지극히 참된 학문과 인생의 경지를 제시하여 깨우쳐 주셨던 것이다.

공자는 위의 말씀에서 제자 자공에게 "未若貧而樂미약빈이락, 富而好禮者也부이호례자야."라는 말씀으로써, 가난하면서도 언제나 낙천적인 자세를 잃지 않고서 '학문의 도' 곧 '인생의 도'를 즐기며 부자이면서도 그 부(富)를 써야 할 곳에 쓸 줄 알아 예(禮)를 좋아하는 것만은 못하다는 가르침을 내렸다.

'빈이락(貧而樂)'은, 가난하면서도 학문과 인생의 도를 즐긴다는 말인데, 흔히 쓰이는 '안빈낙도(安貧樂道)'라는 말 또한 그와 같은 뜻에서 생긴 말이다. 그런데 그 '안빈낙도(安貧樂道)'라는 말뜻이 종종 오해되는 것을 보게 된다. 그 말은, 일부러 가난한 것을 좋아하거나 가난한 것을 마음 편히 여기고 즐긴다는 뜻에서 생긴 말이 아니다. 열심히 참되게 살려고 노력해도 어쩔 수 없이 가난해졌을 때, 그 가난함을 벗어나고자 애써 도리에 맞지 않는 행위를 하지 않고, 자기가 처한 그 가난함을 마음 편히 여기며 학문과 인생의 참된 도를 추구하고 즐긴다는 뜻의 말이다.

그러므로 '가난하면서도 아첨하지 않으며, 부자이면서도 교만 부리지 않는다'는 뜻의 자공의 말씀 "貧而無諂빈이무첨, 富而無驕부이무교."의 경지와, '가난하면서도 도를 즐기며 부자이면서도 예를 좋아한다'는 뜻의 공자의 말씀 "貧而樂빈이락, 富而好禮부이호례."의 경지는, 천양지차(天壤之差)를 보여준다고 하겠다.

뒷 구절에서의 자공의 질문 중에 『시경(詩經)』 시(詩)에서 인용한 '如切如磋여절여차, 如琢如磨여탁여마.'[8)]라는 말로부터 '갈고 닦으며 끊임없이 노력하는 학문의 정성된 경지'를 일컫는 '절차탁마(切磋琢磨)'라는 말이 생겨났다. 중국 춘추(春秋)시대 위(衛)나라의 백성들이 임금 무공(武公)의 모습을 흠모한 노래에 나오는 『시경』 구절인데, 갈고 닦아 그처럼 거룩한 모습과 훌륭한 인품을 지니게 된 것이 아닌가 하고 찬탄한 구절이 바로 '如切如磋여절여차, 如琢如磨여탁여마.'이다. 이 구절 앞의 '시운(詩云)'과 같은 말에서의 '시(詩)'라는 말은, 으레 『시경』 시를 일컫는 말이다.

'절(切)'은, 칼로 '자르거나' 가위로 '오리거나' 톱으로 '써는' 것을 뜻하는 글자이다. '차(磋)'는, '갈거나' 주칼 등으로 '쓰는' 것을 뜻하는 글자이다. 말하자면 '절(切)'과 '차(磋)'는, 옥석(玉石)보다는 덜 단단하고 다소 무르다고 할 짐승의 뼈나 뿔을 다스리는 자 곧 '치골각자(治骨角者)'가 그와 같은 재료로써 만들고자 하는 그릇을 만들 때의 일하는 방법을 표현한 글자들이다. '절(切)'이 '겉다듬이' 과정이라면 '차(磋)'는 그 다음 단계에서의 보다 정성되게 다듬는 과정인 것이다.

그리고 '탁(琢)'과 '마(磨)'는, 단단한 옥석을 다스리는 자 곧 '치옥석

8) 『詩經』 卷第三 「衛風」 '淇奧'章 참조.

자(治玉石者)'가 옥석으로써 만들고자 하는 그릇을 만들 때의 일하는 방법을 표현한 글자들인데, '탁(琢)'은 '쪼는' 것을 뜻하는 글자이며 '마(磨)'는 '가는' 것을 뜻하는 글자이다. 옥석같이 매우 단단한 것을 다스리자면, 끌로 쪼지도 않고 대번에 갈기가 매우 어렵다. 따라서 '겉다듬이' 과정으로서의 쪼는 과정을 먼저 하고 나서 그보다 더욱 정성되게 다듬는 과정으로서의 가는 작업을 행해야 하는 것이다.

자공(단목사)은 공자의 말씀을 통해 '절차탁마(切磋琢磨)'로 '학문의 과정'과 '학문의 정성된 경지'를 알게 되었다고 한 것이다. 이는 '하나를 들으면 둘을 안다' 곧 '문일지이(聞一知二)'라는 자공의 깨달음이다. 원래 문일지이(聞一知二)는 『논어』 「공야장(公冶長)」편 '숙유(孰愈)'장에 나오는 말이다. 공자는 자공이 자기 자신을 얼마나 알고 있는가를 알기 위해, "너(자공)와 안회 중에 누가 더 나으냐?"[9]라고 물었다. 이에 자공이 대답하기를 "저 사(賜)는 어찌 감히 안회를 바라볼 수나 있겠습니까? 안회는 하나를 들어서 열을 알고, 저 사(賜)는 하나를 들어서 둘을 압니다."[10]라고 한 것이다. 그 대답을 들은 공자는 "너나 나나 안회만 못하다."[11]고 답하였다. 공자가 잠깐 자신을 스스로 낮춤으로써 자공의 벗 안회를 추어주는 동시에 자공을 위안해 주는 말씀이 된 것이다. 성인(聖人)인 공자가 제자를 위하는 마음까지도 알게 한다. 이처럼 문일지십(聞一知十)과 문일지이(聞一知二)가 모두 공자와 자공의 대화에서 나온 것이다.

---

9) 『論語』 「公冶長」篇 '孰愈'章. "女가 與回也로 孰愈오."

10) 앞의 책. "賜也는 何敢望回리잇고 回也는 聞一以知十하고 賜也는 聞一以知二하노이다."

11) 위의 책. "吾가 與女로 弗如也니라."

5. 어떤 사람이 선비인가?

선비의 개념을 나타내는 말에는 '사(士)'와 '유(儒)' 두 한자가 있다. '사(士)'와 '유(儒)' 모두 도(道)를 배우고 행하며 벼슬한다든지 하여 세상에 도(道)를 펴는 것을 목표로 한다는 점에서는 공통점이 있다. 『논어』에서 공자는 어떤 사람을 선비라고 했을까? 『논어』「자로(子路)」편 '절시(切偲)'장에는 자로가 선비의 자질에 관해 여쭈는 장면이 있다. 살펴보자.

子路자로가 問曰문왈, 何如하여라야 斯可謂之士矣사가위지사의니잇고. 子曰자왈, 切切偲偲절절시시하며 怡怡如也이이여야면 可謂士矣가위사의니 朋友붕우엔 切切偲偲절절시시요 兄弟형제엔 怡怡이이니라.

—『論語』「子路(자로)」篇 '切偲(절시)'章

[한자, 훈과 음]

'切(절)'은 '간곡할 절'이다. '切切(절절)'은 '간곡하고 정성스럽다'의 의미로 사용되었다. '偲(시)'는 '자상하게 責善(책선)할 시'이다. '偲偲(시시)'는 '자상하고 힘써 준다는 의미로 친구 간에 잘되기를 바라는 충고의 말'이라는 뜻이다. 責善(책선)은 잘 되기를 바라는 마음으로 충고하는 말을 의미한다. '怡(이)'는 '온화할 이'로, '怡怡(이이)'는 '화락하고 기뻐한다'는 말이다.

[번역]

자로가, "어떠하여야 이에 '선비'라고 이를 수 있겠습니까?"라고 여쭈니, 공자께서 말씀하시기를, "간곡하고 자상하며 온화하면 가히 '선비'라고 이를 만할 것이니, 벗을 사귐에는 간곡하면서도 자상해야 하고 형제간에는 온화해야 한다."라고 하셨다.

[해설]

여기서의 '사(士)'는, 벼슬할 자질을 갖춘 '선비'를 의미하는 말이다. 공자가 제자인 자로에게 인인시교(因人施敎)의 교육 방법으로 선비의 자질을 말씀한 것이다. 다시 말하자면, 자로에게 부족한 바를 일러주신 것이다. '절절(切切)'은 친구 간에 충고하는 태도가 간곡한 것을 뜻하는 말이며, '시시(偲偲)'는 자상하게 책선(責善)한다는 것을 뜻하는 말이다. 평상시 자로가 남을 대할 때 간곡하고 자상하며 온화한 모습이 부족했기에 그런 가르침을 내렸던 것이다. 그러면서 친구와 형제간에 취해야 할 태도도 아울러 일러 주셨다. 형제끼리도 지나치게 책선(責善) 곧 잘되기를 바라는 뜻에서 착한 길로 인도하는 충고의 말을 해주는 것이 지나치면 형제간의 정을 해칠 수 있다는 말이다. 부자지간(父子之間)에도 마찬가지이다. 잘되기를 바라는 뜻에서 충고의 말을 하지만 듣는 편에서는 불편할 수도 있다. 상대방의 기분을 살피면서 조언을 하는 것도 필요할 것이다. '듣기 좋은 말도 한두 번'이라는 격언이 있지 않는가?

요즘 아버지와 아들 간의 갈등으로 집안 분위기가 냉랭한 경우가 있다. 아버지 편에서는 책선이라고 생각하지만, 듣는 아들 쪽은 잔소리로 들리기 때문이다. 요즘 세태 말로, 지나치게 잔소리하는 어른을 '꼰대'라고 한다. 꼭 충고의 말을 하고 싶다면, 간곡하면서 자상하고 온화한 모습을 갖추어 진심을 전하고자 하면 듣는 아들도 감동받아 충고의 말을 새겨들을 수 있을 것이다. 기분에 따라 자녀들에게 충고한다고 불쑥불쑥 지적질 하지 말고 정성된 마음을 담아 진정성으로 조언하여, 최소한 꼰대 소리는 듣지 않아야 할 것이다.

子曰자왈, 士사가 志於道而恥惡衣惡食者지어도이치악의악식자는 未足與議也미족여의야니라.

—『論語』「里仁(이인)」篇 '志道(지도)'章

[한자, 훈과 음]

'恥(치)'는 '부끄러워할 치'이고, '惡(악)'은 '좋지 못할 악'이다. '足(족)'은 '족히 족'이고 '與(여)'는 '더불어 여'이며 '議(의)'는 '의논할 의'이다.

[번역]

공자께서 말씀하시기를, "선비가 도(道)에 뜻을 두고서도 나쁜 옷과 나쁜 음식을 부끄럽게 여기는 자는, 아직 족히 더불어 도(道)를 의논할 수 없다."라고 하셨다.

[해설]

원래 선비는 도(道)에 뜻을 두는 사람이다. 도(道)에 뜻을 두었으면서도 도를 배우는 사람을 뜻한다. 공자가 말씀한 대로 선비는 도(道)에 뜻을 둔 사람으로서 혹시라도 헐은 옷이나 거친 음식을 부끄럽게 여긴다면 그런 삶과는 족히 더불어 인생의 도와 학문의 도를 논할 수 없다는 것이다. '도(道)에 뜻을 두고서도 마음이 외물(外物)에 부림을 당한다면 어찌 진정한 도를 의논할 수 있을 것인가?'로 의문을 드러내었다.

子張자장이 曰왈, 士사가 見危견위(하여는) 致命치명하며 見得견득(하여는) 思義사의하며 祭제(에) 思敬사경하며 喪상(에) 思哀사애면 其可已矣기가이의니라.

—『論語』「子張(자장)」篇 '致命(치명)'章

[한자, 훈과 음]

'見(견)'은 '볼 견'이고, '危(위)'는 '위태할 위'이다. '致(치)'는 '바칠 치'이며 '得(득)'은 '얻을 득'이다. '思(사)'는 '생각할 사'이고 '義(의)'는 '의리 의'이다. '祭(제)'는 '제사 제'이고 '敬(경)'은 '공경할 경'이다. '喪(상)'은 '죽을 상'이고 '哀(애)'는 '슬플 애'이며 '可(가)'는 '괜찮을 가'이다.

[번역]

자장이 말하기를, "선비가 위태로움을 보거든 목숨을 바치며, 이득을 보거든 의(義)를 생각하며, 제사에는 공경히 할 것을 생각하며, 상(喪)을 당해서는 슬퍼할 것을 생각한다면, 그 가(可)할 따름이다."라고 하였다.

[해설]

여기서는 공자의 제자 자장(子張, 전손사)이 선비의 태도 네 가지를 밝힌 곳이다. 국가와 민족이 위태로움에 처하면 목숨을 바칠 듯이 적극적으로 임하고, 이익을 보거든 먼저 의로울 것을 생각하며, 조상을 모시는 제사는 공경히 하고, 상(喪)을 당해서는 슬퍼함을 먼저 생각해야 한다는 것이다. 이 네 가지가 선비로서 몸을 세우는 큰 절목이고, 하나라도 지극하지 못한 것이 있다면 그 나머지는 볼 만한 것이 없다는 것이다.

사(士)는 도를 배워서 관직에 나아가는 사람을 일반적으로 일컫는 사람을 지칭하는 말로 광의의 선비를 지칭하는 말이라고 할 수 있다. 이에 유(儒)는 선비 공부 또는 공자의 도를 배우는 선비라는 의미에서 사(士)로서의 구체적인 학문의 방향까지도 아울러 제시하는 뜻을 지닌 말이라 하겠다. 다시 말하자면, 유자(儒者)가 생각하는 바람직한 선비로서의 사(士)란 곧 유(儒)를 의미하는 것이므로, 유자(儒者)의 관점에서 보자면, 유(儒)가 곧 사(士)요, 사(士)가 곧 유(儒)라고 할 수 있다. 그러나 유(儒)가 아닌 선비에 대해서나 유(儒)가 아닌 선비에 의해서도 사(士)라는 말은 두루 쓰일 수 있었기 때문에, 유(儒)는 사(士)이지만 사(士)라고 하여 모두가 유(儒)라고 할 수는 없다는 점에서 사(士)와 유(儒)는 개념이 거의 일치하면서도 다소 차이가 나는 말이다.[12)]

오늘날 관점에서 선비에 해당되는 인물군은 어떤 부류일까? 아마도 군자(君子)와 같은 분이라고 할 수 있을 것이다. 도(道)로써 이루어지고 덕(德)으로써 만인 앞에 우뚝 선 분이 군자이다. 조선 후기 연암(燕巖) 박지원(朴趾源)은 "독서하는 사람을 사(士)라 이르고 정치에 종사하면 대부(大夫)라 하고 덕이 있으면 군자라고 한다."[13)]고 하여, 도(道)에 뜻을 두고 덕이 있는 사람이 선비이면서 군자임을 밝혔다. 그리고 『논어』 「태백(泰伯)」편 '홍의(弘毅)'장의 증자(曾子) 말씀에 "士不可以不弘毅사불가이불홍의이니, 任重而道遠임중이도원니라." 곧 "선비가 도량(度量)이 크고 넓으며 뜻이 굳세지 않아서는 안 되니, 짐은 무겁고 길이 멀기 때문이니라."[14)]고 하였는데, 여기서는 인(仁)을 행하고 세상을 밝히는 것을 자기의 책임으로 삼아서 죽는 날까지 그 뜻을 포기하지 않는 '선비'라는 뜻에서 이와 같은 '사(士)'라는 말이 쓰인 것이다.

따라서 오늘날 선비 곧 군자에 해당하는 사람은 일단 인격적으로 완성된 분이어야 할 것 같다. 주변의 모든 분들께 존경받고 바른 소리를 낼 수 있는 인물이어야 한다는 것이다. 자기의 이익만을 앞세우는 졸장부가 아니라 우리 공동의 목표인 사회적 가치를 위해 목소리를

---

12) 鄭堯一, 『漢文學의 硏究와 解釋』(一潮閣, 2000), 18~19쪽 참조.

13) 朴趾源, 『燕巖集』 卷之八 「兩班傳」. "讀書曰士, 從政爲大夫, 有德爲君子."

14) 『論語』 「泰伯」篇 '弘毅'章.

낼 수 있는 인물, 그런 인물이 요즘 사회의 선비상이라고 할 수 있다. 밤낮 우리 사회의 참된 가치를 위해 목소리를 내고 있는 참된 시민 단체의 여러분들이 21세기의 선비상이다. 또한 우리 사회에 소외된 계층을 위해 불철주야(不撤晝夜) 봉사하는 자원봉사 단체도 진정한 선비 상이 될 것이다. 개인적으로는 조직의 비리를 고발하는 용기 있는 분, 보이지 않은 곳에서 이웃들에게 도움의 손길을 내미는 기부자들을 선비라 칭해도 좋을 것이다.

6. 군자(君子)란?

군자(君子)는 학도지인(學道之人) 곧 도(道)에 뜻을 두고서 배워 나가고 실천해 나가는 사람을 뜻하는 말이다. 그 군자에 대해서 알아보자.

子曰자왈, 君子군자가 義以爲質의이위질이요 禮以行之예이행지하며 孫以出之손이출지하며 信以成之신이성지하나니 君子哉군자재라.

—『論語』「衛靈公(위령공)」篇 '義質(의질)'章

[한자, 훈과 음]

'義(의)'는 '의로울 의'이고 '質(질)'은 '바탕 질'이다. '禮(예)'는 '예절 예'이고 '行(행)'은 '행할 행'이다. '孫(손)'은 '겸손할 손'이고 '出(출)'은 '날 출'이다. '信(신)'은 '믿을 신'이고 '成(성)'은 '이룰 성'이다.

[번역]

공자께서 말씀하시기를, "군자는 의(義)로써 바탕삼고, 예(禮)로써 행하며, 겸손함으로써 (말을) 내놓고, 믿음성으로써 (매사를) 이루나니, (그렇게 한다면) 군자다운 사람이다."라고 하셨다.

[해설]

'의(義)'는, 모든 일의 근본이기에, 바탕삼아야 한다. '예(禮)'는, 매사를 행하는 절도(節度)와 문채(文采)이니, 줄기 삼아서 행해야 한다. '손(孫)'은, 말을 내는 데에 반드시 한 발자국 물러나 겸손한 태도를 지니기는 하되, 말할 책임이 있을 경우에 마땅히 적극적으로 나서서 분명히 말해야 할 것이다. '신(信)'은, '믿음성' 곧 '신뢰감'을 뜻하는 글자이니, 매사를 이루는 데 반드시 성실한 자세로 믿음성 있게 하는 것이 군자(君子)의 도리이기에 쓰인 말이다.

의(義)·예(禮)·손(孫)·신(信)자들을 문장 앞에 내세운 것은 글자의 의미를 강조하기 위해서이다. 이처럼 군자는 의(義)를 바탕 삼아서 예의에 벗어나지 않는 행동을 하면서 늘 겸손한 태도를 지니고 믿음 있는 행동을 행한다. 이와 같은 군자의 행동을 취하는 사람이 오늘날 우리 주변의 지도자급일 것이다. 지도자가 되기 위해서는 평소에 어떤 삶을 살아야 하는지 그 지침을 보여준다.

子曰자왈, 君子군자는 病無能焉병무능언이요, 不病人之不己知也불병인지불기지야니라.

—『論語』「衛靈公」篇 '無能(무능)'章

[한자, 훈과 음]

'병(病)'은 '마음의 병으로 여길 병'이고 '능(能)'은 '능할 능'이다. '기(己)'는 '자기 기'이다.

[번역]

공자께서 말씀하시기를, "군자는 자기가 능력이 없는 것을 마음의 병으로 여기고, 남이 자기를 알아주지 못함을 병으로 여기지 않는다." 라고 하셨다.

[해설]

내가 능력이나 재주가 없는 것을 걱정할 일이지 남이 알아주고 안 알아주는 것과는 관계없는 것이 군자의 모습이라는 말이다. 남이 몰라주는 것이야 어쩔 도리가 없으므로, 빨리 나의 본질을 알아차리고 나의 부족한 면을 갈고 닦아야 할 것이다.

『논어』「학이(學而)」편 '시습(時習)'장에 "人不知而不慍인부지이불온이면 不亦君子乎불역군자호아" 곧 "남이 알아주지 않아도 안타까워하지 않으면 또한 군자답지 않겠는가?"라고 하여, 군자의 모습을 제시하였다. 내가 갈고 닦으며 힘써 노력하는 데도 남이 알아주지 않는다는 것은, 대개 남들이 알아줄 만큼 내가 아직도 훌륭하지 못한 점이 있기 때문에 그럴 것이다. 내가 훌륭한 데도 남들의 이해가 부족하거나 아니면 나를 알아줄 만한 세상이 되지 못하여 알아주지 않는 경우도 있을 것이다. 이처럼 시대의 운수가 맞지 않고 남들이 나를 몰라서 알아주지 못하는 것을 어떻게 하겠는가? 그러기에 진정으로 군자(君子)를 추구해 나가는 사람이라면, 남이 알아주지 않는다고 하더라도 알아주기만을 바랄 것이 아니라, 남이 알아줄 만한 실력을 갖추도록 자신을 갈고닦으며 더욱 힘써 노력하는 삶의 자세를 지니는 것이 바람직할 것이다. 세상 사람들의 정신적 지도자로서의 '군자'가 남이 알아주는 것을 바라지 않고 스스로 힘써 노력하는 자세를 보일 때, 진정으로 만인의 본보기로서의 '군자'가 될 수 있기 때문이다. 따라서 남의 시선이나 세상의 이목에 상관없이 자신의 실력을 키워나가면 될 것이다.

子曰자왈, 君子군자는 不器불기니라.

—『論語』「爲政(위정)」篇 '不器(불기)'章

[한자, 훈과 음]

'器(기)'는 '그릇 기'이다.

[번역]

공자께서 말씀하시기를, "군자는 그릇 노릇하지 않는다."라고 하셨다.

[해설]

군자가 '그릇 노릇하지 않는다.'는 것은, 한 가지 그릇에 얽매이지 않는다는 말이다. 이 구절을 해석하기를, 군자가 일체의 그릇 노릇하기를 거부하며, 따라서 그릇이 될 수 없다는 뜻의 말씀으로 오해되어서는 안 된다. 혹자는 이 구절을 해석하기를 '군자는 기술을 천시했다.'라고 해석하여, '유학 때문에 조선이 망했'고 그래서 '공자가 죽어야 나라가 산다'라는 극단적인 표현까지 서슴지 않았다. 아마도 '기(器)'자를 기술로 해석하여, 군자는 기술을 천시했으며, 그래서 조선이 망하게 되었다는 논리이다. 그리고 '불기(不器)'를 한 가지 그릇으로 해석하기도 하는데, 이도 잘못이다. 한 가지 그릇에 얽매이는 것은 간장 종지나 물바가지 같은 그릇이 이에 해당된다. 간장 종지는 간장만 담을 수 있고 물바가지는 물 퍼먹는 용도로밖에 사용되지 못한다. 이런 것이 한 가지 용도에 얽매이는 것이다. 하지만 군자불기(君子不器)의 '불기(不器)'는 그런 뜻이 아니라 밥 담으면 밥그릇이 되고, 국

담으면 국그릇이 된다는 것으로 한 가지 용도에 얽매이지 않는다는 뜻이다.

이와 같이 '불기(不器)'를 '기술을 천시했다'고 하거나 '한 가지 그릇에 얽매이다'로 본 것은 군자불기(君子不器)의 '군자(君子)'의 의미를 제대로 인지하지 못했기에 나온 해석이다. 여기서의 군자(君子)는 문사철(文史哲)에 능통한 분이다. 요즘 말로 하면 문과와 이과에 다 능한 분이다. 그래서 한 가지 일에 얽매이지 않는다는 말이다. 군자는 문과와 이과 모두에 능통하기에 어떤 위치에서 무슨 일을 부여해도 다 해낼 수 있는 인물이라는 뜻이다. 초등학교 선생을 시키면 사랑으로 어린 학생들을 감싸고 가르칠 수 있으며 문체부 장관에 임명되면 자신의 능력으로 문체부 장관의 임무도 수행할 수 있다는 것이다. 따라서 군자불기(君子不器)는 한 가지 그릇에 얽매이지 않고 환경과 여건에 따라 적재적소(適材適所)에서 자신의 능력을 다 발휘할 수 있는 분이라는 뜻이다. 융·복형 인물이 군자라는 말이다.

지금은 융·복합의 시대이다. 스마트폰을 보자. 기존에 있던 전화기에 기존의 물건인 카메라와 인터넷 기능이 융합된 것이다. 기존의 기술이나 물건을 이용해 새로운 물건을 만들어내는 시대가 된 것이다. 이는 바로 군자불기(君子不器)의 군자(君子)가 필요한 시대가 되었다는 것이다. 하나의 전문적인 능력을 지닌 전문가보다 다양한 분야의 기능과 재주를 지닌 인물이 필요한 시대가 도래했다는 것이다. 군자불기(君子不器)가 되기 위해 어떤 공부를 어떻게 해야 할 것인지를 진지하게 생각해 봐야 할 것이다. 지금은 군자불기(君子不器)의 시대이기 때문이다.

子曰자왈, 君子군자는 疾沒世而名不稱焉질몰세이명불칭언이니라.

—『論語』「衛靈公(위령공)」篇 '沒世(몰세)'章

[한자, 훈과 음]

'疾(질)'은 '미워할 질'이고 '沒(몰)'은 '마칠 몰'이다. '名(명)'은 '이름 명'이고 '稱(칭)'은 '일컬을 칭'이다. '焉(언)'은 '단정 종결 어조사'이다.

[번역]

공자께서 말씀하시기를, "군자는 세상을 마치도록[평생토록] 이름이 일컬어지지 못하는 것을 미워한다."라고 하셨다.

[해설]

위의 구절에서 공자는, 군자는 평생을 살면서 세상에 자신의 이름이 알려지지 않는 것을 부끄럽게 여겼다는 말이다. "이름이 일컬어지지 못한다."는 뜻은, 제 생전(生前)에 이름이 일컬어질 만큼 어떤 특정한 분야에서도 무언가 이룬 것이 없거나 선(善)을 행한 실속이 없이 평생토록 무의미한 삶을 사는 것을 뜻한 말씀이다. 사람이 세상에 태어났으면 내가 사는 지역 더 나아가서는 이 세상을 위해 무엇인가 보람된 일을 하고 죽어야 한다. 그저 빈손으로 왔다가 빈손으로 가는 삶은 무의미하다는 것이다. 한편으로는 『맹자(孟子)』「이루(離婁)」장(章) 하(下)에는 "聲聞過情성문과정, 君子恥之군자치지". 곧 "소리 나고 소문 들리는 것이 실제보다 지나치는 것을, 군자가 부끄럽게 여긴다."라고 하여, 자신의 능력보다 지나치게 이름이 나는 것도 원하지 않았다. 군자는 자기 능력에 맞게 자기가 사는 사회에 이바지하고 그 일로 세상에 알려지면 되는 것이다. 실속 없이 허상만으로 이 세상을 살아가려는 지도자 또는 정치인은 없는지 살펴보아야 할 것이다.

子曰자왈, 君子군자는 求諸己구저기요, 小人은 求諸人구저인이니라.

—『論語』「衛靈公」篇 '求己(구기)'章

[한자, 훈과 음]

'求(구)'는 '구할 구'이고, '諸(저)'는 '어조사 저'이다.

[번역]

공자께서 말씀하시기를, "군자는 '인(仁)이나 잘잘못의 탓 등 모든 것을' 제 몸에서 구하고, 소인은 남에게서 구한다."라고 하셨다.

[해설]

군자(君子)는 자기 몸에서 잘잘못의 탓을 찾고, 소인(小人)은 남의 탓으로 돌린다는 것이다. 한 마디로 군자는 모든 일을 내 탓으로 여긴다는 말이다.

군자는 비록 남이 자기를 알아주지 않는 것을 마음의 병으로 삼지는 않으나, 또한 세상을 마치도록 이름이 일컬어지지 못하는 것을 미워하며, 비록 세상을 마치도록 이름이 일컬어지지 못하는 것을 미워하기는 하나, 추구하는 인(仁)을 또한 자기 몸에 돌이켜서 구할 따름이거늘, 소인은 남에게서 구해, 도에 어긋나게 명예를 구하여 그의 언행이 이르지 못할 곳이 없으며, 남이 자기 자신에게 잘해 주기를 바란다는 것이다.

『중용(中庸)』「소위(素位)」장에 "射사가 有似乎君子유사호군자하니 失諸正鵠실저정곡이오도 反求諸其身반구저기신이니라."는 구절이 있다. 곧 "활쏘기가 군자와 같은 점이 있으니, 정곡(正鵠, 과녁의 정중앙)에서 벗어나고서도 도리어 제 몸에서 잘잘못의 탓을 구하느니라."고 하여, 잘못의 탓을 자신의 몸에서 구한다는 말이다. 활쏘기할 때 바른 자세로 해야 정곡(正鵠) 곧 정중앙에 맞힐 수가 있을 것이다. 그런데 활쏘기할 때 호흡이나 자세가 잘못되면 정중앙에 맞힐 수가 없다. 이는 화살의 잘못이 아니라 활쏘기하는 사람의 잘못인 것이다.

우리는 세상을 살아가면서 간혹 화살을 탓하기도 한다. 어느 기업 면접시험에 낙방했을 때, 먼저 자기 자신을 되돌아보아야 한다. 그런데 우리는 회사를 탓한다. '인재를 알아보지 못하고 나를 낙방시키다'니, '이놈의 회사 망해라.' 등 그러면서 주변을 탓하고 더 나아가서는 세상을 원망하기도 한다. 이는 소인배의 행위인 것이다. 화살을 탓할 것이 아니라, 나의 자세와 호흡의 문제를 먼저 점검해야 할 것이다. 그래야 발전이 있다. 남을 탓하는 소인보다는 먼저 자기 자신을 성찰하는 군자의 태도를 본받는다면 취업도 되고 지도자도 될 것이다.

子曰자왈, 君子군자는 矜而不爭긍이부쟁하며 羣而不黨군이부당이니라.

—『論語』「衛靈公」篇 '矜羣(긍군)'章

[한자, 훈과 음]

'矜(긍)'은 '아낄 긍'이고 '爭(쟁)'은 '다툴 쟁'이다. '羣(군)'은 '무리 군'이고 '黨(당)'은 '무리 당'이다.

[번역]

공자께서 말씀하시기를, "군자는 제 몸을 의젓하게 가지면서도 (지위의 선후나 높낮이 등을) 다투지 않으며, 화평하게 무리 지어 지내면서도 편당(偏黨)하지 않는다."라고 하셨다.

[해설]

군자는 몸가짐을 의젓하고 장엄하게 가지기 때문에 생각 자체가 어긋나고 뒤틀리지 않는다. 그러므로 남과 자리나 서열 등을 다투지도 않는다. 또한 사회생활을 하면서도 학연이나 지연 또는 혈연 등으로 편을 나누지 않기 때문에 화평하고도 화락하게 지낼 수 있다는 것이다.

子曰자왈, 君子군자는 不以言擧人불이언거인하며 不以人廢言불이인폐언이니라.

—『論語』「衛靈公」篇 '言擧(언거)'章

[한자, 훈과 음]

'擧(거)'는 '들 거'이고 '廢(폐)'는 '폐할 폐'이다.

[번역]

공자께서 말씀하시기를, "군자는 말로써 사람을 천거하지 않으며, 사람으로서 말까지도 버리지는 않는다."라고 하셨다.

[해설]

군자는 어떤 사람을 말만 들어보고 추천하거나 거용(擧用)하지 않는다는 것이다. 그리고 어떤 사람의 행실에 문제가 있다면 그 사람이 한 좋은 말까지 버리지는 않는다는 말이다.

군자는 사람을 들어다 쓰거나 추천할 때 무엇보다도 그 사람됨을 중시한다는 말이다. 주변의 들려오는 많은 말들을 그대로 믿지 않고 직접 그 사람을 보고 난 후 판단하게 된다는 말이다. 말만 잘하는 사람이나 소문이 잘난 사람보다 그 사람됨이 중요하다는 말일 것이다. 그리고 사람됨이 그르기는 해도 그 사람이 한 좋은 말까지 버릴 필요는 없다는 것이다. 가령 일제치하 때 친일 작가들의 작품을 통해 그들이 남긴 좋은 작품을 공부하면서도 그들의 행적을 알려 후대에는 이런 비극적인 인물이 나오면 안 될 것을 교훈으로 삼게 하면 될 것이다. 언행일치(言行一致)를 통한 훌륭한 인물됨이 참된 군자임을 가르치면 될 일이기 때문이다.

衛靈公위령공이 問陳於孔子문진어공자한대 孔子공자가 對曰대왈, 俎豆之事조두지사는 則嘗聞之矣즉상문지의어니와 軍旅之事군려지사는 未之學也미지학야라 하시고 明日명일에 遂行수행하시다. 在陳재진(하사) 絶糧절량하니 從者종자가 病병하여 莫能興막능흥일러니 子路자로가 慍見曰온현왈, 君子군자가 亦有窮乎역유궁호잇가. 子曰자왈, 君子군자라야 固窮고궁이니 小人소인은 窮斯濫矣궁사람의니라.

—『論語』「衛靈公」篇 '問陳(문진)'章

[한자, 훈과 음]

'陳(진)'은 '군진 진'인데 陣(진)과 같은 의미로 사용되었다. '俎(조)'는 '도마 조'이며 '豆(두)'는 '제기 두'이다. '俎豆(조두)'는 '제사에 쓰는 그릇으로 도마와 목제기'를 뜻한다. '嘗(상)'은 '일찍이 상'이고 '聞(문)'은 '들을 문'이다. '軍(군)'은 '군사 군'으로 12,500명의 군사를 뜻하고 '旅(려)'는 '군사 려'로 500명을 뜻한다. '수(遂)'는 '마침내 수'이다. '在陳(재진)'의 '陳(진)'은 진나라를 의미한다. 絶(절)은 '끊을 절'이고 '糧(량)'은 '양식 양'이다. '從者(종자)'는 '시중드는 사람'을 뜻한다. '莫(막)'은

'없을 막'이고 '興(흥)'은 '일어날 흥'이다. '慍(온)'은 '성낼 온'이고 '見(현)'은 '뵐 현'이다. '窮(궁)'은 '곤궁할 궁'이고 '固(고)'는 '진실로 고'이다. '斯(사)'는 '이 사'이고 '濫(람)'은 '넘칠 람'이다.

[번역]

위(衛)나라 '영공'이 공자께 진법(陣法)에 대하여 물었는데, 공자께서 대답하여 말씀하시기를, "도마와 목제기 등의 제기(祭器)를 진열하는 일은 일찍이 들었거니와, 군(軍)·려(旅) 등의 전벌(戰伐)에 관한 일(군대에 관한 일)은 아직 배우지 못하였습니다."라고 하시고, 다음날 마침내 떠나셨다. 진(陳)나라에 계시면서 양식(糧食)이 떨어지니, 모시던 자들이 병이 들어 능히 일어나지도 못했더니, '자로'가 노여운 빛으로 뵙고 말씀드리기를, "군자에게도 곤궁함이 있습니까?"라고 하였다. 공자께서 말씀하시기를, "군자라야 진실로 곤궁할 수 있으니, 소인은 곤궁하면 바로 행동이 넘친다."라고 하셨다.

[해설]

위나라 영공은 공자에게 예(禮)에 대한 묻지를 않고 이웃 나라와의 전쟁에 관해 물었다. 위나라 영공이 나라를 다스리던 시절에는 임금 노릇을 제대로 하지 못하던 시절이었다. 그의 부인 남자(南子)는 음행이 있었는데, 세자인 괴외(蒯聵)가 계모였던 남자(南子)의 음행을 참지 못하고 쫓아내려다 도리어 아버지 영공으로부터 쫓김을 당했던 것이다.

임금과 신하가 제대로 자기 역할을 하지 못하는 시대에 또 전쟁에 관한 일을 물으니, 공자는 위나라를 떠나게 된 것이다. 당장 위(衛)나라에서 시급하게 개선해야 할 문제가 음행을 행하는 남자(南子)의 문제를 바로잡고 공석이 된 세자의 자리도 재정비해야 하는데, 진법(陣

法)의 문제를 거론하니 일의 선후가 틀렸던 것이다. 그래서 진법(陣法)을 몰라서도 아니며 또 진법(陣法) 자체를 등한시하기 위한 행위도 아니었던 것이다.

군자는 경우에 따라서 곤궁한 처지에 처할 수도 있고 또 주어진 곤궁함을 감내할 수도 있는 것이다. 그러나 소인은 자기의 처지가 곤궁해지면 참아낼 수도 없을 뿐만 아니라 마침내 넘치는 행동을 해서 물불을 가리지 않는 행동까지 할 수 있다는 것이다. 우리가 왜 군자를 지향해야 하는가를 알게 해준다.

따라서 군자는 의리를 바탕 삼으며 예의를 존중하고 매사에 겸손하여 남을 탓하지 않을 뿐만 아니라 어떤 위치에서도 자기의 재능을 다 발휘할 수 있으며 편을 나누어 무리를 짓지 않고 분수에 넘치는 행동을 하지 않는 분이다. 요즘 현대인은 몇 사람만 모여도 편을 짓고 이익에 따라 선호도를 달리 하는 추세이다. 이런 물질적 지배에 따라 편을 나누거나 무리를 짓는 때일수록 군자의 모습을 지닌 분들이 많이 나와 우리 사회의 청량제 같은 역할을 해주면 좋을 것이다.

7. 군자의 수신(修身)

1) 수신으로서의 예(禮)와 악(樂)

문(文)·사(史)·철(哲)에 능통하여 어느 곳 어떤 자리에서도 자기의 능력을 다 발휘하는 군자(君子)는 수신(修身)을 어떻게 할까?

子曰자왈, 興於詩흥어시하며 立於禮입어예하며 成於樂성어락이니라.

—『論語』「泰伯(태백)」篇 '興詩(흥시)'章

[한자, 훈과 음]

'興(흥)'은 '일으킬 흥'이고 '詩(시)'는 '시 시'이다. '立(입)'은 '설 립'이고 '禮(예)'는 '예절 예'이다. '成(성)'은 '이룰 성'이고 '樂(악)'은 '음악 악'이다.

[번역]

공자께서 말씀하시기를, "시(詩)에서 정서가 흥기되며, 예(禮)에서 세상에 우뚝 서며, 음악에서 인격이 완성된다."라고 하셨다.

[해설]

배우는 자가 공부할 때 『시경』 시 같은 참된 시를 읊고 노래하게 되면 착함을 좋아하게 되고 악함을 미워하게 된다는 것이다. 시(詩)는 성정(性情)에 근본을 두는 것이라, 간사함과 공정함이 있는지라 그 말됨이 이미 알기 쉽고 읊조리는 사이 억양의 고저(高低)에서 그 사람에게 감동되는 것이 쉽다는 것이다. 그러므로 배우는 자의 처음 공부에서 그 착함을 좋아하고 나쁨을 미워하는 마음을 일으켜서 스스로 그만둘 수 없는 바가 이 시에서 터득된다는 것이다. 또한 고대의 시에는 정치성·종교성·역사성 등을 띤 문헌으로 단순한 문학 작품의 하나의 장르는 아니었다. 시를 학습함으로써 군자에게 필수적인 정치·윤리·역사 등의 각종 지식을 얻을 수 있었다. 예의는 마음속으로 공순히 함과 외모로 공경함과 사양함을 근본으로 삼아야 한다는 것이다. 그리고 음악에서 인격이 완성된다고 하였다. 이는 시로써 사람의 성정을 기르고 마음속의 그 사악하고 더러움을 씻어내며 그 찌꺼기를 없앨 수 있다는 것이다. 그러므로 시(詩)와 예(禮), 그리고 악(樂)을 학습하지 않으면 완전한 인간 곧 군자(君子)가 되기 어렵다는 것이다.

子路자로가 問成人문성인한대 子曰자왈, 若臧武仲之知약장무중지지와 公綽之不欲공작지불욕과 卞莊子之勇변장자지용과 冉求之藝염구지예에 文之以禮樂문지이예악이면 亦可以爲成人矣역가이위성인의니라. 曰왈, 今之成人者금지성인자는 何必然하필연이리잇가. 見利견리(에) 思義사의하며 見危견위(에) 授命수명하며 久要구요에 不忘平生之言불망평생지언이면 亦可以爲成人矣역가이위성인의니이다.

—『論語』「憲問(헌문)」篇 '成人(성인)'章

[한자, 훈과 음]

'子路(자로)'는 공자의 제자로 이름이 仲由(중유)고 字(자)가 子路(자로)이다. 노나라 사람으로, 위나라에서 벼슬하다가 괴외의 난 때 전사하였다. '若(약)'은 '이를테면 ~같을 약'이다. '臧武仲(장무중)'은 노나라 변읍의 대부로 성이 姬(희)이고, 씨는 臧孫(장손) 혹은 臧(장)이며, 이름은 紇(흘)이다. 그러므로 臧孫紇(장손흘) 또는 臧紇(장흘)이라고도 한다. 武仲(무중)은 諡號(시호)이다. '孟公綽(맹공작)'은 노나라 대부를 지낸 인물이다. 『논어』「헌문(憲問)」편 '공작(公綽)'장에서 공자는 맹공작이 조씨와 위씨의 나라에 가신의 우두머리직(비서실장)은 수행할 수 있으나, 작은 나라인 등나라와 설나라의 대부 노릇은 할 수 없다고 한 논평이 있다. '欲(욕)'은 '욕심낼 욕'으로 '慾(욕)'과 같은 의미이다. '장자(莊子)'는 변읍의 대부이고 '勇(용)'은 '용기 용'이다. '염구(冉求)'는 공자의 제자로 노나라의 정치가이다. 자(字)는 자유(子有)이다. 염유(冉有)라고 불렀다. 염구는 노나라의 실세였던 계씨가의 가신으로 등용되어, 공자의 가르침보다는 계씨의 정책을 추진하는 사람으로 자신의 위치를 설정하여 공자가 반대하는 중과세 정책을 실행하여 공자와 그 제자들로부터 질타를 받았다. '藝(예)'

는 '기예 예'이다. '禮(예)'는 '예절 예'이고 '樂(악)'은 '음악 악'이다. '성인(成人)'은 '인격적으로 또는 도덕적으로 완성된 사람'을 뜻한다. '曰(왈)'은 '자로 왈'이다. '何必然(하필연)'은 '어찌 꼭 그래야만 하겠습니까?'로 풀이 된다. '見(견)'은 '볼 견'이고 '利(이)'는 '이익 이'이다. '思(사)'는 '생각할 사'이고 '義(의)'는 '의리 의'이다. '危(위)'는 '위태할 위'이고 '授(수)'는 '줄 수'이다. '久(구)'는 '오래 구'이고 '要(요)'는 '사귈 요'이다.

[번역]

자로(중유)가 '완성된 인간'[성인(成人)]에 대하여 여쭈니, 공자께서 말씀하시기를, "이를테면 노나라의 '장무중(臧武仲)' 같은 사람의 지혜와 노나라의 '맹공작(孟公綽)' 같은 사람의 욕심내지 않음과 노나라 변읍(卞邑)의 '장자(莊子)' 같은 사람의 용기와 염구(冉求) 같은 사람의 예(藝)스러움에다 문채(文采) 내기를 예악(禮樂)으로써 하면, 또한 가히 써 '완성된 인간'이 될 수 있다."라고 하셨다. (자로가) 말씀드리기를, "오늘날의 성인(成人)은 어찌 꼭 그래야만 하겠습니까? 이익을 보면 의(義)를 생각하며, 위태로운 일을 보면 목숨을 내주며, 오랜 사귐에 평소에 한 말을 잊지 않는다면, 또한 가히 써 성인(成人)이 될 수 있을 것입니다."라고 하였다.

[해설]

성인(成人)은, 인격적으로나 도덕적으로 '완성된 인간' 또는 '된 사람'을 의미하는 말이다. 자로(중유)는 용맹을 좋아하고 평소에 학문에 매진하지 않는 제자이기에 공자께서는 인인시교(因人施教)의 교육법으로 가르침을 내렸다. 공자의 대답에 거론된 노나라 대부의 네 사람은 전인교육(全人教育)의 관점에서 각각 매우 도움될 만한 인물들이었다. '장무중'의 지(知)와 '맹공작'의 인(仁)과 변읍의 '장자' 용(勇)과 '염구'의 예(藝)를 합하고 문채(文采) 내기를 예악(禮樂)으로써 하면 가히 '완성된 인간'이 될 수 있다고 한 것이다. 그러자 자로는 "見利思義견리사의"·"見危授命견위수명"·"久要구요, 不忘平生之言불망평생지언" 등으로 지(知)·용(勇)·신(信)을 더해, 평상시면 생각하지도 못할 제안을 한 것이다.

자로(子路)가 '도덕적으로 완성된 인간'을 여쭈었을 때 대답하신 공자의 말씀은, 반드시 가장 지극한 경우의 '완성된 인간'이라고는 할 수 없기에 위의 공자의 대답 끝 구절에 '(그) 또한'의 의미로 풀이될 '역(亦)'자를 쓰게 된 것이다. 공자께서는, '자로'가 평소에 용맹만 좋아하고 학문에는 최선을 다해 힘쓰지 않는 제자이기에, 위의 예를 든 사람들 모두가 지혜나 인격의 관점에서 전능(全能)하지는 못한 자들이다. 그러나 그 네 가지 경우를 겸비한 데다가 예악의 문채를 보탠다면 그래도 거의 완성된 인간이 될 수 있을 것이라는 뜻에서 그와 같은 가르침을 내렸던 것이다. 말하자면, '자로'에게 갑자기 매우 높은 경지의 도덕적 수준을 기대하기 어렵기 때문에, 차근차근 이끌어 주시기 위하여 그런 가르침을 내린 것으로 이해해야 할 것이다. 그럼에도 '자로'가 뜻밖에 좋은 의미의 제안을 하게 된 것이다. 따라서 완전한 인간 곧 군자가 되기 위해서는 장무중의 지혜로움과 맹공작의 어짊, 변읍의 장자의 용기와 염구의 예(藝)에다가 겉으로 예(禮)와 악(樂)이 함께 이루어져야 한다는 것이다. 악(樂)으로써 성정(性情)을 다스리니 바른 성정이 이루어질 수 있고 성정을 이루는 것이 또한 수신(修身)의 한 방법이 되는 것이다.

따라서 평상시 군자가 되기 위해서 내 몸을 다스리는 방법은 『시경』 시 같은 참된 시를 읽어 풍속을 교화하고 성정을 바로 잡을 수 있는 본질을 만들고 겉으로는 예와 악을 익혀 문채가 드러날 수 있게 해야 될 것이다. 바른 예절은 풍속을 순화시킬 것이며 좋은 음악은 우리 인간의 성정을 변화시킬 것이다. 그래서 바른 음악을 만들고 듣는 것도 중요한 일이다. 그러면 성인(成人) 곧 군자가 될 수 있을 것이다. 군자의 조건으로 내면의 성품을 가꾸는 것도 중요하지만 겉으로 풍기는 풍채도 중요하다는 말이다. 겉모습도 잘하고 다닐 필요가 있다.

2) 공자가 인식한 시(詩)의 역할

공자는 완성된 인간이 되기 위해서는 시(詩)의 역할을 매우 중시하였다. 『논어』에는 시에 대한 전체적인 견해가 제시된 곳이 있다.

子曰자왈, 小子소자아, 何莫學夫詩하막학부시오. 詩시는 可以興가이흥이며, 可以觀가이흥이며, 可以羣가이군이며, 可以怨가이원이며, 邇之事父이지사부이며 遠之事君원지사군이요, 多識於鳥獸草木之名다식어조수초목지명이니라.

—『論語』「陽貨(양화)」篇 '學詩(학시)'章

[한자, 훈과 음]

'小子(소자)'는 제자를 뜻한다. '何(하)'는 '어찌 하'이고 '莫(막)'은 '아닐 막'이며 '學(학)'은 '배울 학'이다. '夫(부)'는 '그 부'이고 '詩(시)'는 '시 시'로 『시경』 시를 뜻한다. '可(가)'는 '가히 가'이고 '興(흥)'은 '흥기할 흥'이다. '羣(군)'은 '무리 군'이고 '怨(원)'은 '원망할 원'이다. '邇(이)'는 '가까울 이'이고 '事(사)'는 '섬길 사'이다. '多(다)'는 '많을 다'이고 '識(식)'은 '알 식'이다. '鳥(조)'는 '새 조'이고 '獸(수)'는 '짐승 수'이다.

[번역]

공자께서 말씀하시기를, "얘들아, 어째서 그 시[『시경』 시(詩)]를 배우지 않느냐? 시는 (의지와 정서를) 흥기시킬 수 있으며, (정치의 득실과 풍속의 순후함을) 살펴볼 수 있으며, 무리를 지어 살 수 있으며, 원망할 수 있으며, 가까이로는 부모를 섬길 수 있고 멀리는 임금을 섬길 수 있으며, 조수초목(鳥獸草木)의 이름을 많이 알 수 있다."라고 하셨다.

[해설]

공자가 시의 이점에 대해서 말씀한 부분이다. 문하의 제자들에게 참된 시의 효용성을 일깨워주기 위해 말씀한 것이다. '왜 『시경』 시 같은 훌륭한 시를 배우지 않느냐?'고 물으면서 시는 정서를 흥기 시킬 수 있고 풍속의 득실을 살필 수 있으며 집단생활을 하며 많은 사람이 무리를 지어 평화롭게 사는 인정을 터득하게 해줄 뿐만 아니라. 위정자가 잘못을 행하면 시로써 원망할 수 있고 또 부모님과 임금을 섬기는 일까지 모두 갖추어져 있다는 것이다. 이처럼 공자는 시에는 모든 것이 갖추어져 있다고 하였다.

『시경』 시 같은 좋은 시를 읊조리고 노래하면 나도 모르게 착한 마음이 일어나며 더 나아가서는 인(仁)을 행하는 의지와 정서를 감발시키고 흥기시킬 수 있다는 것이다. 그리고 정치의 잘잘못이나 풍속의 좋고 나쁨을 살펴볼 수 있는 안목이 생기게 된다고 하였다. 그뿐만 아니라 집단생활을 하면서 농사를 지을 때 노동의 힘듦을 잊기 위해 노동요를 부르면서 그 힘듦을 잊을 수도 있다고 한 것이다. 또한 윗사람이 잘못이 있으면 노래로써 원망할 수 있기에 부르는 사람은 죄가 없고 듣는 사람은 경계가 될 수 있다는 것이다. 더 나아가서는 『시경』 시 같은 시에는 인륜의 도가 갖추어져 있어 부모를 섬기는 일과 임금을 섬기는 일도 알게 된다는 것이다. 이런 점이 시를 배워야 하는 이유인 것이다. 한 마디로 시를 아는 것이 세상사를 아는 일이다.

子자가 謂伯魚曰위백어왈, 女여가 爲周南召南矣乎위주남소남의호아. 人而不爲周南召南인이불위주남소남이면 其猶正牆面而立也與기유정장면이입야여인저.

—『論語』「陽貨」篇 '伯魚(백어)'章

[한자, 훈과 음]

'伯魚(백어)'는 공자의 아들 이름이다. '女(녀)'는 '너 여'이고 '爲(위)'는 '될 위'인데 '배운다'의 의미이다. '周南(주남)'과 '召南(소남)'은 『시경』 시의 첫머리 편명이다. '猶(유)'는 '같을 유'이고 '正(정)'은 '똑바로 정'이다. '牆(장)'은 '담 장'이고 '面(면)'은 '낯을 향할 면'이다.

[번역]

공자께서 '백어'에게 일러 말씀하시기를, "네가 「주남」·「소남」을 배웠느냐? 사람으로서 「주남」·「소남」도 배우지 않으면, 그 똑바로 담장에 낯을 향하고서 서 있는 것과 같다고나 할까."라고 하셨다.

[해설]

이 부분은 공자가 『시경』 시 같은 좋은 시를 아들 백어에게 공부할 것을 당부한 곳이다. 「주남(周南)」과 「소남(召南)」은, 『시경』 시의 머리편[수편(首篇)]의 이름들로, 그 가사(歌詞)의 내용이 모두 '수신(修身)'·'제가(齊家)'에 관한 것들이다. 공자가 아들 백어에게 『시경』 시 같은 좋은 시를 배우지 않으면 마치 담장을 마주한 것처럼 사물 가까이 있어도 그 어느 것도 제대로 볼 수 없을 만큼 주변머리가 없게 된다고 하였다. 그러니 이 세상의 이치와 사리를 알게 해주는 『시경』 시 같은 좋은 시를 공부해야 할 것을 강조한 것이다.

子曰자왈, 禮云禮云예운예운이나 玉帛云乎哉옥백운호재아. 樂云樂云악운악운이나 鐘鼓云乎哉종고운호재아.

—『論語』 「陽貨」篇 '禮樂(예악)'章

[한자, 훈과 음]

'禮(예)'는 '예절 예'이고 '云(운)'은 '이를 운'이다. '玉(옥)'은 '옥 옥'이고 '帛(백)'은 '비단 백'이다. '樂(악)'은 '음악 악'이고 '鐘(종)'은 '쇠북 종'이며 '鼓(고)'는 '북 고'이다.

[번역]

공자께서 말씀하시기를, "예(禮)니 예(禮)니 하지만[이르지만], 옥백(玉帛)을 이르는 말이겠는가? 악(樂)이니 악(樂)이니 하지만[이르지만], 종고(鐘鼓)를 이르는 말이겠는가?"라고 하셨다.

[해설]

위의 공자의 말씀은 부수적인 것만 행한다고 예의가 갖추어지고 진정한 음악이 되는 것은 아니라고 한 것이다. "玉帛옥백"은 '옥'이나 '비단' 등의 폐백(幣帛)을 일컫는 말이며, "鐘鼓종고"는 악기 중에서 큰 악기에 해당되는 '종'과 '북'을 일컫는 말이다. 공자의 말씀은, '옥과 비단'만을 교환한다고 하여 '예(禮)'가 될 수 있는 것이 아니며, '종'과 '북'만을 친다고 하여 '음악'이 될 수 있는 것은 아니라는 것이다. 이는 '예'를 행하는 데는 본질인 '공경심'이 위주가 되어야 하며, '음악'을 행하는 데에는 '화락함'이 위주가 되어야 한다는 뜻의 말씀이다. 따라서 예악(禮樂)에도 근본을 중시해야 한다는 말이다.

따라서 군자가 갖추어야 할 시(詩)나 예(禮), 그리고 악(樂)에서는 겉꾸밈보다는 본질인 근본이 우선임을 알 수 있다. 그런 본질을 가꾸기 위해서는 『시경』 시 같은 좋은 시를 평상시 읽고 노래해야 한다는 것이다. 평소에 어떤 자세로 어떤 책을 읽고 음악을 들어야 하는지를 명확히 보여주고 있다. 음란하고 퇴폐적인 내용의 시나 노래보다는 마음에 안식을 주는 화평한 내용의 책을 읽으면서 화락한 곡조의 음악을 즐겨 들을 필요가 있다는 것이다. 풍속을 교화하고 성정을 순화할 수 있는 그런 시와 노래를 찾아 읽고 듣고 부르게 하는 일이 필요한 것이다.

따라서 공자가 중시한 시는 도덕성과 순결성 그리고 숭고성이며, 이러한 감정이 표현된 시가 좋은 시라고 하였다. 그런 시로 꼽은 것이 『시경』 시인 것이다. 『시경』 시는 위정자가 잘못을 범하면 원망할 수 있는 시도 있고, 두리 지어 살아가는 방법도 일러준 시도 있으며 풍속의 성쇠도 노래한 시였다. 세상을 살아가는 이치를 알 수 있게 하는 것이 좋은 시의 방향이었던 것이다.

8. 군자(君子)가 경계해야 할 것들

군자(君子)는 원래 왕의 아들이라는 말에서 온 말이다. 임금의 자리가 처음에는 선양제(禪讓制) 곧 요임금에서 순임금, 순임금에서 우왕으로 그 능력에 따라 혈육과 관계없이 어진 신하가 왕의 지위를 물려받았지만, 우임금 대에 와서는 신하보다는 아들 계(啓)가 어질고도 사리에 밝아 왕의 자리를 물려받았다. 이때부터 세습제(世襲制)가 행해지게 되었으므로 왕의 아들 곧 군자(君子)가 왕이 되는 말로 쓰이게 된 것이다.

왕의 자리를 계승할 사람 또는 왕의 자리에 계신 분 등으로 사용되던 말이 후대로 오면서 정신적 지도자로서의 선각자(先覺者)에게도 군자(君子)라는 말을 사용하게 되었다. 그 대표적인 분이 공자(孔子)이다. 도(道)로써 이루어지고 덕(德)으로써 만인 앞에 우뚝 선 "道成德立者도성덕립자"로서의 의미를 지닌 군자이면서 성인의 모습을 이르게 된 것이다. 따라서 군자는 도를 배우고 덕을 이루기 위해 공자와 같은 "道成德立者도성덕립자"를 지향해 나가는 '학도지인(學道之人, 도를 배우는 사람)'의 말로 쓰이게 된 것이다. 도를 추구하고 덕을 이루기 위해 노력하는 군자도 경계할 점이 있었다.

孔子曰공자왈, 君子군자가 有三戒유삼계하니 少之時소지시엔 血氣혈기가 未定미정이라 戒之계지가 在色재색이요 及其壯也급기장야하여는 血氣혈기가 方剛방강이라 戒之계지(가) 在鬪재투요 及其老也급기로야하여는 血氣혈기가 旣衰기쇠라 戒之계지(가) 在得재득이니라.

—『論語』「季氏(계씨)」篇 '三戒(삼계)'章

[한자, 훈과 음]

여기서 공자가 하는 말씀을 '子曰(자왈)'이라고 하지 않고 "孔子曰(공자왈)"이라고 하였다. 이는 후대에 내용이 더해진 것으로 볼 수 있는 근거인 것이다. '戒(계)'는 '경계할 계'이고 '少(소)'는 '젊을 소'이다. '血(혈)'은 '피 혈'이고 '氣(기)'는 '기운 기'인데, '血氣(혈기)'의 "血(혈)"은 陰(음)에 해당되고 "氣(기)"는 陽(양)에 해당된다. '方(방)'은 '바야흐로 방'이고 '剛(강)'은 '굳셀 강'이다. '鬪(투)'는 '싸움 투'이고

'及(급)'은 '미칠 급'이며 '老(노)'는 '늙을 노'이다. '旣(기)'는 '이미 기'이고 '衰(쇠)'는 '쇠할 쇠'이다. '在(재)'는 '있을 재'이고 '得(득)'은 '얻을 득'인데, 여기서는 '탐심을 부려 얻는다'는 뜻으로 쓰였다.

[번역]

공자께서 말씀하시기를, "군자가 경계할 일이 세 가지가 있으니, 젊었을 때에는 혈기가 아직 안정되지 않았으므로 삼갈 것이 여색에 있고, 장성해서는 혈기가 바야흐로 굳센지라 삼갈 것이 투쟁하는 데 있고, 노년에 미쳐서는 혈기가 이미 쇠했으므로 삼갈 것이 얻음에 있다."라고 하셨다.

[해설]

여기서의 군자(君子)는 도(道)를 배우는 사람 또는 도(道)에 뜻을 둔 선비를 이르는 말이다. 이런 군자도 삼갈 일이 세 가지가 있다. 30살 이전인 젊을 때는 아직 신체와 정신이 완성된 단계가 아니기에 여색(女色)에 빠져 마음과 몸을 손상시키면 안 될 것이라고 하였다. 『예기(禮記)』의 「곡례(曲禮)」편에서 30세를 "장(壯)"이라 했는데, 여기서 "及其壯也급기장야"라고 한 것은, 30세 이상의 굳세고 씩씩한 연령대인 것이다. 혈기가 왕성하여 불물을 안 가리고 투쟁적인 행동을 하다 보면 자기 몸이 절단 나는 줄도 모르게 상할 수 있기 때문에, 경계의 말씀으로 한 것이다. 노년을 뜻하는 기로(耆老)의 나이인 60~70대로 접어들면, 혈기가 이미 쇠했는데도 물욕에 눈이 멀어 욕심을 낼 수 있다는 말이다. 노년에 사업이라 하답치고 투기를 했다가 낭패를 보는 경우가 종종 있는데, 조심해야 할 일이다.

성인이면서 군자이신 공자께서 말씀한 군자삼계(君子三戒)가 오늘날 우리도 되새기면서 지켜야 할 내용이다. 우리가 일생을 잘 살아가기 위해서는 이 세 가지를 잘 지켜면서 살면 될 것이다. 군자가 일반사람과 같은 점은 혈기(血氣)가 있는 것이고 다른 점은 지기(志氣, 참된 의지와 기)이다. 혈기는 처음에는 왕성하다가 나중에는 쇠하게 되지만 지기(志氣)는 쇠할 때가 없다. 혈기는 나이가 젊을 때는 안정되지 않고, 장년 이후에는 더 굳세지고 노년이 되어서 비로소 쇠퇴해진다. 하지만 지기(志氣)는 젊은 시절 여색을 삼갈 줄 알게 하고 장년 시절에는 투쟁을 멀리하게 하며 노년기에는 물욕으로써 얻고자 하는 바를 삼갈 줄 알게 해준다. 따라서 군자는 지기(志氣)를 기르는지라 혈기에 의해 동요하는 바가 없는 것이다. 그래서 지기(志氣)를 기르는 군자와 성인은 나이가 더욱 높을수록 덕(德)이 높아지는 것이다.

계층으로 따져, 요즘 군자라 칭할 수 있는 분은 아마도 우리 사회의 지도자급일 것이다. 지도자급이면서 군자삼계(君子三戒)를 잘 지키는 사람일 것이다. 유명 정치인도 군자의 범주에 들 수도 있다. 진정한 군자의 범주에 들기 위해서는 사욕을 위해 자녀의 입학이나 취업 등을 청탁하지 말아야 한다. 일탈한 개인의 물욕이, 개인은 물론 우리 사회를 망치고 있기 때문이다.

계층의 구별이 유명무실한 오늘날, 자기 일에 최선을 다하고 이웃들에게 해를 끼치지 않는 사람들이 오히려 군자라 칭할 수 있을 것이다. 우리 주변에 평범하게 일상을 살아가는 대다수의 삶이 군자삼계(君子三戒)를 지켜나간다면 우리 사회는 군자의 세상으로 살맛 나는 세상이 될 것이다.

孔子曰공자왈, 君子군자가 有三畏유삼외하니 畏天命외천명하며 畏大人외대인하며 畏聖人之言외성인지언이니라. 小人소인은 不知天命而不畏也부지천명이불외야라 狎大人압대인하며 侮聖人之言모성인지언이니라.

—『論語』「季氏(계씨)」篇 '三畏(삼외)'章

[한자, 훈과 음]

'畏(외)'는 '두려워할 외'이고 '狎(압)'은 '업신여길 압'이며 '侮(모)'는 '친압할 모'이다.

[번역]

공자께서 말씀하시기를, "군자가 두려워할 것이 세 가지가 있으니, 천명(天命)을 두려워하며, 대인(大人)을 두려워하며, 성인(聖人)의 말씀을 두려워한다. 소인(小人)은 천명을 알지 못해서 (그 천명을) 두려워하지 않는지라, 대인을 함부로 대하며, 성인(聖人)의 말씀을 업신여긴다."라고 하셨다.

[해설]

군자(君子)가 두려워해야 할 세 가지를 제시한 글이다. 천명(天命) 곧 하늘의 명령으로 바른 이치일 것이다. 바른 이치를 두려워해서 모든 행동을 조심하면 주어진 소중한 가치를 잃지 않을 수 있다는 것이다. 그리고 대인과 성인을 두려워해야 한다는 말은 덕이 있는 분으로 그 분들의 말을 본받을 수 있다는 것은 곧 천명에 따른다는 의미일 것이다. 반대로 소인(小人)은 천명을 알지 못하기 때문에 천명의 이치를 따르는 군자나 성인 같은 분을 대할 적에 함부로 행동하게 된다는 뜻이다. 덕을 지닌 대인 곧 군자를 지나치게 가까이함으로써 도리에 맞지 않게 친압(親狎)하는 태도를 보이고, 심할 경우는 상투

잡고 논다는 말까지 들을 수 있는 경우에 처할 수도 있는 것이다. 그러다 보면 대인 또는 성인, 군자의 말씀을 업신여기고 제멋대로 행동하게 된다는 말이다.

위의 말씀 '君子군자, 有三畏유삼외.'에서의 '외(畏)'는, '엄히 여기고 꺼린다'는 뜻의 글자이다. '천명(天命)'은 '하늘이 준 바른 이치'이니, 가히 두려워할 줄 알게 되면, 그 조심하고 삼가고 걱정하고 두려워함이 절로 능히 그만두지 못할 점이 있어, 주어진 소중한 것을 가히 잃지 않을 수 있게 되는 것이다. '대인(大人)'은 덕(德)이 있고 지위(地位)가 있는 분이며 '성인(聖人)의 말씀'은 본받을 바가 있는 말씀인지라, 모두 '천명'에 비추어 볼 때 마땅히 두려워할 바이니, '천명'을 두려워할 줄 안다면 군자로서 그 또한 두려워하지 않을 수 없는 것이다.

그에 반하여 소인(小人)은, '천명'을 모르기에 '천명'과 '대인'과 '성인의 말씀'을 모두 두려워할 줄 모르는 것이다. 위의 말씀에서 '狎大人압대인, 侮聖人之言모성인지언.'이라고 하였는데, '대인'을 친압하며 '성인의 말씀'을 업신여긴다는 것은, 덕이 있고 지위가 있는 분 '대인'에게 친압하여 함부로 대하며 '성인의 말씀'이 소중하고 고귀한 줄도 모르고서 업신여긴다는 뜻의 말씀이다. 여기서의 '모(侮)'는, '희롱하고 즐긴다'는 뜻의 글자로, '업신여긴다'는 말이다.

子자가 絶四절사러시니 毋意무의·毋必무필·毋固무고·毋我무아러시다.

—『論語』「子罕(자한)」篇 '絶四(절사)'章

[한자, 훈과 음]

'絶(절)'은 '끊을 절'로 '없애기를 다한다'는 뜻이고 '毋(무)'는 '없을 무'로 '~하는 경우가 없었다'로 풀이되는 글자이다. '意(의)'는 '뜻 의'로 '사사로운 생각'이라는 뜻이고 '必(필)'은 '기필할 필'이며 '固(고)'는 '굳을 고'로 '고집하고 막힌다'는 뜻이다.

[번역]

공자께서 네 가지를 딱 끊으셨더니, 억측하는 일이 없으시고, 기필(期必)하는 일이 없으시고, (융통성 없이) 고집하는 일이 없으시고, (사사로운 마음에서) 아집(我執)하는 일(이기심)이 없으셨다.

[해설]

"무의(毋意)·무필(毋必)·무고(毋固)·무아(毋我)" 네 가지는 시작과 끝이 있다. 모든 잘못은 억의(臆意, 억측) 곧 근거에 의하지 않고 자기 나름대로 생각하는 일어나 반드시 그렇게 하여야 한다고 하는 데서 저질러지고 고집하는 데서 머물러 아집하는 데서 이루어진다. 대개 억측함과 기필함은 항상 사전에 이루어지고 고집함과 아집함은 사후에 있기 마련이다. 아집은 억측을 낳아 항상 물욕에 이끌려서 순환하게 되는 것이다.

공자와 같은 성인께서는 억측하는 일은 없었으며 반드시 이루려고 하는 일도 없었으며, 융통성 없이 고집하는 일도 없었으며, 사욕에 얽매여 아집하는 일도 없었던 것이다. 이 네 가지를 염두에 두고 생활한다면 모두 사람들의 삶도 바른 삶이 될 것이다.

덕과 지위가 있는 군자를 모실 때의 주의할 점도 있다.

孔子曰공자왈, 侍於君子시어군자에 有三愆유삼건하니 言未及之而言언미급지이언을 謂之躁위지조요 言及之而不言언급지이불언을 謂之隱위지은이요 未見顏色而言미견안색이언을 謂之瞽위지고니라.

—『論語』「季氏」篇 '三愆(삼건)'章

[한자, 훈과 음]

'侍(시)'는 '모실 시'이고 '愆(건)'은 '허물 건'이다. '未(미)'는 '아직 아닐 미'이고 '及(급)'은 '미칠 급'이다. '躁(조)'는 '조급할 조'이고 '隱(은)'은 '숨길 은'이다. '顔(안)'은 '얼굴 안'이고 '瞽(고)'는 '소경 고'로, 여기서는 '말을 할 때 말씀을 살피거나 안색을 살펴보지 못한 것'을 이르는 말이다.

[번역]

공자께서 말씀하시기를, "군자를 모심에 세 가지의 허물이 있을 수 있으니, 말이 (그 말을 할 만한 상황에) 미치지 못했을 때에 말하는 것을 일러 조급하다고 하고, 말이 (상황에) 미쳤음에도 말하지 않는 것을 일러 숨긴다고 하고, 안색을 미처 살펴보지도 않고서 말하는 것을 일러 소경이라 이른다."라고 하셨다.

[해설]

군자를 모실 때 있을 수 있는 세 가지 허물을 말씀한 것이다. 세 가지 병통이 '조(躁)'·'은(隱)'·'고(瞽)'로, 각각 '조급한 병통'·'숨기는 병통'·'말씀과 안색을 살필 줄 모르고서 눈치 없이 제 말만 추켜대는 병통'이라고 하겠다. 말할 만한 상황이 아닌데도 말을 한다거나 말할 만한 때가 되었는데도 말을 안 한다거나, 남의 안색을 살피지도 않고 자기 할 말만 하는 것은 올바른 태도가 아니라는 것이다.

요즘 현대인들은 나서지 않을 때 나서기도 하고 또 꼭 바른말 할 상황인 데도 뒤로 숨어 자기의 뜻을 표현하지 못해 우리가 사는 사회가 나쁜 쪽으로 흘러 게 한다거나, 남의 안색도 살피지 않고 자기 말만 하는 소위 듣기와 말하기 교육이 되지 않은 현시대에 필요한 말씀인 것 같다. 이는 군자 같은 윗사람을 섬기는 사람에게만 적용될 것의 말씀이 아니라, 아랫사람을 거느리는 윗사람들에게도 적용될 말씀인 것이다. 아랫사람의 말도 다 들어보지 않고 '되다'라고 말해버리는, 듣기가 안 되는 그런 윗사람이 되지 않기 위해서라도 공자가 말한 세 가지 허물을 경계 삼아야 할 것이다.

9. 공자가 본 군자(君子)와 소인(小人)의 차이점

공자(孔子)가 『논어』에서 바라본 군자(君子)와 소인(小人)의 구별 가치 기준은 무엇인가를 살펴보자. 그러면 앞으로 우리의 삶의 방향도 정해질 수 있기 때문이다.

子曰자왈, 君子군자는 周而不比주이불비하고 小人소인은 比而不周비이부주니라.

—『論語』「爲政(위정)」篇 '周比(주비)'章

[한자, 훈과 음]

'周(주)'는 '의리로 두루 친할 주'이고 '比(비)'는 '이익으로 나란히 편당할 비'이다. 다시 말하자면 '周(주)'는 '의리로 널리 두루두루 친하다'는 의미이고, '比(비)'는 '치우치게 무리 짓는다'는 뜻으로 지연(地緣)·혈연(血緣)·학연(學緣) 등의 사적으로 친하게 편을 나눈다는 의미이다.

[번역]

공자께서 말씀하시기를, "군자는 의리로 두루 친하기는 하되 이익으로 나란히 따르지는 않으며, 소인은 이익으로 나란히 따르기는 하되 의리로 두루 친하지는 못하다."라고 하셨다.

[해설]

공자는, 군자는 의리로 두루 친하기는 해도 이익으로 나란히 편당하지 않으며 소인은 이익으로 나란히 편당하기는 해도 의리로 두루 친하지 못하다고 하였다. 우리가 사회생활을 하면서 어떤 태도로 삶을 살아야 하는지를 분명하게 보는 준다. 이익이 아니라 의리로 판단하자는 말이다.

子曰자왈, 君子군자는 和而不同화이부동하고 小人소인은 同而不和동이불화니라.

—『論語』「子路(자로)」篇 '和同(화동)'章

[한자, 훈과 음]

'和(화)'는 '화합할 화'로 '어그러지고 뒤틀린 마음이 없다'는 뜻이고, '同(동)'은 '한가지 동'으로 '아첨하여 나란히 따른다'는 뜻이다.『논어』「위정」편 '주비'장에 나오는 '周(주)'가 '和(화)'와 같은 의미이고 '比(비)'는 '同(동)'과 같은 의미이다.

[번역]

공자께서 말씀하시기를, "군자는 의리로 화합하기는 해도 이익에 따라 부화뇌동(附和雷同)하지 않으며, 소인은 이익에 따라 뇌동(雷同)하기는 해도 의리로 화합할 줄 모른다."라고 하셨다.

[해설]

군자는 의리를 숭상하기에 이익에 따라 부화뇌동하지 않으며, 소인은 이익을 좋아해서 의리로써 화합할 수 없다고 하였다.

부화뇌동(附和雷同)은 천둥소리에 창문이 덩달아 흔들리듯 비판 없이 붙좇고 따른다는 말이다. 따라서 '화이부동(和而不同)'은 의리로 화합해 친하고 이익에 따라 부화뇌동하지 않음을 이른다. 『논어』「이인(里仁)」편 '회덕(懷德)'장에 "군자는 덕을 행할 것을 마음속에 품고 소인은 거처하며 먹고 살 땅을 마음속에 품으며, 군자는 법을 지킬 것을 마음속에 품고 소인은 은혜를 입을 것을 마음속에 품는다."[15]고 하였다. 따라서 군자는 남에게 덕을 베풀 것나 규범을 지킬 것을 생각하지만 소인은 수단과 방법을 가리지 않고 이익만을 생각한다는 것이다. 대기업에서 편법으로 탈세를 한다거나 재벌가가 재산 상속을 정당한 방법으로 하지 않는 것, 그리고 부동산 투기 등도 모두 소인들이 행하는 방법이다. 부자들이 더 편법으로 사업을 확장하거나 재산을 증식하는 것으로 보아 소인이 가난한 사람을 뜻하는 것은 아닐 것이다. 소인이여, 덕(德) 곧 도덕심이 회복되기를 바란다.

아주 오래 전에는 분쟁이 생기면, 개인 간의 싸움이나 더 나아가 집단이나 부족 간의 전쟁으로 땅이나 이익을 쟁취했는데, 문명이 발달하면서 싸움이나 전쟁보다는 법으로 정해 놓고 이익을 따져보니 더 편리함을 알게 되었던 것이다. 그런 후 군자들은 법을 제대로 지켜 싸움이나 전쟁을 피할 수 있고 안정된 생활을 누리게 되었다는 말이다. 그 법보다 더 우위에 있는 것이 도덕적 양심인 것이다. 양심에 따라 의리로 판단하고 결정하면 후회할 일이 없을 것이다.

15) 『論語』「里仁」篇 '懷德'章. '君子는 懷德하고 小人은 懷土하며 君子는 懷刑하고 小人은 懷惠니라."

子가 謂子夏曰위자하왈, 女爲君子儒여위군자유요 無爲小人儒무위소인유하라.

—『論語』「雍也(옹야)」篇 '爲儒(위유)'章

[한자, 훈과 음]

'子夏(자하)'는 공자의 제자로 문학에 뛰어났다. '女(여)'는 '너 여'이고 '儒(유)'는 '선비 유'이다. 여기서의 선비는 도(道)를 배우는 자를 일컫는 말로 사용되었다.

[번역]

공자께서 자하(복상)에게 일러 말씀하시기를, "너는 군자로서의 선비 공부를 할 것이요, 소인으로서의 선비 공부를 하지 마라."고 하셨다.

[해설]

여기의 '군자(君子)'는 근본을 중시하고 겉꾸밈보다는 본질을 숭상하는 인물이다. 그리고 '소인(小人)'은, '악인(惡人)'의 의미로 쓰인 말이 아니라 '소시민으로 자기의 이익만을 앞세우는 자잘한 사람'의 의미로 쓰인 말이다. 『논어』「안연」편 '성미'장에 "군자는 남의 아름다운 점을 성취시켜 주고 남의 악한 점을 굳혀주지 않나니, 소인은 이를 뒤집어서 하느니라."[16]고 한 내용도 있다. 이처럼 군자는 남의 약점을 들춰내서 비난하거나 조롱하는 것이 아니라, 남의 장점을 널리 알려 우리 사회에 필요한 사람이 되게 한다는 것이다.

---

16) 『論語』「顔淵」篇 '成美'章. "子曰, 君子는 成人之美하고 不成人之惡하나니 小人은 反是니라."

子曰자왈, 古之學者고지학자는 爲己위기러니 今之學者근지학자는 爲人위인이로다.

—『論語』「憲問(헌문)」篇 '爲己(위기)'章

[한자, 훈과 음]

'爲己(위기)'는 참된 도가 자기 몸에 터득되기를 바라는 공부이고, '爲人(위인)'은 남에게 알려지기를 바라는 공부 곧 남에게 보여 주기식의 공부인 것이다. '古(고)'는 '옛 고'이고, '學(학)'은 '배울 학'이며, '爲(위)'는 '할 위'이다. '己(기)'는 '몸 기'로 자기를 뜻하고, '人(인)'은 '사람 인'으로 다른 사람을 뜻한다.

[번역]

공자께서 말씀하시기를, "옛날의 학자들은 자기 몸을 위했더니, 오늘날의 학자들은 남을 위하도다."라고 하셨다.

[해설]

위의 '위기지학(爲己之學)'은 참된 도(道)가 자기 몸에 터득되기를 바라는 공부이며, '위인지학(爲人之學)'은 남에게 알려지기를 바라는 공부라고 하였다. 옛날에 배우는 자들은 진정으로 참된 사람이 되기 위해서 자기 자신의 성정을 먼저 갈고 닦았다. 그런데 요즘 배우는 사람들은 자기 자신이 참된 사람이 되기 위한 공부는 하지 않고, 남의 눈을 의식하는 공부를 한다는 것이다. 남들이 나를 어떻게 생각할까? 아니면 남에게 잘 보이기 위해 대학을 선택하고 있다는 것이다. 곧 남에게 자랑거리로 공부를 한다는 말이다. 학연이 판을 치는 사회에 경종을 울리는 말씀인 것이다. 대학(大學)은 더 큰 학문을 하기 위해 들어오는 곳이기 때문이다. 학벌을 따기 위한 곳은 아니다.

子曰자왈, 君子군자는 坦蕩蕩탄탕탕이요 小人소인은 長戚戚장척척이니라.

—『論語』「述而(술이)」篇 '坦蕩(탄탕)'章

[한자, 훈과 음]

'坦(탄)'은 '평탄할 탄'이고 '蕩蕩(탕탕)'은 '너그럽고 넓은 모양'을 뜻하고 '蕩(탕)'은 '너그러울 탕'이다. '戚(척)'은 '근심 척'이고 '戚戚(척척)'은 '근심스럽고 근심스럽다'는 말이다.

[번역]

공자께서 말씀하시기를, "군자는 평탄하게도 도량이 너그럽고 크며, 소인은 언제나 근심 투성이다."라고 하셨다.

[해설]

'탄탕탕(坦蕩蕩)'은, '항상 느긋하고 태연하여 평탄하게도 도량이 넓고 크다'는 뜻의 말씀이고 '장척척(長戚戚)'은, '길이 근심스러워하고 근심스러워한다.'는 뜻의 말씀이다. 군자는 이치를 따르는지라, 그래서 항상 급박하지 않고 태연하며, 소인은 외물에 부림을 당하기에 근심하는 경우가 많다는 것이다. 『논어』「자로」편 '태교'장에 "군자는 태연자약(泰然自若)하고 교만하지 않으며, 소인은 교만하고 태연자약하지 못하니라."[17]고 한 것처럼, 군자는 이치를 따르니 편안하고 느긋하면서도 자랑하거나 방자하지 않으며, 소인은 욕심을 채우려 함으로 이와 반대가 되는 것이다.

---

17) 『論語』「子路」篇 '泰驕'章. "子曰, 君子는 泰而不驕하고 小人은 驕而不泰니라."

子夏자하가 曰왈, 小人之過也소인지과야는 必文필문이니라.

—『論語』「子張(자장)」篇 '必文(필문)'章

[한자, 훈과 음]

'子夏(자하)'는 공자의 제자로 문학에 능한 인물이다. 姓名(성명)은 卜商(복상)이다. '過(과)'는 '허물 과'이고, '文(문)'은 '꾸민다'는 말이다.

[번역]

자하가 말하기를, '소인(小人)의 허물은 반드시 꾸며댄다."라고 하였다.

[해설]

소인은, 자기 허물에 대하여 좀처럼 고치려 하지 않고, 꾸며대며 합리화하려고만 하여, 스스로를 속이기에 그 허물이 더해지는 것이다.

위의 군자와 소인의 차이는 크게 『논어』「옹야」편 '위유'장에서 사씨(謝氏)가 말한, '의리와 이익의 차이'[18]일 것이다. 『중용』에 "군자는 그 지위[처지, 분수]를 바탕삼아서 행하고 그 밖에 것은 바라지 않느니라. 부귀를 바탕삼아서는(부귀한 처지에 처해서는) 부귀한 처지에 맞게 행하며, 빈천(貧賤)을 바탕삼아서는 빈천한 처지에 맞게 행하며, 이적(夷狄)을 바탕삼아서는 이적의 처지에 맞게 행하며, 환난(患難, 근심스럽고 어려운 일)을 바탕삼아서는 환난한 처지에 맞게 행하나니, 군자는 어느 길로 들어서든지 스스로 제 참뜻을 얻지 못하는 법이 없느니라."[19]고 한, 군자(君子)에 대한 내용이 있다. 군자는 어떠한 처지나

---

18) 『論語』「雍也」篇 '爲儒'章 謝氏 註釋. "謝氏曰, 君子小人之分, 義與利之間而已."

환경에 처해도 자기가 본래대로 살고자 했던 삶을 유지하면서 그 본래의 참뜻을 실현하지 못하는 법이 없다고 하였다. 이처럼 군자는 재물이 넉넉하면 이웃을 돕고 가난하면 가난한 대로 삶을 즐기면서 학문을 하며, 오랑캐 땅에 가면 오랑캐 법도를 따르고 어려운 일에 처하면 그 어려운 삶을 극복하면서 자기가 처한 처지에 맞게 행동한다는 말이다. 그 어려운 삶을 벗어나겠다고 억지로 발버둥 치다가 더 큰 나락으로 떨어질 수 있기 때문이다.

요즘 우리 사회상을 살펴보면 소인이 넘쳐나고 있다. 가까이는 매일 텔레비전 뉴스에 등장하는 일부 정치인들의 모습일 것이다. 정치적 소신이라기보다는 장차 총선에 공천을 받을 수 있는가 없는가에 저울질하면서 사익을 목적으로 편당을 만들고 있기 때문이다. 정치가 제대로 되려면 공자가 말씀한 군자들이 모이는 당이 되어야 할 것이다. 군자당이 되기 위해서는 각자의 삶의 태도 또한 중요하다. 『맹자(孟子)』「등공문(滕文公)」장의 맹자가 인용한 공자 말씀에 "지조 있는 선비는 제 몸이 죽어 구렁텅이와 골짜기에서 뒹굴어도 좋다는 정신을 잊지 않고, 용기 있는 선비는 제 몸이 죽어 목[머리]이 떨어져 나가도 좋다는 정신을 잊지 않는다."[20]라고 한 것처럼, 군자가 지녔던 삶의 자세를 유지하여야 진정한 군자 곧 선비가 되는 것이다. 『논어』「술이(述而)」편 '소수(疏水)'장의 공자 말씀에 "의롭지 못하고서도 부자가 되고 귀한 존재가 되는 것은 나에게 있어서 마치 뜬 구름과 같다."[21]

19) 『中庸』 第十四章 '素位'章. "君子, 素其位而行, 不願乎其外. 素富貴, 行乎富貴, 素貧賤, 行乎貧賤, 素夷狄, 行乎夷狄, 素患難, 行乎患難, 君子, 無入而不自得焉."

20) 『孟子』「滕文公」章下 '陳代'章 및 「萬章」章下 '不見'章 참조. "志士, 不忘在溝壑, 勇士, 不忘喪其元."

21) 『論語』「述而」篇 '疏水'章. "不義而富且貴는, 於我如浮雲니라."

라는 구절에서, 우리가 어떤 삶을 살아야 이 사회에 보탬이 되지를 알 수 있게 한다. 정치인은 개인의 사사로운 이익보다는 사회에 이익이 되는 공익을 위해 정치를 행한다면 결과적으로 정치인 개인은 물론 우리 사회에도 도움이 된다는 사실을 알아야 될 것이다.

10. 군자(君子)의 문(文)과 질(質)

공자가 추구한 것은 본바탕인 문(文)과 겉꾸밈인 질(質) 중 어느 것일까? 또 공자는 어떻게 했을 때 군자가 될 수 있다고 한 것일까?

子曰자왈, 質勝文則野질승문즉야요 文勝質則史문승질즉사이니 文質문질이 彬彬然後빈빈연후에 君子군자니라.

—『論語』「雍也(옹야)」篇 '文質(문질)'章

[한자, 훈과 음]

'質(질)'은 '바탕 질'로 '본바탕'의 의미이고, '文(문)'은 '문채 문'으로 '겉꾸밈'의 뜻이다. '勝(승)'은 '이길 승'이고 '野(야)'는 '거칠 야'로 '촌스럽고 거칠다'는 뜻이다. '史(사)'는 '역사 사'로 '사관(史官)'의 의미로 사용되면서 기계적인 글쟁이를 뜻한다. '彬(빈)'은 '빛날 빈'이고 '彬彬(빈빈)'은 '선명하게 빛난다'는 뜻이다.

[번역]

공자께서 말씀하시기를, "본바탕이 겉꾸밈보다 나으면 촌스럽고 겉꾸밈이 본바탕보다 나으면 기계적인 글쟁이에 지나지 않으니, 겉꾸밈과 본바탕이 조화 있게 빛난 연후에야 (진정한) 군자다."라고 하셨다.

[해설]

질(質)은 본바탕을 의미하고 문(文)은 겉꾸밈을 뜻한다. 사람이 살아가면서 중요한 것은 진실된 마음과 미더움 곧 충신(忠信)일 것이다. 그 충신이 본질이 되고, 예에 해당되는 것은 겉꾸밈인 문(文)일 것이다. 그런데 본바탕인 질(質)이 겉꾸밈인 문(文)보다 나으면 야비하다고 하였으며, 반대로 겉꾸밈인 문(文)이 질(質)보다 나으면 형식에 빠진다고 하였다. '史(사)'는, '겉만 번지르르하다'는 뜻으로 쓰인 글자이다. '매너리즘'에 빠진 '기계적인 글쟁이'로서의 사관(史官)을 의미하는 말로 쓰인 글자이다. 다시 말하자면 겉만 화려하고 실질이 없다는 말로, 꾸밈이 많고 실질됨이 적다는 의미이다. 따라서 진정한 군자의 모습은 내용과 형식이 잘 조화를 이룬 빈빈(彬彬)의 상태가 되어야 한다는 것이다. 『논어』「헌문」편 '성인'장에 "문채(文采)내기를 예와 악으로써 완성된 인간이 된다."[22]라고 한 부분이 있다. 자로가 스승인 공자에게 성인 곧 완성된 인간에 대해서 여쭈니 공자가 노나라 대부인 장무중의 지혜와 노나라 맹공작 같은 사람의 욕심내지 않음과 노나라 변읍의 장자 같은 사람의 용기와 염구 같은 사람의 예(藝)와 게다가 예악(禮樂)까지 더한다면 성인이 될 수 있다고 한 장면에서 나온 말이다. 공자가 말씀한 지(知)와 불욕(不欲) 곧 인(仁)과 용(勇) 그리고 예(藝)로, 이는 평소에 자로가 좋아했던 네 가지 장점에다 예악을 보탬으로써 더욱 훌륭한 장점을 지닌 인물이 될 것이다. 따라서 겉꾸밈에 해당하는 예(禮)와 악(樂)은 군자가 수양을 완성하는 데 꼭 필요한 요소임을 알 수 있게 한다. 따라서 군자는 質(질)만 가지고 있으면 야비하기 때문에 반드시 文(문)이라는 형식의 수양도 있어야 한다는 것이다.

---

22) 『論語』「憲問」篇 '成人'章. "文之以禮樂이면 亦可以爲成人矣니라."

공자(孔子)의 질(質)과 문(文)이 모두 중시되어야 한다는 주장에 반박한 이도 있었다.

棘子成극자성이 曰왈, 君子군자는 質而已矣질이이의니 何以文爲하이문위리오. 子貢자공이 曰왈, 惜乎석호라, 夫子之說君子也부자지설군자야여, 駟不及舌사불급설이로다. 文猶質也문유질야며 質猶文也질유문야이니 虎豹之鞟호표지곽이 猶犬羊之鞟유견양지곽이니라.

—『論語』「顔淵(안연)」篇 '文質(문질)'章

[한자, 훈과 음]

'棘子成(극자성)'은 衛(위)나라 대부이고 '子貢(자공)'은 공자의 제자 端木賜(단목사)이다. '惜(석)'은 '아낄 석'으로 '안타깝다'는 뜻이다. '夫子(부자)'는 상대방을 높이는 호칭으로 '선생'·'당신' 등의 뜻이다. '駟(사)'는 '사마 사'로 네 필의 말이 끄는 수레를 뜻한다. '舌(설)'은 '혀 설'이고, '猶(유)'는 '같을 유'이다. '豹(표)'는 '표범 표'이고 '鞟(곽)'은 '털만 벗긴 날가죽 곽'으로 가죽에서 털을 제거한 것이다.

[번역]

'극자성'이 말하기를, "군자는 본바탕이 좋아야 할 따름이니, 어째서 겉꾸밈을 하리오?"라고 하였다. 자공이 말하기를, "안타깝도다! 선생[당신, 극자성]의 군자에 관하여 말씀하심이여. 네 필의 말[馬]이라도 (그) 언설(言說)을 따라가지 못하겠도다. 겉꾸밈이 본바탕과 같으며 본바탕이 겉꾸밈과 같으니, 호랑이와 표범의 털 없는 가죽이 개와 양의 털 없는 가죽과 같은 것이다."라고 하였다.

[해설]

'극자성(棘子成)'은 위(衛)나라의 대부(大夫)였는데, 그 당시의 사람들이 겉꾸밈에 지나친 것을 미워하였기에 '군자는 질(質, 본바탕)하면 되지 문(文, 겉꾸밈)해서 무엇하는가?'라고 반대의 말을 하였던 것이다. 이에 자공이 말하기를 '그대의 말이 군자다운 생각에서 나온 말이기는 해도 네 마리의 말이 끄는 수레보다도 빠른 말재주를 따라갈 수 없겠다.'고 극자성의 말재주를 비판하였다. 그러면서 문(文)과 질(質)이 모두 중요함을 비유의 방법으로 말하고 있다. '호랑이와 표범의 겉모습이 아름다운 것은, 가죽 때문이라기보다는 알록달록 찬란하게 문채(文采)를 이룬 터럭 때문'이라는 것이다. 그러니, 본바탕[質(질)]에 해당되는 짐승 가죽의 겉에 난 터럭 곧 겉꾸밈[文(문)]을 제거한 채 가죽만 가지고서 구별하려고 한다면, 호랑이·표범의 가죽이나 개·양의 가죽이 별로 구별될 것이 없이 매한가지라는 말이다. 군자와 소인이 '충신(忠信)' 곧 '진실됨과 미더움' 같은 본바탕[質(질)]으로써만 구별되는 것이 아니라 '예(禮)'와 같은 겉꾸밈[文(문)]으로써 구별되는 것처럼, 군자에게는 겉치레 또한 중요하다고 한 것이다.

이는 본질 못지않게 형식도 중요함을 역설한 것이다. 동일한 내용을 일종의 아름다운 형식을 통해서 표현해낼 때 그 아름다움은 더욱 빛을 발할 수 있기 때문이다. 공자나 그의 제자 자공이 인식한 미는 오늘날에도 그대로 유효하다. 요즘 좋은 내용의 물건이 있어도 아름다운 형식미를 지니지 못하면 고객들의 선택을 받지 못한다. 이는 내용 못지않게 그 내용을 담는 형식 또한 중요하다는 것이다. 광고의 효과만 봐도 이는 증명된다. 텔레비전에서 화려한 영상으로 광고가 된 제품이 소비자들에게 어필되기 때문이다. 기술을 요하는 내용은 이과 쪽에서 개발하고 형식미인 디자인은 인문학 쪽에서 개발한다면 이과와 문과가 융합된 훌륭한 제품을 만들어 시장에 내놓을 수 있을 것이다. 이것이 공자가 주장한 융·복합의 문화일 것이다.

따라서 2500년 전 공자와 그의 제자가 주장한 질과 문의 중요성이 21세기에도 유효하다 할 것이다. 다만 겉꾸밈인 문(文)에만 치중하여 본바탕인 질(質)을 등한시하면 안 될 것이다. 주자(朱子)도 『논어』 주석에서 '본말(本末)의 차이가 없도록 한 자공의 말씀에도 모순이 있다.'[23] 고 한 것이다. 주자의 주장처럼 아무리 형식이 중요하다고 해도 본바탕이 먼저이기 때문이다. 본바탕을 훌륭히 한 후 겉꾸밈도 가꾸어야 할 것이다. 인격이 완성된 후 겉모습을 치장해야 한다는 말이다. 인성이나 인격은 등한시하면서 겉모양인 외모만 중시하는 세태에 깊이 새겨야 할 내용이다. 인성과 감성으로 인격이 갖추진 후 외모까지 아름다우면 금상첨화(錦上添花)가 될 뿐만 아니라, 외모지상주의라는 말도 사라질 것이기 때문이다.

11. 공자의 중용(中庸)

중용(中庸)은 언제나 도리에 딱 들어맞게 행하는 도(道)이다. 그래서 성인(聖人)께서도 행하기가 어렵다고 하셨다. 『중용(中庸)』을 지은 자사(子思)도 '중(中)'의 개념을 우리 감정의 대명사인 희노애락(喜怒哀樂)이 아직 마음 밖으로 표현되지 않은 채, 올바른 감정으로 사용될 수 있도록 마음속에 딱 준비되어 간직된 상태를 중(中)이라고 하였다. 곧 어떤 상황에 딱 들어맞게 행할 수 있도록 준비되어 있는 상태가

23) 『論語』「顔淵」篇 '文質'章, 朱子 註釋. "無本末輕重之差, 胥失之矣."

‘중(中)’의 자세인 것이다. 그리고 ‘용(庸)’은 중(中)의 자세를 택하는 것을 항구불변하게 유지해 나가는 것을 이르는 말이다. 그래서 “공자는 큰 나라와 작은 나라의 백성들도 골고루 다스릴 수 있으며 벼슬과 복록도 가히 사양할 수 있으며 시퍼런 칼날도 가히 밟을 수 있는 일이로되 중용의 도는 능히 할 수 없느니라.”[24]고 하여, 천하를 잘 다스리고 사육신처럼 높은 벼슬과 봉록은 물론 시퍼런 칼날까지도 밟을 수 있는 용기 있는 충신도 중용(中庸)의 도(道)를 행하기는 어려운 도(道)라고 하였다.

子曰자왈, 中庸之爲德也중용지위덕야가 其至矣乎기지의호인저. 民민이 鮮久矣선구의니라.

—『論語』「雍也(옹야)」篇 ‘中庸(중용)’章

[한자, 훈과 음]

‘中庸(중용)’은 ‘도리에 꼭 들어맞는 바른 도를 정성스럽게 한결같이 해나가는 것을 뜻하는 것으로, 사람의 욕심을 버린 채 道心(도심)을 지켜나가는 것’을 뜻하는 말이다. ‘至(지)’는 ‘이를 지’, ‘지극할 지’이고 ‘鮮(선)’은 ‘더물 선’이다.

[번역]

공자께서 말씀하시기를, “중용(中庸)의 덕(德)됨이 그 지극하다고나 할까. (그 도를) 백성들이 오래 견지하는 경우가 드물다.”라고 하셨다.

---

24) 『中庸』. “子曰, 天下國家도 可均也며 爵祿도 可辭也며 白刃도 可蹈也로되 中庸은 不可能也니라.”

[해설]

공자(孔子)도 중용(中庸)의 도(道)가 지극해서 일반 백성들이 오래 유지해 나가기가 어렵다고 하였다. 왜냐하면 중(中)은 도리를 알고 말과 행실이 행함에 치우치지도 않고 지나침과 못 미침이 없는 상태를 이르는 것이고 용(庸)은 항구불변하게 중(中)의 자세를 견지해 나가는 것이기 때문이다. 그래서 공자는 일반 백성들이 중용(中庸)의 자세를 오래 지탱하는 사람이 드물다고 한 것이다.

공자의 삶의 자세를 중용(中庸)의 도(道)에 견준 내용이 『논어』「미자(微子)」편 '장인(丈人)'장 범씨(范氏)의 주석에 있다. "숨어 사는 자는 고상한 것을 목표로 삼으므로 산야로 한 번 가면 돌아올 줄 모르며, 벼슬하는 자는 세상에서 통달하는 것을 목표로 삼으므로 한 번 빠져들면 그칠 줄을 모르나니, 날짐승·길짐승과 더불어 무리지어 살지 않으면, 타고난 성명의 정을 결단내서 부귀를 탐하나니, 이 두 가지는 모두 알다가도 모를 일이로다. 그래서 중용의 도에 의지하는 것이 어려우니, 오직 공자와 같은 성인은 군자의 의를 버리지 않고 반드시 그 정도로써 하시니, 혹은 벼슬길에 나아가고 혹은 벼슬길에 물러나 처하시되 마침내 도에서 벗어나지 않은 바이다."[25]라고 하였다. 이는 그때그때 도리에 맞게 행하신 시중(時中)이면서 권도(權道)인 것이다. 공자께서도 스스로 중용의 도를 행하기 어렵다고 하였지만, 후대의 맹자(孟子) 같은 성인(聖人)은, 공자(孔子)야말로 지극한 중용(中庸)의 도(道)를 행하신 분으로 칭송하였던 것이다.

25) 『論語』「微子」篇 '丈人'章 范氏 註釋. "范氏曰, 隱者, 爲高, 故往而不返, 仕者, 爲通, 故溺而不止, 不與鳥獸同羣, 則決性命之情, 以饕富貴, 此二者, 皆惑也. 是以, 依乎中庸者爲難, 惟聖人, 不廢君臣之義, 而必以其正, 所以或出或處, 而終不離於道也."

子曰자왈, 關雎관저는 樂而不淫낙이불음하고 哀而不傷애이불상이니라.

—『論語』「八佾(팔일)」篇 '關雎(관저)'章

[한자, 훈과 음]

'關雎(관저)'는 『詩經(시경)』「周南(주남)」의 '國風(국풍)'의 첫편이다. '樂(낙)'은 '즐거워할 낙'이고 '淫(음)'은 '넘칠 음'이다. '哀(애)'는 '슬플 애'이고 '傷(상)'은 '상처 상'이다.

[번역]

공자께서 말씀하시기를, "'관저(關雎)'는 즐거워하면서도 넘치지 않고, 슬퍼하면서도 마음을 상하지는 않는다."라고 하셨다.

[해설]

위의 공자 말씀은 『시경』 시의 '관저'장만을 평단한 말씀이 아니고 『시경』 시 전체를 평단한 말씀이다. 『시경』 시는 성정 순화와 풍교를 바로잡기 위해 공자께서 311편으로 찬술한 것이다. 그 『시경』에 실린 시 '관저'장이 첫머리이다. '관저'장은 인류의 시작이며 인륜(人倫)의 시작이라 할 부부(夫婦)의 도를 노래한 시편이다. 이런 감정이 『시경』 시 전반에 나타나는 데 그 감정 표현이 즐거워하면서도 그 즐거워하는 마음이 도리에 넘치지 않는 것이며, 슬퍼하더라도 그 슬퍼하는 마음이 속마음을 해쳐서 몸과 마음을 심하게 상하게 하지 않아야 함을 밝혔다. 따라서 시를 통해서 즐거운 마음을 마음껏 노래하면서도 지나치지 않고 경우에 따라 한없이 슬퍼하더라도 마침내 몸져누울 만큼 몸과 마음을 상하게 하여서는 안 될 것이다. 화평한 마음을 유지하는 것이 중요하다는 말이다.

공자가 보기에 진정으로 아름답고 유익한 미는 그 정감의 표현이 중정(中正)한 도(道)에 미쳐야 한다는 것이다. 만약 마땅히 있어야 할 적당한 한계를 넘으면 즐거움도 방탕한 향락(享樂)으로 빠져들게 되어 해로움을 주게 된다는 것이다. 비애의 감정도 무한의 감상(感傷)에 젖게 하여 몸과 마음을 상하게 할 수 있다는 것이다. 따라서 공자는 미의 표현 곧 감정의 표현은 일종의 절제와 사회성이 있는 정감이어야 한다는 것이다. 지나친 향락(享樂)은 음란하면서 퇴폐적일 수 있으며 지나친 슬픔은 그 애처로움으로 하여 마음을 상하게 할 수 있기 때문이다. 이는 생명을 훼손하고 이성을 마비시켜 사람과 세상에 도움이 되지 않는 미적 표현의 방법인 것이다.

『논어』「선진(先進)」편 '숙현(孰賢)'장에 공자가 제자 자공(단목사)이 '자장(전손사)과 자하(복상) 중 누가 훌륭합니까?'에 대한 답으로 '과유불급(過猶不及)'이라 한 내용이 있다. 자장(전손사)은 재주가 높고 생각이 넓으면서도 구차스럽고 어려운 일을 행하기를 좋아했으므로 중정(中正)한 도(道)에 지나치다고 했으며, 자하(복상)는 도를 알차게 믿고 도를 예로써 삼가 지키면서도 규모가 좁았으니, 그러므로 항상 중정한 도에 미치지 못했던 것이다. 따라서 자장은 너무 적극적이라서 중정한 도에 지나쳤고 자하는 다소 소극적이라서 중정한 도에 미치지 못했던 것이다. 그래서 지나쳐도 안 되고 미치지 못해도 안 된다고 한 말씀에서 나온 표현이 과유불급(過猶不及)인 것이다. 이 과유불급이 공자가 말한 유학(儒學)의 도(道)인 미학의 보편적 원칙이라 할 것이다.

요즘 우리의 미는 어떠한가? 지나치지 못해 현란하여 사람의 혼을 어지럽게 할 정도의 미감이다. 쾌락이 정도가 넘쳐 몸과 마음을 황폐하게 할 뿐만 아니라 정상적인 사회인으로서의 생활도 불가능하게 하고 있다. 재벌 2~3세는 마약에 탐닉하여 메인 뉴스 화면을 장식하는 것이 특별한 일도 아닌 시대에 살고 있다. 과유불급을 마음에 새기면서 지나친 음주와 음란한 동영상 등을 멀리 하면서 마음의 안정을 찾기 위한 노력을 해야 할 것이다. 예술가들의 멋진 창작물을 기대하면서 독자 또한 넘치지 않는 미감을 누리고자 노력해야 할 것이다. 이 중정의 도 혹은 공자가 주장한 유학의 도는 모든 사회 현상에 적용될 수도 있다. 가령 고대의 어느 명문에 나온 글귀인 "세금이 적당하여 알맞으며 많은 백성이 의지한다."라고 한 것처럼, 중정(中正)의 도(道)는 이 세상 어디에도 필요한 것이다. 언제나 도리에 들어맞는 도이기 때문이다.

12. 천하를 크게 다스리는 법

공자(孔子)는 천하를 어떻게 다스릴 수 있다고 보았을까? 먼저 그의 제자 유자(有子, 유약)의 말을 살펴보자. 『논어』「학이(學而)」편 '무본(務本)'장에 "유자(有子)께서 말씀하시기를, '그 사람됨이 효성스럽고 공손하면서도 윗사람을 범하기를 좋아하는 자가 드무니, 윗사람을 범하기를 좋아하지 않으면서도 난을 짓기를 좋아하는 자가 아직 있지 않았느니라. 군자는 근본에 힘쓰니, 근본이 서면 (갈) 길이 생기나니, 효·제[효성스러움과 공손함]라는 것은 (그) 인을 행하는 근본이라고나 할까?'라고 하셨다."[26]는 내용이 있다. 유약(有若) 곧 유자(有子)는 부모를 잘 섬기는 것이 효도이며 형과 웃어른을 잘 섬기는 것은 공손함

26) 『論語』「學而」篇 '務本'章. "有子曰, 其爲人也가 孝弟요 而好犯上者가 鮮矣니 不好犯上이요 而好作亂者가 未之有也니라. 君子는 務本이니 本立而道生하나니 孝弟也者는 其爲仁之本與인저."

이라 하였다. 따라서 사람이 효도하고 공손할 줄 알면 그 마음이 온화하고 순해져서 윗사람을 범하기를 좋아하는 일이 적어지고 반드시 난을 짓기를 좋아하지 않게 된다고 하였다. 따라서 효도를 잘하는 것도 인(仁)이라고 할 수 있다. 그 효도를 잘하는 것으로부터 시작하여 형제와 이웃의 윗사람을 널리 사랑하는 도덕적 경지로 나아가는 것이 사람을 잘 다스리는 방법 중의 하나일 것이다.

子曰자왈, 弟子제자가 入則孝입즉효하고 出則弟출즉제하며 謹而信근이신하며 汎愛衆범애중하되 而親仁이친인이니 行有餘力행유여력이어든 則以學文즉이학문이니라.

—『論語』「學而(학이)」篇 '弟子(제자)'章

[한자, 훈과 음]

'弟子(제자)'는 스승과의 상대적 의미가 아니라 父兄(부형)과 상대적 개념인 '아우나 자식된 사람'의 뜻으로 사용된 경우이다. '出則弟(출즉제)'의 '弟(제)'는 아우 제가 아니라 '공손할 제'로 지금의 '공손할 제'인 '悌(제)'와 같은 의미로 사용된 한자이다. '謹(근)'은 '삼가할 근'이고 '信(신)'은 '믿을 신'이다. '汎(범)'은 '넓을 범'이고 '衆(중)'은 '무리 중'이다. '親(친)'은 '친할 친'이고 '仁(인)'은 '仁者(인자)'를 이르는 말이다. '餘(여)'는 '남을 여'이고 '文(문)'은 『시경』·『서경』 등 六經(육경)을 이르는 말이다.

[번역]

공자께서 말씀하시기를, "아우나 자식 된 사람이 집에 들어와서는 효도하고 나가서는 공손히 하며 언행을 삼가고 미덥게 하며 널리 대중을 사랑하되 그 중에서도 어진 사람을 가까이해야 하니, 행하고도 남은 힘이 있거든 그 남은 힘으로써 글을 배운다."라고 하셨다.

[해설]

자식이나 아우뻘 되는 사람은 가정이나 사회에서 효도하고 공손해야 될 것 곧 제 직분을 다하면서 글공부도 소홀히 하면 안 된다고 하였다. 따라서 공자가 바라본 세상 사는 이치는 사람의 기본적인 도리를 다하면서 글공부도 함께 해야 한다는 논리이다. 다시 말하자면 사람 노릇을 잘해 나가면서 글공부도 행하고 글공부를 행하면서도 사람 노릇을 잘해 나가되, 그 중에서도 사람 노릇을 잘하는 것이 더 중요하다는 말이다.

그리고 '널리 대중을 사랑하라'고 하였다. 이는 요즘 사람들이 학연과 지연 등으로 인간관계를 맺어 편애적으로 남을 사귀는 경우가 있는데, 공자는 그런 삶의 태도를 지양하고 두루두루 친할 것을 당부하였다. 특히 '어진 사람과 친'할 것을 당부하였는데, 그것은 어진 사람이 자신의 잘못을 바로잡아 줄 수 있기 때문이다.

『논어』「옹야」편 '시제'장에 자공이 "만일 백성들에게 널리 은혜를 베풀고 능히 대중을 구제하는 일이 있을진댄, 어떠하겠습니까? 가히 인(仁)이라고 이를 만합니까?"[27]라고, 여쭈는 장면이 있다. 이에 공자가 "어찌 인(仁)만을 일삼는 것이리오? 반드시 성(聖)이라고나 할까? 요(堯)·순(舜) 임금도 그 오히려 그것을 행하지 못하는 것을 마음의 병으로 여기셨다고나 할까? 무릇 인(仁)한 자는 자기가 만인 앞에 서고자 하는지라 남을 세워 주며, 자기가 현달(顯達)하고자 하는지라 남을

---

27) 『論語』「雍也」篇 '施濟'章. "子貢이 曰, 如有博施於民而能濟衆한댄 何如하니잇고. 可謂仁乎잇가."

현달시켜 주느니라. 능히 자기 몸과 같은 가까운 데서 비유를 취한다면, 가히 인(仁)을 행하는 방술(方術)이라고 이를 만할 따름이니라."[28] 라고 대답하였다. 이는 세상을 다스리는 방법이 백성들에게 널리 은덕을 베풀어 대중을 구제하는 데 있다는 것이다. 그러면서 자기가 현달하고자 하면 먼저 남을 현달시켜 주어야 한다는 것이다. 재능 있는 후배나 제자들을 벼슬할 수 있도록 추천한다든지 하여 제 뜻을 펼 수 있게 해주는 것이다.

따라서 성인이나 현자가 세상을 잘 다스리는 법은 효도하게 하고 널리 대중을 사랑하되 어진이를 가까이 하라는 것이다. 그리고 은덕을 베풀어 백성들을 구제하라고도 하였다. 이와 같은 방법이 성인의 경지이면서 세상을 크게 다스리는 법일 것이다. 사람 노릇하면서 대중들에게 덕을 베풀어 보자. 그러면 우리 모두가 성인의 경지에서 세상을 살아가게 될 것이다.

13. 인(仁)이란?

『논어』「자한(子罕)」편 '한언(罕言)'장에 "공자께서는 이익[이(利)]과 명(命)과 인(仁)에 대해서는 드물게 말씀하셨다."[29]는 내용이 있다. 이익을 따지게 되면 의(義)에 해(害)가 되고, '천명(天命)'과 같은 '명(命)'의 이치는 쉽게 알아보기 어려운 듯 겉으로 잘 드러나지 않아 은미(隱微)하고, 인(仁)의 도(道)는 크고 행하기 어렵기 때문에, 공자께서 좀처럼

28) 앞의 책. "子曰, 何事於仁이리오. 必也聖乎인저. 堯舜도 其猶病諸시니라. 夫仁者는 己欲立이라 而立人하며 己欲達이라 而達人이니라. 能近取譬면 可謂仁之方也已니라."

29) 『論語』「子罕」篇 '罕言'章. "子는 罕言利與命與仁일러시다."

쉽게 말씀하지 않고 드물게 말씀했던 것이다. 공자께서 드물게 말씀한 인(仁)의 내용을 살펴보자.

仲弓중궁이 問仁문인한대 子曰자왈, 出門출문(에) 如見大賓여견대빈하며 使民사민(에) 如承大祭여승대제하고 己所不欲기소불욕을 勿施於人물시어인이니 在邦재방(에) 無怨무원하며 在家재가(에) 無怨무원이니라. 仲弓중궁이 曰왈, 雍雖不敏옹수불민이나 請事斯語矣청사사어의리이다.

—『論語』「顏淵(안연)」篇 '仲弓(중궁)'章

[한자, 훈과 음]

'仲弓(중궁)'은 이름이 '염옹(冉雍)'으로 덕행이 뛰어난 공자의 제자이다. '賓(빈)'은 '손 빈'이고 '使(사)'는 '하여금 사'이다. '承(승)'은 '받들 승'이고 '祭(제)'는 '제사 제'이다. '己(기)'는 '자기 기'이고 '欲(욕)'은 '하고자 할 욕'이다. '勿(물)'은 '말 물'이고 '施(시)'는 '베풀 시'이다. '邦(방)'은 '나라 방'이고 '怨(원)'은 '원망할 원'이다. '雖(수)'는 '비록 수'이고 '敏(민)'은 '영리할 민'이다. '請(청)'은 '청할 청'이고 '斯(사)'는 '이 사'이다.

[번역]

'중궁(염옹)'이 '인(仁)'에 대하여 여쭈었는데, 공자께서 말씀하시기를, "문을 나섬에 마치 큰 손님을 만나보듯이 하며, 백성을 부림에 마치 큰 제사를 받들듯이 하고, 자기 몸이 바라지 않는 것을 남에게 베풀지 말 것이니, 그런 사람은 나라에 있더라도 그를 원망하는 일이 없으며 집안에 있더라도 원망하는 일이 없다."라고 하셨다. '중궁'이 말씀드리기를, "(저) '옹'이 비록 영리하지는 못하오나, 청컨대 이 가르침의 말씀을 일삼아 나가겠습니다."라고 하였다.

[해설]

공자께서 말씀한 인(仁)은 밖에서 사람을 만나면 마치 손님을 대하듯이 예의를 다해 접견하고 백성을 부릴 일이 있다면 마치 큰 제사를 받들 듯이 해야 한다고 하였다. 이렇듯 공경스러움을 행하면 모든 일이 예에 들어맞아 세상이 바른 이치에서 돌아가게 된다는 것이다. 백성을 공경심으로 받드는 것은 경(敬)에 해당되는 일이다.

그리고 "자기 몸이 바라지 않는 것을 남에게 베풀지 말라(己所不欲, 勿施於人)."는 남의 마음도 자기의 마음 같다고 미루어 헤아려주는 도인 서(恕)에 해당된다. 『논어』「위령공(衛靈公)」편 '일언(一言)'장에 자공이 공자에게 '평생토록 행할 만한 것이 있습니까?'로 여쭈는 장면이 있다. 그때 공자는 "恕서"라고 말씀하면서 "己所不欲기소불욕을 勿施於人물신어인이니라."[30]를 한 번 더 말씀하신다. 이는 남을 미루어 헤아려주는 자세로, 서(恕)인 것이다. 이처럼 공자의 가르침에 담긴 경(敬)과 서(恕)를 행할 수 있는 사람이라면 국가의 일을 맡아도, 아니면 집안에 있어도 원망을 사는 일은 없을 것이다. 이런 태도가 인(仁)인 것이다.

樊遲번지가 問仁문인한대 子曰자왈, 居處거처에 恭공하며 執事집사에 敬경하며 與人여인에 忠충을 雖之夷狄수지이적이라도 不可棄也불가기야이니라.

—『論語』「子路(자로)」篇 '樊遲(번지)'章

[한자, 훈과 음]

'樊遲(번지)'는 공자의 후기 제자로, 성은 樊(번)이고 이름이 須(수)이며 字(자)가

30) 『論語』「衛靈公」篇 '一言'章. "子貢이 問曰, 有一言而可以終身行之者乎잇가. 子曰, 其恕乎인저. 己所不欲을 勿施於人이니라."

子遲(자지)이다. 字(자)에 '子(자)'가 들어가면 높임의 뜻이 있다. '恭(공)'은 '공손할 공'으로 겉으로 나타난 뜻이고 '敬(경)'은 마음속에 있는 뜻이다. '執(집)'은 '잡을 집'이고 '忠(충)'은 '진실되게 내마음 다 바칠 충'이다. '夷狄(이적)'은 '오랑캐'를 뜻한다. '棄(기)'는 '버릴 기'이다.

[번역]

번지가 인(仁)에 대하여 여쭈었는데, 공자께서 말씀하시기를, "거처함에 공순하게 하며 일을 집행함에 공경스럽게 하며 남과 더불어 사귐에 진실되게 하는 사람을 비록 이적(夷狄)의 땅에 가더라도 결코 버려지게 할 수 없을 것이다."라고 하셨다.

[해설]

인자(仁者)는 평소에 공손하며 일을 하는 데에 있어서 신중하며 남과 사귐에 성실히 한다. 그래서 오랑캐의 땅에 가더라도 이 세 가지를 버려서는 안 된다고 하였다. 『논어』「옹야(雍也)」편 '번지(樊遲)'장에서 번지가 인에 대해서 묻자 공자가 "어려운 일은 내가 먼저하고 얻는 일은 나를 뒤로 돌린다."31)고 하였다. 모두가 나를 미루어 남을 헤아려 주는 도(道)이다.

子貢자공이 問爲仁문위인한대 子曰자왈, 工공이 欲善其事욕선기사인댄 必先利其器필선리기기니 居是邦也거시방야하여 事其大夫之賢者사기대부지현자하며 友其士之仁者우기사지인자이니라.

—『論語』「衛靈公(위령공)」篇 '利器(이기)'章

31) 『論語』「雍也」篇 '樊遲'章. "先難而後獲이면 可謂仁矣니라."

[한자, 훈과 음]

공자의 제자인 '子貢(자공)'은 姓(성)이 端木(단목)이고 이름이 賜(사)이며 字(자)가 子貢(자공)이다. '工(공)'은 '장인 공'이고 '善(선)'은 '잘할 선'이다. '器(기)'는 '그릇 기'이고 '邦(방)'은 '나라 방'이다. '事(사)'는 '섬길 사'이고 '賢(현)'은 '어질 현'이다.

[번역]

자공(단목사)이 인(仁)을 행하는 방도를 여쭈었는데, 공자께서 말씀하시기를, "장인[工(공)]이 제 일을 잘하고자 할진댄 반드시 먼저 제 도구(道具, 연장)를 예리하게 하는 것이니, 어디든 이 나라에 거처하면서 그 조정의 대부 중에서도 일을 잘하는 현자(賢者)를 섬길 것이며 그 많은 선비들 중에서도 인자(仁者)[덕이 많은 이]를 벗 삼아야 한다." 라고 하셨다.

[해설]

인(仁)에 대한 공자의 생각은, 장인(匠人)으로서 제가 하는 일을 잘하고자 한다면 반드시 먼저 제가 평소에 사용하는 그릇 곧 도구부터 날카롭거나 예리하게도 잘 들도록 가다듬고 연마해 놓아야 한다고 하였다. 대부(大夫)는 반드시 현자(賢者)를 섬기는 것을 필요로 하며, 선비[士(사)]는 반드시 인자(仁者)를 벗하는 것을 필요로 하니, 그 바로 자기 몸의 '사욕(私欲)'을 이겨 예(禮)로 돌아가기 위해 스스로 절차탁마(切磋琢磨)해 나가면서도 그 분들로부터 권면 받아 인(仁)에 이르러 가는 데 도움이 되기 때문에, 공자께서 인(仁)을 행할 수 있는 자질(資質)을 갖출 수 있도록 하기 위하여 제자 자공(子貢, 단목사)에게 그런 가르침을 내렸다. 따라서 인자(仁者)가 되기 위해서는 평소에 절차탁마(切磋琢磨)의 자세로 임해야 한다는 것이다. 자공이 평소에 자기보다 못한 사람과 사귀면 놀아 노파심에서 절차탁마할 것을 권장하면서 행하신 말씀이다. 우리가 평소에 벗사귐에 대해서도 고려해 보아야 할 사항이다. 향 싼 종이에는 향기 나고 생선 싼 종이에는 비린내 난다고 하지 않았던가? 더불어 사람을 사귈 때에도 신중하게 가릴 줄 아는 법이 필요하다. 이런 자세를 취할 줄 아는 것도 인자(仁者)의 태도이다.

子張자장이 問仁於孔子문인어공자한대 孔子曰공자왈, 能行五者於天下능행오자어천하면 爲仁矣위인의니라. 請問之청문지하노이다 한대 曰왈, 恭공·寬관·信신·敏민·惠혜니 恭則不侮공즉불민하고 寬則得衆관즉득중하고 信則人신즉인이 任焉임언하고 敏則有功민즉유공하고 惠則足以使人혜즉족이사인이니라.

—『論語』「陽貨(양화)」篇 '問仁(문인)'章

[한자, 훈과 음]

공자의 제자인 '子張(자장)'은 姓(성)이 顓孫(전손)이고 이름은 師(사)이며 字(자)가 子張(자장)이다. '恭(공)'은 '공손할 공'이고 '寬(관)'은 '너그러울 관'이며 '信(신)'은 '믿을 신'이다. 그리고 '敏(민)'은 '민첩할 민'이고 '惠(혜)'는 '은혜 혜'이다.

[번역]

자장(전손사)이 공자께 인(仁)에 대하여 여쭈었는데, 공자께서 말씀하시기를, "능히 천하에 다섯 가지를 행할 수 있으면 '인(仁)'이 될 것이다."라고 하셨다. 자장이 말씀드리기를 "청컨대 여쭙고 싶습니다."라고 하였는데, 공자께서 말씀하시기를, "공순함과 너그러움과 믿음과 일에 민첩함과 은혜로움이니, 공순하면 남이 업신여기지 않고,

너그러우면 뭇사람의 민심을 얻고, 믿음이 있으면 남이 맡겨 주고, 민첩하면 공이 있게 되고, 은혜로우면 족히 남을 부릴 수 있다."라고 하셨다.

[해설]

인자(仁者)가 될 수 있는 다섯 가지 방안을 제시하였다. 비록 자장이 부족한 다섯 가지이지만 이 다섯 가지를 행하면 마음이 공평해져서 마음 씀이 두루 미치게 되어 인(仁)에 미치게 된다는 것이다. 공순함·너그러움·믿음·민첩함·은혜로움 등 다섯 가지 중에서도 공손함이 근본이라 할 것이다. 공손하면 남이 업신여기지 않기 때문이다.

인인시교(因人施教) 곧 사람의 능력에 따라 가르침을 베푸는 교육법으로, 인(仁)에 대해서 말씀하였지만 오늘날 우리들에게도 모두 적용되는 내용들이다. 대체로 공자가 말한 인(仁)의 큰 줄기는 남을 배려하는 마음과 공손한 태도라고 할 수 있다. 요즘 우리는 남을 배려하지 못하고 자기 입장만 고수하다가 남에게 상처를 주기도 하고 더 심하면 사회적 갈등을 야기하기도 한다. 인(仁)을 실행하는 것이 도덕적 큰 일에 있는 것이 아니라 마음만 먹으면 행할 수 있는 것이다. 모두가 나로부터 이루어지기 때문이다. 인(仁)이란 자기 내면의 표현으로 나를 미루어 남을 헤아려주는 충서(忠恕) 곧 역지사지(易地思之)의 태도에 있는 것이다.

14. 인(仁)을 행하는 법

공자의 제자 유자(有子, 有若유약)가 『논어』 「학이(學而)」편 '무본(務本)' 장에서 '효성스러움과 공손함은 인(仁)을 행하는 근본'이라고 하였다. 보통 우리가 알고 있는 '인(仁)'은 '어질다' 정도의 의미로 알고 있다. 하지만 『논어』에서 공자와 그 제자들이 행하신 말씀의 인(仁)의 의미는 우리가 평상시 알고 있는 의미와 차이가 난다. 조부모님이나 부모님을 잘 섬기고 봉양하면서 형뻘 되는 사람께 공손히 예의를 갖추어 섬기는 곧 사람으로서의 참된 도리를 다하는 것을 인(仁)을 행하는 근본이라고 하였다. 자기 몸을 닦아 덕을 이루기를 목표로 삼아 나아가는 사람을 군자라고 한다. 그리고 그 군자의 본령이 인(仁)을 행하는가 아닌가의 여부에 따라 결정된다.

원래 인(仁)은 '사람 노릇 잘한다'의 의미로 사용되었던 한자이다. 그래서 인(仁)은 두 사람 간의 사이를 지극히 하기 위해서 사용되는 글자이다. 두 사람의 관계가 확장되어 우리 집 더 나아가 우리 사회로 확장되면서 인륜의 도를 지극히 한다는 의미로 확장되었다.

顔淵안연이 問仁문인한대 子曰자왈, 克己復禮극기복례가 爲仁위인이니 一日일일을 克己復禮극기복례면 天下천하가 歸仁焉귀인언하나니 爲仁위인이 由己유기니 而由人乎哉이유인이호재아. 顔淵이 曰왈, 請問其目청문기목하노이다. 子曰자왈, 非禮비례(어든) 勿視물시하며 非禮비례(어든) 勿聽물청하며 非禮비례(어든) 勿言물언하며 非禮비례(어든) 勿動물동이니라. 顔淵안연이 曰왈, 回雖不敏회수불민이나 請事斯語矣청사사어의리이다.

—『論語』 「顔淵(안연)」篇 '克己(극기)'章

[한자, 훈과 음]

'顏淵(안연)'은 공자의 제자이다. '克(극)'은 '이길 극'이고 '己(기)'는 '몸 기'이며 '復(복)'은 '돌아갈 복'이다. '歸(귀)'는 '돌아갈 귀'이고 '由(유)'는 '말미암을 유'이다. '請(청)'은 '청할 청'이고 '目(목)'은 '조건 목'이다. '勿(물)'은 금지 동사로 '말 물'이고 '敏(민)'은 '영리할 민'이다. '事(사)'는 '일 사'이고 '斯(사)'는 '이 사'이며 '語(어)'는 '말씀 어'이다.

[번역]

안연(안회)이 '인(仁)'에 대하여 여쭈었는데, 공자께서 말씀하시기를, "자기의 사욕(私慾)을 이겨서 예(禮)로 돌아감이 인(仁)을 행함이니, 하루라도[하루를] 사욕을 이겨서 '예'로 돌아가면 천하가 그 '인(仁)'으로 돌아가나니, '인(仁)'을 하는 것이 자기 몸에 달려 있으니, 그 '인(仁)'을 하는 것이 남에게 달려 있는 것이겠는가?"라고 하셨다. 안연이 말씀드리기를, "청컨대 그 세목(細目)을 여쭙고 싶습니다."라고 하였다. 공자께서 말씀하시기를, "예가 아니거든 보지 말 것이며, 예가 아니거든 듣지 말 것이며, 예가 아니거든 말하지 말 것이며, 예가 아니거든 행동하지 말 것이다."라고 하셨다. 안연이 말씀드리기를, "저 '회'[안회(顏回)]가 비록 영리하지는 못하오나, 청컨대 이 가르침의 말씀을 제가 할 일로 여겨 일삼아 나가겠습니다."라고 하였다.

[해설]

안연(顏淵, 안회)이 仁(인)에 대해서 여쭈자, 공자는 극기복례(克己復禮)라고 답하였다. 자기의 사사로운 욕심을 이겨 예(禮)로 돌아가자는 것이다. 재차 구체적인 세목을 여쭈자, 예(禮)가 아니거든 보지도, 듣지도, 말하지도, 행동하지도, 말라고 당부하였다. 예(禮)에 대해서 주자(朱子)는 『논어』 주석(註釋)에서 "천리의 절도와 문채"32)라고 하였다. "천리의 절도와 문체"에서의 "천리의 절도"는 하늘의 이치에 맞는 것으로 본질에 해당되는 것이고 "문채"는 형식으로 겉꾸밈에 해당되는 것이다. 예를 들어 집안이나 이웃에서 상(喪)을 당하면 친인척이나 이웃들과 마땅히 슬퍼하는 것이 천리인 것이다. 그러면서 예의에 맞게 장례 절차를 의식에 맞게 진행하는 것이 문채인 것이다. 이런 개인과 개인 더 나아가서 주변인들과의 예(禮)를 행하는 것이 인(仁)을 행하는 한 가지 방법인 것이다.

樊遲번지가 問仁문인한대 子曰자왈, 愛人애인이니라.

—『論語』「顏淵」篇 '仁知(인지)'章

[한자, 훈과 음]

'樊遲(번지)'는 공자의 제자이다. '愛人(애인)'은 '사람을 사랑하다'는 뜻으로 인(仁)을 베푸는 것이다.

[번역]

'번지'가 '인(仁)'에 대하여 여쭈었는데, 공자께서 말씀하시기를, "사람[남]을 사랑하는 것이다."라고 하셨다.

[해설]

공자의 제자 번지는 아직 학문의 단계가 높지 않아 인(仁)의 개념을 일반적으로 설명한 경우이다. 인(仁)은 사람을 사랑하는 것이 누구에

32) 『論語』「顏淵」篇 '克己'章 朱子 註釋. "禮者, 天理之節文也."

게나 두루 행해져야 하는 일인 것이다. 『논어』「옹야(雍也)」편 '번지(樊遲)'장에도 인(仁)에 대해 여쭈는 장면이 있다. 거기에서는 공자가 "인(仁)을 행하는 자가 어려운 일은 내가 먼저 하고 얻는 일은 나를 뒤로 돌린다면 가히 인(仁)을 이를 수 있을 것이다."[33]라고 하였다. 역시 사욕을 이기는 것이 인(仁)을 행하는 방법이라고 한 것이다. 『논어』「옹야(雍也)」편 '시제(施濟)'장에서 자공이 인(仁)에 대해서 말한 "백성들에게 널리 은혜를 베풀고 능히 대중을 구제하는 일"[34]이 인(仁)이 지향해야 할 목표일 것이다.

따라서 인(仁)을 행하는 방법은 내가 지닌 사사로운 욕심을 극복하고 남을 널리 사랑하는 것이다. 가까이는 어버이께 효도하고 이웃 사람들에게 친절하며 만인을 널리 사랑하는 박애 정신으로 인륜의 도를 실현한다면 그것이 인(仁)의 실현이 되고 군자의 삶이 될 것이다. 인(仁)은 누구나 실현할 수 있다. 혈육을 사랑하고 나아가서는 남을 사랑하는 것이 인(仁)이기 때문이다. 내가 인(仁)을 행하려고 하면 인(仁)에 다다르게 되는 것이다. 인(仁)은 각 개인이 모두 갖추고 있는 내재적 요구이기 때문이다. 인(仁)을 실천할 수 있도록 먼저 부모님께 효도하고 이웃들께 친절하자. 그러면 당신도 인자(仁者) 곧 군자(君子)가 되는 것이다.

33) 『論語』「雍也」篇 '樊遲'章. "仁者가 先難而後獲이면 可謂仁矣니라."

34) 『論語』「雍也」篇 '施濟'章. "博施於民而能濟衆."

15. 진정한 효(孝)란?

공자(孔子)가 『논어』에서 밝힌 효(孝)란 어떤 의미일까? 그리고 진정한 효가 부모 공양만 행하면 되는 것이 아니라, 그 무엇이 있는가도 아울러 살펴보고자 한다.

孟懿子맹의자가 問孝문효한대 子曰자왈, 無違무위니라. 樊遲번지가 御어러니 子자가 告之曰고지왈, 孟孫맹손이 問孝於我문효어아어늘 我아가 對曰대왈, 無違무위라 호라. 樊遲번지가 曰왈, 何謂也하위야닛고. 子曰자왈, 生생에 事之以禮사지이례하며 死사에 葬之以禮장지이례하며 祭之以禮제지이례니라.

—『論語』「爲政(위정)」篇 '無違(무위)'章

[한자, 훈과 음]

'맹의자(孟懿子)'는 이름이 '何忌(하기)'로 노(魯)나라 대부인 仲孫氏(중손씨)이다. 孟孫(맹손)이라고도 한다. '違(위)'는 '어길 위'이다. '樊遲(번지)'는 이름이 須(수)로 공자의 제자이다. '御(어)'는 '수레몰 어'이며 '예(禮)'는 '예도 예'이다. '事(사)'는 '섬길 사'이고 '葬(장)'은 '장사지낼 장'이며 '祭(제)'는 '제사 제'이다.

[번역]

맹의자가 '효'에 대하여 물었는데, 공자께서 말씀하시기를, "예를 어김이 없어야 한다."라고 하셨다. 번지가 수레를 몰며 모셨더니, 공자께서 일러주시면서 말씀하시기를, "맹손(孟孫, 맹손씨)이 나에게 효를 묻거늘, 내가 대답해서 말하기를 '예(禮)를 어김이 없는 것'이라고 했노라."고 하셨다. 번지가 말씀드리기를, "무엇을 이르신 말씀입니까?"라고 하니, 공자께서 말씀하시기를, "살아 계실 때에 섬기기를 예로써 섬기고, 돌아가셨을 때에 장례 지내기를 예로써 하고 제사 지내기를 예로써 하는 것이다."라고 하셨다.

[해설]

맹의자는 춘추시대 초기의 노(魯)나라 임금 환공(桓公)의 세 서자 계통 중의 한 집안의 인물이다. 처음에는 세 집안인 맹손씨(孟孫氏)·숙손씨(叔孫氏)·계손씨(季孫氏)가 적자 계통의 장공(莊公)의 위계를 생각하여 중손씨·숙손씨·계손씨를 자칭하다가 세력이 강대해지면서 자기네 집안끼리 순서를 매긴 것이다. 그래서 맹손씨가 중손씨와 같은 사람의 집안인 것이다. 맹의자 집안이 임금의 위계를 무시하고 자기를 맹손씨라고 한 것은 예의에 어긋난 것이다. 그래서 공자는 효도란 예에 어김이 없는 것이라고 한 것이다. 이미 맹손씨 집안을 비롯하여 세 집안이 노(魯)나라 임금을 업신여기며 도리에 어긋난 짓을 하였기 때문이다. 맹의자가 왜 그렇게 답한지 진정으로 알지 못할 것 같아 공자가 번지에게 한 번 일러 그 말의 본뜻이 맹의자에게 전해지기를 기대한 것이다. 따라서 노나라 조정을 능멸하는 대부 벼슬을 참칭하지 말고 인(仁)의 근본이라 할 효(孝)인 어버이 섬기기를 잘하고 돌아가시면 문채가 날 정도로 효의 마지막이라 할 수 있는 장례식과 제사 모시기를 잘하라고 한 것이다. 이것이 권력을 농단하는 맹의자에게 허한 효도인 것이다. 도리에 어긋나지 않는 효, 본바탕과 겉꾸밈이 모두 빛날 수 있게 예에 어긋남이 없게 하라고 한 것이다.

이번에는 맹의자의 아들 맹무백이 효에 대해서 여쭈었다.

孟武伯맹무백이 問孝문효한대 子曰자왈, 父母부모는 唯其疾之憂유기질지우시니라.

—『論語』「爲政」篇 '憂疾(우질)'章

[한자, 훈과 음]

'孟武伯(맹무백)'은 이름이 彘(체)이며 대부 맹의자의 아들이다. '疾(질)'은 '병 질'로 작은 병을 의미한다. 큰 병은 '病(병)'을 사용한다. '憂(우)'는 '근심할 우'로 작은 근심을 뜻한다. 患(환)이 큰 근심이다.

[번역]

맹무백이 '효(孝)'에 대하여 여쭈었는데, 공자께서 말씀하시기를, "부모는 오직 그 병을 근심하신다."라고 하셨다.

[해설]

맹의자의 어린 아들 맹무백이 평소에 자주 병치레를 하였다. 그래서 네 몸 건강하게 유지하는 것이 효도라고 일러주신 것이다. 부모님의 사랑은 하해(河海)와 같아 자식 사랑하는 마음이 이르지 않는 곳이 없다. 어린 자식이 질병치레를 한다면, 늘 마음이 쓰이고 애달파할 것이다. 잔병치레를 하는 어린 맹무백은 자기 몸을 잘 보존하는 것만으로도 부모님의 근심을 사라지게 할 수 있기에 효도를 행할 수 있다고 한 것이다.

아버지 맹의자는 예의에 어긋난 행위를 하기에 예를 지키라고 하였고, 몸이 건강하지 못한 어린 아들 맹무백에게는 잔병 치레를 하기에 자기 몸을 잘 보존하는 것이 효도라 하였다. 그 사람이 처한 처지와 환경에 맞게 가르침을 내리는 인인시교(因人施教)의 교육을 베푼 것이다.

子游問孝자유문효한대 子曰자왈, 今之孝者금지효자는 是謂能養시위능양이니 至於犬馬지어견마하여도 皆能有養개능유양이니 不敬불경이면 何以別乎하이별호리오.

—『論語』「爲政」篇 '能養(능양)'章

[한자, 훈과 음]

'子游(자유)'는 성명이 言偃(언언)으로 공자의 제자이다. '養(양)'은 '봉양할 양'이고 '犬馬(견마)'는 개와 말을 뜻한다. '何(하)'는 '어찌 하'이고 '別(별)'은 '나눌 별'이다.

[번역]

자유(언언)가 '효'에 대하여 여쭈었는데, 공자께서 말씀하시기를, "지금의 '효'는 그 바로 그저 잘 봉양하는 것(물질적인 것)을 이르는 말이니, 견마(犬馬)에 이르러서도 모두 능히 길러줌이 있으니, 공경하지 않는다면 개나 말을 기르는 것과 무엇으로써 구별하겠는가?"라고 하셨다.

[해설]

자유(子游, 언언)가 부모님을 봉양(奉養)하기는 하는데, 평상시 공경스럽지 못했다. 그래서 스승인 공자께서 심하게 꾸지람을 하신 말씀이다. 『맹자』에 증석·증자(증삼)·증원의 3대에 걸친 효 이야기가 나온다. 거기에서 증원이 행한 양구체자(養口體者) 곧 입과 몸만을 섬기는 물질적 효를 낮은 단계의 효로 보았는데, 여기서 공자도 단순히 음식을 잘 대접하는 것만으로는 진실된 효로 보지 않았다. 진정한 효는 증자(증삼)가 행한 부모님의 뜻을 받들어 편안히 모시는 양지자(養志者)인 정신적인 효도이면서 공경심을 더하는 효도인 것이다. 자유(子游)가 행한 효는 물질적인 효로 공경심이 부족했던 효심이었다.

子夏問孝자하문효한대 子曰자왈, 色색이 難난이니 有事유사어든 弟子제자가 服其勞복기로하고 有酒食유주사어든 先生饌선생찬이 曾是以爲孝乎증시이위효호아.

—『論語』「爲政」篇 '色難(색난)'章

[한자, 훈과 음]

'子夏(자하)'는 문학에 뛰어난 공자의 제자이다. '色(색)'은 '얼굴빛 색'이고 '難(난)'은 '어려울 난'이다. '弟子(제자)'는 '아우나 자식된 사람' 곧 젊은이를 뜻한다. '服(복)'은 '맡을 복'이고 '勞(로)'는 '수고로울 노'이다. '食(사)'는 '밥 사'이고 '饌(찬)'은 '드릴 찬'이며 '曾(증)'은 '일찍이 증'이다.

[번역]

자하(子夏, 복상)가 '효(孝)'에 대하여 여쭈었는데, 공자께서 말씀하시기를, "얼굴빛을 온화하게 가지기가 어려우니, 부형(父兄)에게 일이 있거든 아우나 자식된 사람[弟子]이 그 수고로움을 대신하고 술과 밥이 있거든 먼저 나신 분께 대접하는 것을 일찍이 이로써 '효'를 삼겠는가?"라고 하셨다.

[해설]

공자의 제자 자하도 물질적인 효도는 잘 했지만, 정신적인 효도 곧 얼굴빛을 온화하게 가지지 못한 것 같다. 육체적인 일은 어른들이 행하기 전에 아우뻘되는 젊은이들이 먼저 행하고 술과 음식이 있으면 먼저 나신 부형을 드시게 하였지만, 온화한 기색과 기쁜 얼굴빛을 가지지 못했던 것이다. 진정한 효도는 마음으로부터 우러나는 봉양(奉養)을 실천해야 한다는 말이다.

子曰자왈, 孝哉효재라 閔子騫민자건이여. 人不間於其父母昆弟之言인불간어기부모곤제지언이로다.

—『論語』「先進(선진)」篇 '孝哉(효재)'章

[한자, 훈과 음]

'閔子騫(민자건)'은 노(魯)나라 때의 현인(賢人)으로 이름은 손(損)이며 字(자)가 子騫(자건)이다. 효행이 뛰어났으며 공자의 뛰어난 열 제자 중의 한 사람이다. '間(간)'은 '틈 간'이고 '昆(곤)'은 '맏 곤'이다. '昆弟(곤제)'는 兄弟(형제)와 같은 말이다.

[번역]

공자께서 말씀하시기를, "효성스럽도다. 민자건이여. 과연 남들이 그 부모·형제의 말을 트집 잡지 못하는구나."라고 하셨다.

[해설]

공자가 소문과 실상이 같음을 확인하시고 민자건(閔子騫, 민손)의 효도를 칭찬한 말씀이다. "남들이 그 부모 형제의 말을 틈내지 못하는구나."의 의미는, 남들의 말도 그 부모 형제의 말과 다르지 않다는 것으로, 남들이 그 사람의 부모 형제의 말과 달리 말하는 자가 없다는 것이다. 제자 민자건은 평소의 소문나기를 효성스럽고 우애가 있었다. 그 소문대로 남들이 하는 말과 부모 형제가 하는 말이 다르지 않았다. 마음속으로 공손하면 그 마음이 행동으로 나타나 얼굴빛도 온화하게 드러날 것이다. 민자건의 효행을 감탄한 공자의 모습만 보아도 민자건은 공손한 행동과 온화한 얼굴빛으로 부모님을 봉양했을 것이다.

공자가 보여준 진정한 효는 물질적인 것은 말할 것도 없고 정신적인 효까지 행동으로 드러날 때 진정한 효가 된다고 하였다. 요즘 우리 주변에 부모님이 연로하시면 경제적인 것을 앞세워 시설이 좋은 요양병원이나 요양원으로 모신다. 형편이 되지 못하면 양로원으로 보내지기도 한다. 연로하신 부모님은 그곳에서 배는 곪지 않겠지만, 가족들의 관심과 애정이 그리워질 것이다. 공자가 말씀하신 바와 같이 견마를 잘 길러주는 것처럼 물질적인 효만 할 것이 아니라 공경심을 가지고 온화한 얼굴빛으로 부모님을 봉양하는 것이 진정한 효도인 것이다.

공자가 맹의자에게 일러주신 말씀은 일반 대중에게 일러주신 것으로 예의에 어긋나지 말 것을 당부한 것이고 몸이 약한 어린 아들 맹무백에게 일러주신 말씀은 그 사람이 근심할 만한 것을 예방하는 것이 효도라고 일러주신 것이다. 그리고 자유는 봉양하기는 하되 간혹 공경심이 부족했고, 자하는 곧게 모시고 의롭게 모시기는 했지만 간혹 따뜻하고 부드러운 기색이 적었다. 각각 그 재능의 높고 낮음에 맞추어 그 모자라는 점을 허여하시어 일러주신 것이다. 그러므로 질문에 대한 가르침이 한결같이 않았다. 이런 가르침이 성인의 교육 방법으로 인인시교(因人施教)의 교육 방법인 것이다. 그 사람의 능력에 맞게 답했기 때문이다. 어쨌든 공자의 효도는 공경심이 최우선이면서 정신적 효도를 강조하였다.

16. 정치에 종사자가 알아야 할 오미(五美)와 사악(四惡)

공자는 『논어』에서 정사(政事)에 종사하는 사람이 가져야 할 다섯 가지 미덕(美德)과 네 가지 악행(惡行)을 제시하였다. 살펴보자.

子張자장이 問於孔子曰문어공자왈, 何如하여라아 斯可以從政矣사가이종정의니잇고. 子曰자왈, 尊五美존오미하고 屛四惡병사악이면 斯可以從政矣사가이종정의리라. 子張자장이 曰왈, 何謂五美하위오미니잇고. 子曰자왈, 君子군자가 惠而不費혜이불비하며 勞而不怨로이불원하며 欲而不貪욕이불탐하며 泰而不驕태이불교하며 威而不猛위이불맹이니라. 子張자장이 曰왈, 何謂惠而不費하위혜이불비니잇고. 子曰자왈, 因民之所利而利之인민지소리이리지니 斯不亦惠而不費乎사불역혜이불비호아. 擇可勞而勞之택가로이로지어니 又誰怨우수원이리오. 欲仁而得仁욕인이득인이어니 又焉貪우언탐이리오. 君子군자가 無衆寡무중과하며 無小大무소대히 無敢慢무감만하나니 斯不亦泰而不驕乎사불역태이불교호아. 君子군자가 正其衣冠정기의관하며 尊其瞻視존기첨시하여 儼然人望而畏之엄연인망이외지하나니 斯不亦威而不猛乎사불역위이불맹호아. 子張자장이 曰왈, 何謂四惡하위사악이니잇고. 子曰, 不敎而殺불교이살을 謂之虐위지학이오 不戒視成불계시성을 謂之暴위지포이오 慢令致期만령치기를 謂之賊위지적이오 猶之與人也유지여지야로대 出納之吝출납지린을 謂之有司위지유사니라.

—『論語』「堯曰(요왈)」篇 '從政(종정)'章

[한자, 훈과 음]

'子張(자장)'은 공자 제자로 姓(성)은 顓孫(전손)이고 이름은 사(師)이다. 陳(진)나라 사람이다. ‘何如(하여)’는 ‘어찌해야’의 뜻이다. ‘斯(사)’는 ‘이 사’이고 ‘從(종)’은 ‘종사할 종’이며 ‘政(정)’은 ‘정사 정’이다. ‘尊(존)’은 ‘존중할 존’이고 ‘屛(병)’은 ‘멀리할 병’이다. ‘惠(혜)’는 ‘은혜 혜’이고 ‘費(비)’는 ‘쓸 비’이다. ‘勞(로)’는 ‘수고로울 로’이고 ‘怨(원)’은 ‘원망할 원’이다. ‘欲(욕)’은 ‘하고자 할 욕’이고 ‘貪(탐)’은 ‘탐할 탐’이다. ‘泰(태)’는 ‘태연히 할 태’이고 ‘驕(교)’는 ‘교만할 교’이다. ‘威(위)’는 ‘위엄 위’이고 ‘猛(맹)’은 ‘사나울 맹’이다. ‘因(인)’은 ‘말미암을 인’이고 ‘利(리)’는 ‘이로울 리’이다. ‘擇(택)’은 ‘가릴 택’이고 ‘誰(수)’는 ‘누구 수’이다. ‘焉(언)’은 ‘어찌 언’인데 여기서는 ‘무엇을’로 풀이된다. ‘衆(중)’은 ‘무리 중’으로 ‘많다’는 의미이고 ‘寡(과)’는 ‘적을 과’이다. ‘敢(감)’은 ‘감히 감’이고 ‘慢(만)’은 ‘태만할 만’이다. ‘泰(태)’는 ‘클 태’로 ‘태연하다’는 의미이다. ‘衣(의)’는 ‘옷 의’이고 ‘冠(관)’은 ‘갓 관’이다. ‘瞻(첨)’은 ‘볼 첨’이고 ‘視(시)’는 ‘볼 시’이다. ‘儼(엄)’은 ‘의젓할 엄’이고 ‘儼然(엄연)’은 ‘의젓한 모양’을 나타낸다. ‘望(망)’은 ‘바랄 망’이고 ‘畏(외)’는 ‘두려워할 외’이다. ‘惡(악)’은 ‘악할 악’이고 ‘敎(교)’는 ‘가르칠 교’이며 ‘殺(살)’은 ‘죽일 살’이다. ‘虐(학)’은 ‘사나울 학’이고 ‘戒(계)’는 ‘경계할 계’이며 ‘暴(포)’은 ‘사나울 포’이다. ‘慢(만)’은 ‘게을리 할 만’이고 ‘令(령)’은 ‘명을 내릴 령’이며 ‘致(치)’는 ‘부를 치’이다. ‘賊(적)’은 ‘도둑 적’으로 ‘해친다’의 뜻이다. ‘猶(유)’는 ‘오히려 유’이고 ‘與(여)’는 ‘줄 여’이다. ‘納(납)’은 ‘바칠 납’이고 ‘吝(인)’은 ‘아낄 인’이다. ‘有司(유사)’는 ‘어떤 일을 맡아보는 사람’의 뜻이다.

[번역]

‘자장(전손사)’이 공자께 여쭈어서 말씀드리기를, “어찌해야 정사(政事)에 종사할 수 있습니까?”라고 하였다. 공자께서 말씀하시기를, “다섯 가지의 아름다움[五美(오미)]을 존숭하고 네 가지의 악[四惡(사악)]을 물리치면, 정사에 종사할 수 있다.”라고 하셨다.

자장이 말씀드리기를, “무엇을 일러 오미(五美)라고 합니까?”라고 하였다.

공자께서 말씀하시기를, "군자가 백성에게 은혜를 베풀되 그 은혜가 허비되는 일이 없도록 하며, 백성을 수고롭게 하되 백성이 원망하는 일이 없도록 하며, 내가 '인'을 행하고자 하여 의욕은 가지되 탐욕을 부리지 않으며, 내가 매사에 태연하되 교만 부리지 않으며, 백성을 대하기를 위엄스러우면서도 사납지 않은 것이다."라고 하셨다.

자장이, "무엇을 일러 '은혜를 베풀되 허비하지 않는 것이라 합니까?"라고 여쭈었다.

공자께서 말씀하시기를, "백성들이 이롭게 여기는 바를 말미암아 [따라서] 이롭게 해주니, 이 또한 은혜를 베풀되 그 은혜가 허비되는 일이 없도록 하는 것이 아니겠는가? 가히 수고롭게 할 만한 일을 가려서 수고롭게 하니, 또 누가 원망하겠는가? '인(仁)'을 행하고자 하여 '인'의 경지를 얻거니, 또 무엇을 탐하겠는가? 군자가 백성들의 수가 많고 적은 것도 없으며 일의 중요성이 작고 큰 것도 없이 누구에게나 감히 업신여겨 태만하게 하는 일이 없으니, 이 또한 태연히 하면서도 교만 부리지 않는 것이 아니겠는가? 군자가 의관(衣冠)을 바르게 하며 바라보는 것[이상(理想)]을 존엄히 해서 의젓하게도 남들이 우러러보게 하면서도 두려워하게 하나니, 이 또한 의젓하면서도 사납지 않은 것이 아니겠는가?"라고 하셨다.

자장이, "무엇을 일러 네 가지의 악[四惡(사악)]이라고 합니까?"라고 여쭈었다.

공자께서 말씀하시기를, "도덕과 예의를 미리 가르치지도 않고서 죽게 하는 것을 '잔학하다'고 이르고, 미리 조심시키지도 않고서 성공하기를 바라는 것을 '사납다'고 이르고, 명령하기를 게을리하고서 기일(期日)을 다그치는 것을 '해친다'고 이르고, 오히려 사람들에게 줄 것인데도 출납할 때에 인색하게 하는 것을 유사(有司)라고 한다."라고 하셨다.

[해설]

공자(孔子)의 제자 자장(子張, 전손사)이 정치(政治)에 있어 다섯 가지 미덕(美德)을 먼저 여쭌데 대한 공자의 대답이다.

1. 백성들에게 은혜를 베풀되 백성들의 노력을 허비하는 일이 없도록 한다.
2. 백성이 노력할 가치가 있는 일에 부지런히 종사하게 하여 백성이 수고롭게 일하면서도 원망하는 일이 없게 한다.
3. 매사에 의욕적으로 헌신 봉사하되 공명이나 권력을 탐하지 않는다.
4. 옳은 일을 주장함에 눈치를 살피지 않고 직책을 맡음에 크고 작음을 가리지 않으며 성실히 책임을 완수하여 공을 세우면서도 교만하지 않는다.
5. 의관을 바르게 하고 사람을 존경하여 점잖게 행동해서 위엄이 있으면서도 사나운 기색을 보이지 않는다.

이상 공자가 말한 다섯 가지는, 아름다운 삶의 자세를 존숭한다는 내용이다. 이에 자장이 더 구체적인 내용을 여쭈었다. 이에 공자는 백성들이 평소에 바라고 이롭게 여기는 바는 부모 형제와 더불어 굶주리지 않고 편안하게 살고자 하는 뜻을 살펴 그 은혜를 베풀어야 한다고 하였다. 대중 대다수가 자기가 노력한 노동의 대가에 알맞은 보수를 받아 부모님 봉양(奉養)은 물론 처자식 부양(扶養)을 할 수 있는 안정된 직장을 가질 수 있게 해야 한다는 내용이다. 노동의 가치는 하락되고 물질적 욕구만 확장되어 노동의 가치는 오르지 않고 물질

곧 쌀값, 집값만 올라 건전한 노동력으로 모은 재물로는 도저히 보금자리를 마련할 수 없는 시대가 된 것이다. 이런 현실에 일부 소인배들은 더욱 투기하여 물가를 폭등시키고 있는 것이 지금의 현실이다. 이런 현실에 정부 관료나 정치인들은 무엇을 어떻게 해야 할 것인가도 모르고 있는 것 같다. 따라서 공자가 제시한 "尊五美존오미"를 새기면서 정사에 임하면 좋을 것이다. 그래야 최소한 정치적 미덕을 갖출 수 있기 때문이다.

정치인이 거부해야 할 악한 행동 네 가지이다.

1. 솔선수범(率先垂範)하면서 도덕과 예의를 가르치지도 않고 죽이는 형벌로 엄하게 대중을 학대하는 것(虐, 학)
2. 미리미리 경계하여 단속하지 않고 결정적인 죄를 저지르기만 은근히 기다리고 감시하는 포악한 행위(暴, 포)
3. 명령을 늦게 내리면서 기한을 지키라고 닦달하는 행위로 해치는 것(賊, 적)
4. 오히려 사람들에게 나누어 줄 것인 데도 출납하기를 느릿느릿 인색하게 하는 것(有司, 우사: 출납 담당자로 인색하게 구는 사람)

공자는 도덕과 예의를 가르치지도 않고 법을 잘 지키라고 하거나 싸움하는 법도 모르는 백성을 전쟁터로 내몰아 살생(殺生)을 일삼게 하는 것을 잔학한 일이라고 하였다. 미리 교육 시키지도 않고 조심 시키지도 않으면서 어떤 일이 제대로 완성되기를 기대하고 감시하고 감독하는 것을 사납다고 하였다. 그리고 아랫사람에게 무슨 일을 시킬 때 제대로 명령을 내리고 결과를 기대해야 하는데 그 시키는 일도 제대로 하지도 않고 소기의 목적을 달성하기를 바라는 것은 해치는 일이라고 하였다. 마지막으로 창고에 쌓여 있는 물건은 대중들에게 나누어 줄 것인데도 필요할 때 나누어주지 않고 갑질을 하면서 인색하게 구는 것을 유사(有司) 곧 회계 보는 사람의 횡포라고 하였다. 갑질 문화를 2500년 전 공자(孔子)가 지적하였다.

'학(虐)'은 잔혹하여 어질지 못한 행위이고, '포(暴)'는 갑작스러워 점진적(漸進的)이지 못함을 이르고 '적(賊)'은 박절하게 해친다는 뜻이다. 재물이나 권력을 쥐고 있는 사람은 제때 나누어 잘 활용될 수 있도록 해야 할 것이다. 인색한 '유사(有司)'처럼 하게 되면 나라도 패망할 수 있다는 것이다. 지금의 정치인도 국민들이 무엇이 필요한지 그 내용을 빨리 헤아려 줄 것은 주고 통제할 것은 통제하여야 한다는 것이다. 시기를 놓치면 많은 문제가 발생할 수 있기 때문이다. 중국에서 발생한 '신종 코로나 바이러스(무한 바이러스)'에 대한 중국 정부의 미온적 대처는 전 세계적인 재앙을 불러왔다. 정치의 결단은 국민들 아닌 세계인들의 생사와도 관련이 있다. 상황 판단을 잘할 수 있도록 평상시 지식의 확장을 해 놓자. 『논어』를 비롯한 고전을 필독(必讀)하는 이유이다.

17. 공자가 바라는 정사(政事)

공자(孔子)는 정치를 어디에 중점을 두었을까? 윗사람의 문제? 아니면 아랫사람의 문제일까? 공자가 천하를 주유(周遊)하고 노(魯)나라에 돌아왔을 때는 애공(哀公)이 나라를 다스리는 시대로 계강자(季康子)가 실권자였다. 계강자는 공자를 노나라 관리로 등용하지 못한 채, 자주 불러 대화하였다. 하루는 계강자가 정치에 대해서 물었던 것이다.

季康子계강자가 問政於孔子문정어공자한대 孔子공자가 對曰대왈, 政者정자는 正也정야니 子帥以正자솔이정이면 孰敢不正숙감부정이리오.

—『論語』「顔淵(안연)」篇 '帥正(솔정)'章

[한자, 훈과 음]

'問(문)'은 '물을 문'이고 '政(정)'은 '정사 정'이다. '帥(솔)'은 '거느릴 솔'이고 正(정)은 '바를 정'으로 정도의 뜻이다. '孰(숙)'은 '누구 숙'이며 '憾(감)'은 '감히 감'이다.

[번역]

계강자가 공자께 정사에 대하여 물었는데, 공자께서 대답해서 말씀하시기를, "'정사(政事)'라는 것은 '바로잡는다'는 말이니, 그대가 바름으로써 솔선수범하면, 누가 감히 바르게 되지 않으리오?"라고 하셨다.

[해설]

위의 공자의 말씀은, 노(魯)나라 대부인 계강자가 자기 자신의 잘못을 알지 못하고 남의 잘못을 고치려 한다는 점을 나무라신 말씀이다. 윗물인 자신들이 맑아야 아랫물이 맑다는 사실을 깨닫지 못하고 있는 것이다. "계강자가 도둑을 두려워하여 공자께 물었는데, 공자께서 대답해서 말씀하시기를, '진실로 그대가 욕심내지 않는다면, 비록 상을 주더라도 도둑질하지 않으리라.'라고 하셨다."[35]라고 하여, 위정자가 탐욕을 부리지 않으면 비록 백성들에게 상(賞)을 주어 그들로 하여금 도둑질을 하라고 하더라도 백성들이 부끄러워할 줄을 알아서

35)『論語』「顔淵」篇 '患盜'章. '季康子가 患盜하여 問於孔子한대 孔子가 對曰, 苟子之不欲이면 雖賞之라도 不竊하리라."

도둑질을 하지 않는다는 말씀이다. 윗사람이 솔선수범해야 함을 강조하였다.

季康子계강자가 問政於孔子문정어공자(하여) 曰왈, 如殺無道여살무도하여 以就有道이취유도인댄 何如하여하니잇고. 孔子공자가 對曰대왈, 子자가 爲政위정에 焉用殺언용살이리오. 子자가 欲善욕선이면 而民이민이 善矣선의리니 君子之德군자지덕은 風풍이요 小人之德소인지덕은 草초라 草上之風초상지풍이면 必偃필언하느니라.

—『論語』「顔淵」篇 '德風(덕풍)'章

[한자, 훈과 음]

'殺(살)'은 '죽일 살'이고 '就(취)'는 '나아갈 취'이다. '風(풍)'은 '바람 풍'이고 '草(초)'는 '풀 초'이며 '偃(언)'은 '쓰러질 언'이다.

[번역]

계강자가 공자께 정사에 대하여 물어서 말하기를, "만일 무도(無道)한 자들을 죽여서 도(道) 있는 데에 나아가게 한다면, 어떻겠습니까?"라고 하였다. 공자께서 대답하여 말씀하시기를, "그대가 정사를 행함에 어찌 살인(殺人) 정책을 쓴다는 말인가? 그대가 선(善)해지고자 하면 백성들이 선해질 것이니, 군자의 덕은 바람이요, 소인의 덕은 풀이다. 풀에 바람이 가해지면 반드시 쓰러진다."라고 하셨다.

[해설]

위정자(지도자)를 백성들이 보고 본받는다는 말이다. 만약 살인 정책으로 정사를 펴면 백성들은 험하고 못된 것을 본받아 악행을 행하게 될 것이라는 말이다. 반대로 윗사람이 선(善)하고자 하면 백성들은 그것을 본받아 선(善)해지게 된다는 말이다. 지도자(위정자)는 바람과 같고 민중은 풀과 같아서 지도자의 착한 정책은 많은 백성들을 착한 마음으로 인도하게 될 것이다. 마치 바람이 불면 모든 풀들이 바람 부는 대로 향하듯이 그렇게 향할 것이라는 말이다. 『논어』「팔일(八佾)」편 '군신(君臣)'장에 있는 말씀으로 "임금이 신하를 부리기를 예(禮)로써 하며, 신하가 임금을 섬기기를 충(忠)으로써 합니다."[36]라는 말씀처럼, 법치주의보다는 덕치주의를 행하기를 바라고 있는 것이다. 또 자장(子張)이 정사에 대해서 여쭈었을 때 "그 자리에 처함에 게을리함이 없으며, 행함에 진실된 마음으로써 하는 것이니라."[37]라고 하여, 각자가 그 자리의 직책에 처하여 그 자리를 마음에 두고서 게을리하지 않으며, 일을 행함에 애민(愛民)한다고 하면서 정성스러운 마음이 없이 하는 일이 있어서는 안 된다는 말이다. 정성스런 마음이 없는 채로 백성들을 다스리게 되면 반드시 게을러져서 백성들을 사랑하는 마음이 다하지 않을 것임을 염려하여 행하신 말씀인 것이다.

齊景公제경공이 問政於孔子문정어공자한대 孔子공자가 對曰대왈, 君君군군, 臣臣신신, 父父부부, 子子자자이니이다. 公공이 曰왈, 善哉선재라. 信如君신여군(이) 不君불군하며 臣신(이) 不臣불신하며 父부(가) 不父불부하며 子자(가) 不子불자면 雖有粟수유속이나 吾得而食諸오득이식저아.

—『論語』「顔淵」篇 '齊景(제경)'章

36) 『論語』「八佾」篇 '君臣'章. "君使臣以禮, 臣事君以忠."

37) 『論語』「顔淵」篇 '子張'章. "子張이 問政한대 子曰, 居之(에) 無倦하며 行之(에) 以忠이니라."

[한자, 훈과 음]

'齊景公(제경공)'은 齊(제)나라 景公(경공)으로 이름이 杵臼(저구)이다. '君(군)'은 '임금 군'이고 '臣(신)'은 '신하 신'이다. '善(선)'은 '착할 선'이고 '信(신)'은 '믿을 신'이다. '雖(수)'는 '비록 수'이고 '粟(속)'은 '조 속'으로 곡식을 뜻한다. '諸(저)'는 '의문 종결 어조사 저'이다.

[번역]

'제경공'이 공자께 정사(政事)를 물었는데, 공자께서 대답해서 말씀하시기를, "임금이 제대로 임금 노릇하며, 신하가 신하 노릇하며, 부모가 부모 노릇하며, 자식이 자식 노릇하는 것입니다."라고 하셨다. '공(公)'[제경공]이 말하기를, "좋은 말씀입니다. 진실로 만일 임금이 임금 구실을 하지 못하며, 신하가 신하 노릇하지 못하며, 부모가 부모 노릇하지 못하며, 자식이 자식 노릇하지 못한다면, 비록 곡식이 있더라도 내가 먹을 수 있겠는가?"라고 하였다.

[해설]

제(齊)나라 경공(景公)의 물음에 대한 공자의 말씀은, 인도(人道)의 큰 법도(法度)에 해당되고 정사(政事)의 근본에 해당되는 말씀이다. 그런데 그때에 제나라 경공이 정사를 잘못했고 대부(大夫) 진씨(陳氏)가 나라에서 사사로운 은혜를 후하게 베풀었는데, 제나라 경공이 또 사랑하던 폐첩(嬖妾)들이 많아서 태자(太子)를 세우지 못하여, 그 군신(君臣)과 부자(父子) 간에 모두가 그 도(道)를 잃었다. 그러므로 공자께서 일러주시기를 임금은 임금답고 신하는 신하답고 아비는 아비답고 자식은 자식다워야 된다는 인륜(人倫)의 큰 법이면서 정치의 근본을 말씀해 주신 것이다.

그런데도 제나라 경공이 공자의 말씀을 좋게 여기기는 하였으되 공자의 뜻을 능히 쓸 줄을 몰랐다. 그 후에 뒤를 이을 '후사(後嗣)'로서의 태자(太子)가 정해지지 못했다. 마침내 대부 '진씨(陳氏)'로 하여금 임금을 시해(弑害)하고 나라를 찬탈(簒奪)하게 하는 화(禍)를 당했다.

子貢자공이 問政문정한대 子曰자왈, 足食足兵족식족병이면 民민이 信之矣신지의리라. 子貢자공이 曰왈, 必不得已而去於斯三者필불득이이거어사삼자인댄 何先하선이리잇고. 曰왈, 去兵거병이니라. 子貢자공이 曰왈, 必不得已而去於斯二者필부득이이거어사이자인댄 何先하선이리잇고. 曰왈, 去食거식이니 自古자고로 皆有死개유사어니와 民無信민무신이면 不立불립이니라.

—『論語』「顔淵」篇 '兵食(병식)'章

[한자, 훈과 음]

'足(족)'은 '만족할 족'이고 '食(식)'은 '먹을 식'이며 '兵(병)'은 '무기 병'이다. '去(거)'는 '갈 거'로 '버리다'의 뜻이고 '斯(사)'는 '이 사'이다. '何(하)'는 '무엇 하'이고 '先(선)'은 '먼저 선'이다. '自(자)'는 '~부터 자'이고 '古(고)'는 '옛 고'이다. '皆(개)'는 '모두 개'이고 '死(사)'는 '죽을 사'이며 '立(립)'은 '설 립'이다.

[번역]

자공이 정사에 대하여 여쭈었는데, 공자께서 말씀하시기를, "먹을 것을 풍족하게 해주고, 병장기[무기]를 풍족하게 하면 백성들이 믿을 것이다."라고 하셨다. 자공이, "반드시 부득이해서 이 세 가지 중에서 버리기로 하자면, 무엇을 먼저 해야 하겠습니까?"라고 여쭈었다. 공자께서 말씀하시기를, "병장기를 버리느니라."고 하셨다. 자공이, "부득이해서 이 두 가지 중에서 버리기로 하자면, 무엇을 먼저 해야 하겠습니까?"라고 여쭈었다. 공자께서 말씀하시기를, "먹을 것을 버려야 하니, 예로부터 모두 죽는 일이 있거니와, 백성들이 '신의(信義)'가 없으면 설 수가 없다."라고 하셨다.

[해설]

정치에서 중요한 것 세 가지가 식량과 무기 그리고 백성들의 믿음이라는 것이다. 그중에서도 가장 중요한 것이 백성들의 믿음이라는 말이다. 그 다음으로 중요한 것이 식량이 되고 마지막이 무기라고 하였다. 창고에는 식량으로 가득 차 먹고 사는 데에 불편함이 없고 자기를 지킬 수 있는 무기가 잘 갖추어진 뒤에라야 교화(敎化)가 행해져서 백성들이 위정자에 대하여 신뢰감을 갖게 되며, 그리 해야 민심이 떠나지 않고 백성들이 끝내 배반하지 않게 된다는 뜻의 가르침이다. 식량이 풍족하고 백성들이 믿게 되면, 무기가 없더라도 나라를 지키는 것이 견고해진다.

그러나 식량이 없어질 경우에는 백성들은 어쩔 수 없이 죽게 될 상황에 처하기 마련이다. 죽음이라는 것은 사람으로서 반드시 면할 수 없는 바이거니와, 신뢰감이 없어지게 되면 비록 산다고는 해도 자립할 길이 없어지게 되니, 죽어서 편안한 처지가 되느니만 못하다. 그러므로 내가 차라리 죽을지언정 백성들에게 신뢰감을 잃지 않도록 하여, 백성들로 하여금 또한 차라리 죽을지언정 나에 대하여 신뢰감을 잃지 않도록 해야 한다는 말이다.

공자는, 위정자나 지도자가 솔선수범(率先垂範)하면 백성들은 저절로 본받아 마치 바람이 불면 풀이 한 방향으로 눕듯이 선(善)한 정치가 이루어진다고 하였다. 또한 위정자나 다스림을 받는 백성이나 모두 자기 직분에 충실할 것을 당부하였다. 특히 위정자는 백성들로부터 신뢰를 잃을 경우 죽은 목숨과 같다고 한 것이다.

요즘 정치하는 사람들의 말을 살펴보면, 믿음이 없다. 믿음이 없다 보니 그들이 행하는 정책들도 신뢰감을 주지 못하고 있다. 각종 게이트를 비롯하여 부동산 투기와 같은 비리에 연루되어 눈살을 찌푸리게 할 뿐만 아니라, 가족 단위의 비리까지 자행되고 있는 실정이다. 이런 비리와 의혹의 시대에 먼저 솔선수범하는 자세를 보여 모든 국민들이 본받을 수 있게 하여 신뢰감을 회복하여야 할 것이다. 고위 공직자의 청문회는 각종 편법과 비리의 온상처럼 비춰진 지 오래다. 정치인이나 공직자 또는 고위직을 꿈꾸는 사람들은 공자가 말씀한 정사를 익혀 앞으로의 행보에 보탬이 되기를 바란다. 그것이 지도자의 자질이 될 수 있기 때문이다. 막말이나 허언하는 지도자가 없기를 바라면서 다시 한 번 더 신뢰할 수 있는 진정한 정치 지도자가가 나오기를 기대해 본다.

18. 배려(配慮)와 존중(尊重)

배려는 '도와주거나 보살펴 주려고 마음 씀'을 나타내는 말이고, 존중은 '높이어 귀중하게 대하다'는 말이다. 공자는 어떤 상황에서 어느 부류의 사람들에게 배려와 존중을 행하고자 했는지 살펴보고자 한다.

子자가 見齊衰者견자최자와 冕衣裳者면의상자와 與瞽者여고자하시고

見之견지에 雖少소수나 必作필작하시며 過之과지에 必趨필추러시다.

—『論語』「子罕(지한)」篇 '子見(자견)'章

[한자, 훈과 음]

'齋(자)'는 '단 홀 자'이고 '衰(최)'는 '상복 최'이다. '자최(齊衰)'는 1년 상으로 상복 아래 끝을 가지런히 혼 喪服(상복)을 뜻하는 말이다. 1년 상(喪)은 아내·조부모·백숙부모·형제·손자 상(喪) 때 입는 상복을 이르는 말이다. 부모상(父母喪)을 당하면 3년 상복을 입는데, 부모님·남편·長子(장자)喪(상) 때 입는 상복으로 '참최(斬衰)'라고 하고, 상복을 가지런히 홀지 않은 굵은 삼베로 만든 상복이다. 죄인이기 때문에 옷의 바느질을 꼼꼼하게 하지 않은 채 아래 단을 호지 않고 입는다는 말이다. '冕(면)'은 '면류관 면'이고 '衣(의)'는 '옷 의'이며 '裳(상)'은 '치마 상'이다. '瞽(고)'는 '소경 고'이다. '雖(수)'는 '비록 수'이고 '作(작)'은 '일어날 작'이다. '過(과)'는 '지날 과'이고 '趨(추)'는 '빨리 갈 추'이다.

[번역]

공자께서 상복(喪服)을 입은 자와 면류관을 쓰고 공복(公服)의 의상(衣裳)을 입은 자와 더불어 소경[봉사]을 보시면, 비록 나이가 젊더라도 반드시 일어나셨으며, 지나가실 때에 반드시 종종걸음 쳐서 빨리 지나가시더라.

[해설]

위의 공자 말씀에 등장한 인물은 상(喪)을 당한 사람, 공복(公服)을 입은 공직자 그리고 앞이 안 보이는 소경(장님)이다. 상(喪)을 당한 사람과 소경은 배려의 대상임을 알 수 있다. 그리고 공직자는 존중의 대상이다. 그들이 일반 대중을 위해 좋은 일을 하기 때문일 것이다.

세 부류의 사람들 앞을 지날 때는 종종걸음으로 재빠르게 지난다는 것이다. 공직자 또는 공감하고 사회적 도움이 필요한 사람 옆을 지날 때에, 느긋한 듯이 어슬렁거리며 태만한 모습을 보이는 것이 도리에 맞지 않고 예의가 아니기 때문에, 마땅히 그렇게 했다는 것이다. 그 같은 행동은 대개 작정하지 않아도 평상시 몸에 배어 자연스럽게 행동화되었다는 말이다.

子자가 食於有喪者之側식어유상자지측에 未嘗飽也미상포야러시다. 子자가 於是日어시일에 哭則不歌곡즉불가러시다.

―『論語』「述而(술이)」篇 '喪側(상측)'章

[한자, 훈과 음]

'食(식)'은 '먹을 식'이고 '喪(상)'은 '죽을 상'이며 '側(측)'은 '곁 측'이다. '未(미)'는 '아직 아닐 미'이고 '嘗(상)'은 '일찍이 상'이며 '飽(포)'는 '배부를 포'이다. '哭(곡)'은 '울 곡'이고 '歌(가)'는 '노래 가'이다.

[번역]

공자께서 상사(喪事)를 당한 자의 곁에서 음식을 먹을 때에는 일찍이 배불리 잡수시지 아니하시더라. 공자께서 그날(문상한 날)에 곡(哭)을 하신 경우에는, 노래를 부르시지 않으셨다.

[해설]

공자께서 남의 상가(喪家)에 다녀온 후에는 음식도 달게 잡수시지 않으셨다는 말이다. 그 상(喪)을 당한 사람의 마음을 충분히 헤아려준 배려의 마음일 것이다. 뿐만 아니라 노래도 부르지 않았다고 하였다.

이런 것이 성인(聖人)께서 지녀셨던 바른 성정(性情)일 것이다. 이런 성정을 지닌 사람이라야 진정한 도를 배울 수 있다는 말이다. 조문이 있는 날에는 그 상을 당한 사람의 슬픔을 고려하여 먹는 음식과 집에 돌아와서의 행동인 노래까지도 다 금했던 것이다. 심지어 상중(喪中)에는 『시경』을 읽지 않았다고 한다. 『시경』에는 홍(興)하는 마음이 있기 때문이다. 나 중심의 배려가 아니라 상대방을 위한 배려심임을 알 수 있다.

子曰자왈, 居上거상(하여) 不寬불관하며 爲禮위례(하되) 不敬불경하며 臨喪임상하여 不哀불애면 吾何以觀之哉오하이관지재리오.

—『論語』「八佾(팔일)」篇 '居上(거상)'章

[한자, 훈과 음]

'居(거)'는 '있을 거'이고 '上(상)'은 '위 상'으로 윗자리를 뜻한다. '寬(관)'은 '너그러울 관'이다. '臨(임)'은 '임할 임'이고 '哀(애)'는 '슬플 애'이다. '吾(오)'는 '나 오'이고 '何(하)'는 '어찌 하'이며 '觀(관)'은 '볼 관'이다.

[번역]

공자께서 말씀하시기를, "윗자리에 있으면서 너그럽지 못하며, 예를 행하되 공경스럽지 못하며, 상례(喪禮)에 임하여 슬퍼하지 않으면, 내가 무엇으로써 살펴보리오?"라고 하셨다.

[해설]

위의 공자 말씀은 사람의 소행을 판단할 때 근본을 보고 판단해야 함을 말한 것이다. 윗자리에 있을 때는 사랑함을 주장하여 너그러움으로 근본 삼고 예를 행하는 데에는 공경으로써 근본 삼고 상례에 임했을 때에는 애처로워함으로써 근본 삼아야 한다는 말이다. 아랫사람이 잘못한 경우가 있을 시에는 관용의 마음으로 감싸주어야 할 것이다. 그런 너그러운 마음이 사랑일 것이다. 또한 상(喪)을 당한 사람을 보면 애처로운 생각이 들어 함께 슬퍼하는 감정을 가지는 것도 이타심일 것이다. 이런 솔선수범(率先垂範)의 행동을 해나간다면 타의 모범이 되어 직장 내 또는 우리가 사는 사회의 모범이 되어 본보기로서의 모범생이 될 것이다.

師冕사면이 見현 할새 及階급계어늘 子曰자왈, 階也계야라 하시고 及席급석이어늘 子曰자왈, 席也석야라 하시고 皆坐개좌어늘 子자가 告之曰고지왈, 某在斯모재사, 某在斯모재사라 하시다. 師冕사면이 出출커늘 子張자장이 問曰문왈, 與師言之道與여사언지도여잇가. 子曰자왈, 然연하다. 固相師之道也고상사지 도야니라.

—『論語』「衛靈公(위령공)」篇 '師冕(사면)'章

[한자, 훈과 음]

'師(사)'는 '전문가 사'로 여기서는 樂師(악사)를 이르는 말이다. '전문가 사'는 醫師(의사)·看護師(간호사) 등에 사용된다. '큰 군사 사'로도 사용되었다. 軍隊(군대)의 '師團(사단)'·제갈량의 '出師表(출사표)' 등에 사용된 '師(사)'는 '큰 군사 사'이다. 제갈량이 군사를 출동시키면서 2대 황제인 유선에게 올린 表文(표문)이 '出師表(출사표)'이다. 이 出師表(출사표)는 '큰 군사를 출동시키면서 황제께 올린 글'이라는 뜻이다. '冕(면)'은 '면류관 면'이나 여기서는 "冕(면)"이라는 소경 악사의 이름이다. '見(현)'은 '뵐 현'이다. '階(계)'는 '섬돌[계단] 계'이고 '及(급)'은 '미칠 급'이며 '席(석)'은 '자리 석'이다. '皆(개)'는 '모두 개'이고 '坐(좌)'는 '앉을 좌'이다. '告(고)'는

'알릴 고'이고 '某(모)'는 '아무개 모'이며 '斯(사)'는 '이 사'이다. '與(여)'는 '더불어 여'이고, 문장 끝에 올 때는 의문사 역할을 한다. '言(언)'은 '말씀 언'이고 '道(도)'는 '덕행 도'이다. '然(연)'은 '그러할 연'이고 '固(고)'는 '진실로 고'이며 '相(상)'은 '도울 상'이다.

[번역]

악사(樂師) '면(冕)'이 뵙게 되었을 때에 섬돌[계단]에 이르자, 공자께서 말씀하시기를, "섬돌입니다."라고 하셨다. 자리에 이르러 왔거늘, 공자께서 말씀하시기를, "자리입니다."라고 하시고, 모두가 앉거늘, 공자께서 일러 주시면서 말씀하시기를, "아무개가 여기에 있으며, 아무개가 여기에 있습니다."라고 하셨다. 악사 '면'이 나가거늘, 자장이 여쭈어서 말씀드리기를, "악사와 더불어 말하는 도리입니까?"라고 하였다. 공자께서 말씀하시기를, "그렇다. 진실로 악사를 돕는 도리이니라."고 하셨다.

[해설]

공자가 소경 악사인 면을 안내하는 글이다. 성인(聖人)께서 자기 몸을 가지고 남을 위하심에 그 마음이 한결같았던 것은 그 정성을 극진히 하였기 때문이다. 그래서 배우는 사람들은 이런 모습에서 성인의 도를 배워야 한다. 공자는 소경뿐만 아니라 소외층일 수 있는 천하의 곤궁한 백성인 홀아비와 과부에 대해서도 업신여기지 않으셨다. 천하를 다스리는 데에 이런 마음으로 해나간다면 천하가 온당한 제 자리를 얻지 못할 것이 없기 때문이다. 자식은 부모께 효도하고 부부는 금실이 좋을 것이며 어른과 아이는 질서가 잡히고 벗 사이에는 우도(友道)가 더욱 돈독해져 인륜(人倫)의 도(道)가 천하에 전해져 누구나 제 뜻대로 사람답게 사는 세상이 될 것이라는 말이다.

見齊衰者견자최자하시고 雖狎수압이나 必變필변하시며 見冕者與瞽者견면자여고자하시고 雖褻수설이나 必以貌필이모러시다. 凶服者흉복자를 式之식지하시며 式負版者식부판자러시다.

—『論語』「鄕黨(향당)」篇 '寢居(침거)'章

[한자, 훈과 음]

'狎(압)'은 '친압할 압'이고 '變(변)'은 '변할 변'이다. '冕(면)'은 '면류관 면'이고 '褻(설)'은 '한가하게 만나볼 설'이며 '貌(모)'는 '모양 모'이다. '凶(흉)'은 '흉할 흉'이고 '服(복)'은 '옷 복'이다. '凶服者(흉복자)'은 喪(상)을 당한 喪主(상주)를 뜻한다. '式(식)'은 '공경할 식'이고 負(부)'는 '질 부'이며 '版(판)'은 '지도 판'이다. '寢(침)'은 '잠잘 침'이다.

[번역]

상복(喪服) 입은 자를 보시고는 비록 평소에 가까운 처지라도 반드시 태도를 공순하게 변화하셨으며, 면류관을 쓴 자와 소경을 보시면 비록 무관하게 가까운 사이라도 반드시 예모(禮貌)로써 대하셨다. 흉복(凶服, 상복)을 입은 자를 공경하셨으며 나라의 지도와 호적을 짊어진 자를 공경하시더라.

[해설]

길을 가다가 상복(喪服) 입은 사람을 보면 수레 위에서도 예(禮)를 표했으며 공무를 수행하는 사람이 있다면 그에게도 경의를 표했다는 것이다. 몸이 불편하거나 상(喪)을 당해 슬퍼하는 사람은 만나면 그 사람이 가까운 사이가 아니라도 예모를 갖추었다는 말이다. 그리고 공무를 수행하는 공직자를 보았을 때도 예의를 지켰다는 말이다. 공직자에게 잘 보이기 위한 행위는 아니고 그들이 일반 백성들을 위해 불철주야(不撤晝夜) 애쓰기 때문이다.

성인(聖人)인 공자께서 배려하고 존중했던 부류는 대체로 우리가 평상시 보살피고 염려해주면 소중히 해주어야 할 대상이었다. 몸이 불편하거나 앞을 못보는 소경을 우리가 평소에 어떻게 대해야 할 것인지를 알 수 있게 하였으며, 슬픔에 처한 사람들이 평상시 친한 사이라도 그 슬픔을 함께 한다는 뜻에서 예의를 지켜 공감해 주었다는 것이다. 공직자는 어떤 자세로 공무에 임해야 하는가를 알게 한다. 공직자 자체를 공경하고 예의를 갖추고자 한 것이 아니기 때문이다. 공직자가 공무를 수행하는 인물이기에 공경과 존중의 대상이 된다는 것이다. 그들도 백성을 위한 일을 할 때만 공경의 대상이 되기 때문이다. 따라서 남을 배려하고 존중하는 것은 공감에서부터 시작된다고 할 것이다. 모두가 물질적 이익으로 평가되는 작금의 시대에 상대방을 공감할 수 있는 정서적 공감력을 키울 필요가 있다. 공자의 말씀을 새기면 타인을 위한 공감력을 키워보자.

19. 법 없이도 살 사람이 우리 사회를 망친다

공자가 52세 되던, 노(魯)나라 정공 10년에 대사구(大司寇)가 되었다. 오늘날 법무부 장관에 해당되는 직위이다. 공자는 나라의 기강을 바로잡으면서 대동사회를 이루기 위해 조화로운 사회를 만들고자 했다.

子曰자왈, 聽訟청송이 吾猶人也오유인야나 必也使無訟乎필야사무송호인저.

—『論語』「顔淵(안연)」篇 '聽訟(청송)'章

[한자, 훈과 음]

'聽(청)'은 '들을 청'이고 '訟(송)'은 '송사할 송'이다. '猶(유)'는 '같을 유'이고 '使(사)'는 '하여금 사'이다.

[번역]

공자께서 말씀하시기를, "송사(訟事)를 듣는 것이 내가 남과 같으나, 반드시 백성들로 하여금 송사를 벌이는 일이 없도록 할 것이다."라고 하셨다.

[해설]

송사(訟事)가 일어난 뒤에 잘 다스리는 것보다는, 송사를 미연(未然)에 방지해서 송사가 없도록 백성들을 다스려야 할 것임을 말씀하신 것이다. 그래서 공자는 사이비(似而非)에 대해서는 부정적이었다. 겉으로만 위엄있게 꾸미는 것을 싫어했기 때문이다.

子曰자왈, 色厲而內荏색려이내임을 譬諸小人비저소인컨댄 其猶穿窬之盜也與기유천유지도야여인저.

—『論語』「陽貨(양화)」篇 '色厲(색려)'章

[한자, 훈과 음]

'色(색)'은 '얼굴빛 색'이고 '厲(려)'는 '위엄 있을 려'이며 '荏(임)'은 '유약할 임'이다.

'譬(비)'는 '비유할 비'이고 '諸(저)'는 '어조사 저'이다. '小人(소인)'은 일반 백성으로 서민을 이르는 말이다. '猶(유)'는 '같을 유'이고 '穿(천)'은 '뚫을 천'이며 '窬(유)'는 '담장 뛰어넘을 유'이다. '盜(도)'는 '도둑질 도'이다.

[번역]

공자께서 말씀하시기를, "얼굴빛은 엄하고 속은 부드러운 것을 소인에 비유하자면 벽을 뚫고 담을 넘는 도적과 같다고나 할까."라고 하셨다.

[해설]

위의 공자 말씀은, 겉 다르고 속 다르며 실속 없이 이름만 도둑질하려 하되 항상 남이 알까 두려워하는 류(類)의, 사사로운 이익에 얽매이는 무리를 경계한 말씀이다. 이는 겉모습만 치장하는데 힘쓰고 사사로운 이익에 얽매이는 무리를 비판한 말이다. 한 마디로 사이비(似而非)에 대한 경계의 말씀인 것이다.

子曰자왈, 道聽而塗說도청이도설이면 德之棄也덕지기야니라.

—『論語』「陽貨」篇 '道聽(도청)'章

[한자, 훈과 음]

'道(도)'는 '길 도'이고 '聽(청)'은 '들을 청'이다. '塗(도)'는 '길 도'이고 '說(설)'은 '말씀 설'이다. '德(덕)'은 '덕 덕'이고 '棄(기)'는 '버릴 기'이다.

[번역]

공자께서 말씀하시기를, "길에서 듣고 바로 길에서 말한다면, 자기의 덕을 버리는 것이다."라고 하셨다.

[해설]

"도청이도설(道聽而塗說)"은, 비록 착하고 좋은 말을 듣는다 하더라도 그것을 판단이나 사고도 해 보지 않고 소화도 시키지 못한 채 곧바로 남에게 실속 없이 말해 버리거나 함으로써, 진정한 자기의 소유(所有)로 만들지 못하고서 흘려 버리는 것을 뜻하는 말이다. 위의 공자 말씀은, 그것이 바로 제 덕(德)을 스스로 들어내 버리는 것과 같다는 뜻의 말씀이다.

군자(君子)는 앞 시대 사람의 말이나 지난 시대 사람의 행실에 관하여 많이 앎으로 해서 자기의 덕을 기르는 데에 반해, 깊은 생각이 없는 사람들은 그런 것의 소중함을 깊이 체득하여 간직할 줄을 모르는 것이다. 따라서 군자의 자질을 지닌 사람은 길에서 좋은 말을 들었을 경우에 자기 생각으로 승화시켜 자기 것으로 만들어야 한다는 말이다. 그렇지 않을 경우는 겉은 비슷하지만 속은 완전히 다른 사이비(似而非) 지식인이 될 수 있다는 것이다. 각종 언론이나 인터넷 뉴스에서 쏟아지는 정보가 마치 자기의 지식인 양, 자기 견해처럼 두리뭉실 모아 아는 체를 하는 요즘 사이비 지식인들에게 생각할 바를 제공하고 있다.

子曰자왈, 鄙夫비부는 可與事君也與哉가여사군야여재아. 其未得之也기미득지야엔 患得之환득지하고 旣得之기득지하여는 患失之환실지하나니, 苟患失之구환실지면 無所不至矣무소부지의니라.

—『論語』「陽貨」篇 '鄙夫(비부)'章

[한자, 훈과 음]

'鄙(비)'는 '인색할 비'이고 '夫(부)'는 '지아비 부'이다. '鄙夫(비부)'는 부귀에 뜻을 두는 용렬하고 사납고 누추하고 졸렬한 사람을 이르는 말이다. '事(사)'는 '섬길 사'이고 '哉(재)'는 '어조사 재'이다. '未(미)'는 '아닐 미'이고 '得(득)'은 '얻을 득'이다. '患(환)'은 '근심 환'이고 '旣(기)'는 '이미 기'이다. '失(실)'은 '잃을 실'이고 '苟(구)'는 '진실로 구'이다. '所(소)'는 '바(곳) 소'이고 '至(지)'는 '이를 지'이다.

[번역]

공자께서 말씀하시기를, "비루한 사내는 가히 그런 이와 더불어 임금을 섬길 수 있겠는가? 그 부귀나 지위를 아직 얻지 못했을 때에는 혹시라도 얻지 못할까 봐 얻는 방도(方途)를 근심하고 이미 얻게 되어서는 잃을 것을 근심하나니, 진실로 잃을 것을 근심하게 되면 그 이 언행이 이르지 않을 곳이 없느니라."고 하셨다.

[해설]

비부(鄙夫)는, 부귀에 뜻을 둔 자를 일컬은 말이다. 비부(鄙夫)는 부귀를 위해서는 남의 등창의 종기를 빨거나 치질을 핥거나 하며 더 나아가서는 아비와 임금을 시해하기도 한다. 부귀를 위해 물불을 가리지 않는다는 말이다. 오늘날에도 재산 때문에 부모를 살해하는 경우가 종종 뉴스거리로 등장하고 있다. 모두 비부들 짓이다.

『논어』 집주에서의 '호씨'[호인(胡寅)]의 설을 참고하자면, 송(宋)나라 때 허창(許昌) 땅의 '근재지(靳裁之)'의 말을 인용하여 이르기를, '선비의 품등(品等)이 대개 셋이 있으니, 도덕에 뜻을 둔 자는 공명(功名)이 족히 그 마음에 누(累)가 되지 못하고, 공명에 뜻을 둔 자는 부귀(富貴)가 족히 그 마음에 '누'가 되지 못하고, 부귀에 뜻을 둘 따름인 자는 그의 언행이 또한 '이르지 않을 곳이 없다(無所不至무소부지).'고 하면서, 부귀에 뜻을 두는 자가 바로 공자께서 이르신 바 '비부(鄙夫)'라고 하였다.

비부 같은 이는 벼슬이나 부귀를 얻지 못하면 얻으려고 근심하고 이미 얻으면 잃을까 하여 근심하니, 진실로 벼슬과 부귀를 잃을까 근심한다면 못하는 일이 없다는 것이다. 이런 비부 같은 사이비 지식인이 되어도 안 될 것이다.

子曰자왈, 鄕原향원은 德之賊也덕지적야니라.

—『論語』「陽貨」篇 '鄕原(향원)'章

[한자, 훈과 음]

'鄕(향)'은 '시골 향'이고 '原(원)'은 '착할 원'이다. '鄕原(향원)'은 시골뜨기 착한 사람으로 비판 정신이 없는 사람을 이르는 말이다. '德(덕)'은 '덕 덕'이고 '賊(적)'은 '도둑 적'이다.

[번역]

공자께서 말씀하시기를, "시골뜨기 착한 사람은 우리 사회의 덕(德)을 해치는 자이니라."고 하셨다.

[해설]

향원(鄕原)은 우리 주변에서 흔히 듣는 "법 없이도 살 사람"으로 평을 듣는 사람을 이르는 말이다. 법 없이도 살 사람, 아주 좋은 말처럼 들린다. 그런데 그런 사람이 우리 사회의 덕(德)을 해치는 도둑이라는 말이다. 가령 우리 역사의 독재나 군사정권 시절 대부분의 말없는 다수는 향원이었다. 그저 물에 물 탄 듯 술에 술 탄 듯 아래도 좋고 저래도 좋아 세류에 영합하여 자기의 이익에만 큰 손해가 없으면 나쁜 풍속이나 유행에 휩쓸리고 동조하여 세상에 잘 보이려고만 하는 비판 정신이 없는 적당주의자를 일컫는 말이기 때문이다. 만약 독재 시절에 깨어있는 일부의 지식층만이 아니라 모든 국민이 독재는 나쁘다고 한 목소리를 내줬다면 18년의 독재는 더 짧은 시간에 막을 내렸을 것이다. 그러나 대부분의 말 없는 다수는 향원처럼 이래도 좋고 저래도 좋은 것처럼 소시민적 사고에 사로잡혀 자기 보신에만 급급했던 것이다. 따라서 개인적인 욕심으로 가득 찬 향원은 건전한 우리 사회의 덕을 해치게 되는 존재가 된다는 것이다. 그러나 늦게라도 대부분의 시민들은 의식이 깨어 있어 촛불혁명으로 새로운 사회를 만들었다. 뿐만 아니라 아닌 밤중에 홍두깨처럼 일어난 2024년 12월 3일 밤 10시 27분 윤석열 대통령의 계엄령에도 민주 시민들의 침착한 대응으로 평상시를 회복할 수 있었던 것이다. 2500년 전 공자께서 염려했던 '향원이 우리 사회의 덕을 해치는 자이다.'는 이제는 염려 안 해도 되는 시절이 왔다. 향원이 사라져 가고 있기 때문이다.

20. 국민이 정부를 따르게 하는 방법

국민이 주권을 가진 시대에 어떻게 하면 국민이 정부를 신뢰하고 따르게 할 수 있을까? 그 방법을 『논어』에서 찾아보자.

哀公애공이 問曰문왈, 何爲則民服하위즉민복이니잇고. 孔子공자가 對曰대왈, 擧直錯諸枉거직조저왕이면 則民服즉민복하고 擧枉錯諸直거왕조저직이면 則民不服즉민불복이니이다.

—『論語』「爲政」篇 '民服(민복)'章

[한자, 훈과 음]

'哀公(애공)'은 노(魯)나라 임금으로 이름이 蔣(장)이다. 孔子(공자)는 노나라의 昭公(소공)·定公(정공)·哀公(애공)의 세 임금 시대를 살았다. '何(하)'는 '어찌 하'이고 '服(복)'은 '따를 복'이다. '擧(거)'는 '들 거'이고 '直(직)'은 '곧을 직'이다. '錯(조)'는 '놓을 조'이고 '諸(저)'는 '어조사 저'이며 '枉(왕)'은 '굽을 왕'이다.

[번역]

애공(哀公)이, "어찌하면 백성들이 따릅니까?"라고 물으니, 공자께서 대답하여 말씀하시기를, "정직한 사람을 들어서 굽은 사람들 있는 데에 놓으면 백성들이 복종하고, 굽은 사람을 들어서 정직한 사람들 있는 데에 놓으면 백성들이 복종하지 않습니다."라고 하셨다.

[해설]

노(魯)나라 임금인 애공(哀公)이 어떻게 하면 백성들이 잘 따르겠습니까?라고 묻는 말에 공자가 대답한 말이다. 정직한 사람을 좋아하고 굽은 사람 곧 정직한지 못한 사람을 멀리하면 된다는 말이다. 이는 천하의 지극한 이치이다. 그런데 위정자들은 단순해 보이면서도 어려운 이 지극한 도를 제대로 행하지 못한다는 것이다. 정직한 사람을 굽었다 하고 굽은 사람을 정직하다고 여기는 세태이기 때문이다. 지연과 학연 등에 얽매여 제대로 된 사람을 거용하지 못하는 시대는 도(道)가 서지 않은 시대라고 해도 과언이 아니다. 원리 원칙만 잘 지켜도 세상은 잘 돌아간다. 실력 있고 정직한 사람을 윗자리에 앉히고 능력이 부족한 사람은 자기 능력에 맞는 위치에서 최선을 다할 수 있도록 지원해 주면 그 사회는 잘 돌아갈 것이다. 이런 것을 하는 정부가 필요하다는 말이다. 그러면 국민들도 정부의 정책에 호응하고 실천하고자 할 것이다.

季康子계강자가 問문, 使民敬忠以勸사민경충이권하되 如之何여지하이리잇고. 子曰자왈, 臨之以莊임지이장이면 則敬즉경하고 孝慈효자면 則忠즉충하고 擧善而敎不能거선이교불능이면 則勸즉권이니라.

—『論語』「爲政」篇 '使民(사민)'章

[한자, 훈과 음]

'季康子(계강자)'는 노나라 대부 계손씨로, 이름이 肥(비)이고 '康子(강자)'는 諡號(시호)이다. '使(사)'는 '하여금 사'이고 '民(민)'은 '백성 민'이다. '敬(경)'은 '공경할 경'이고 '忠(충)'은 '내 마음 다 바칠 충'이고 '勸(권)'은 '권할 권'이다. '臨(임)'은 '임할 임'이고 '莊(장)'은 '엄숙할 장'이다. '敬(경)'은 '공경할 경'이고 '孝(효)'는 '효도 효'이며 '慈(자)'는 '사랑할 자'이다. '擧(거)'는 '들 거'로 '거용하다'는 의미이고 '善(선)'은 '착할 선'이다. '敎(교)'는 '가르칠 교'이고 '能(능)'은 '능할 능'이다.

[번역]

계강자가, "백성들로 하여금 공경스럽고 충성스럽도록 하면서 착한 백성이 되도록 권장해 나가자면 어찌해야 하겠습니까?"라고 여쭈니, 공자께서 말씀하시기를, "백성들에게 임해 나가기를 의젓한[장엄한] 태도로써 하면 백성들이 공경하고, 효성스러움과 자애로움으로써 하면 백성들이 충성하고, 착한 사람을 들어서 쓰고 능하지 못한 사람을 가르쳐 나가면 착한 백성들이 되도록 권장되느니라."고 하셨다.

[해설]

노나라 대부 계강자가 '백성들을 어떻게 하면 잘 다스릴 수 있습니까?'로 여쭈니, 공자가 가르침을 내린 말씀이다. 백성들에게 대하기를 의젓한 태도로써 행하면 백성들은 자기 자신의 몸을 공경하고 부모님께 효도하고, 대중에게 자애로움을 베풀면 백성들이 자기 자신의 몸에 충성하고 착하고 능한 사람을 거용(擧用)하고 능하지 못한 사람으로 재주 없는 사람을 가르쳐 나가면 백성들이 권장되는 일이 있어 선(善)을 행함에 즐거워할 것이라는 말이다. 역시 착한 사람을 거용(擧用)하고 능하지 못한 사람은 가르쳐 나가면서 모두가 자기 능력에 맞게 적재적소(適材適所)에서 자기 할 일을 성실히 수행할 수 있도록 한다면 백성들이 착한 백성이 될 것이라는 말이다.

오늘날 지도자나 정책 입안자가 새겨들어야 할 말씀이다. 모두가 일류대학을 지향하고 또 학업을 마치고 나와서 사회의 동량(棟樑)이 되고자 한다면, 대들보만 있지 서까래는 없어 완전한 집을 지을 수가 없다. 집을 짓을 때에는 대들보도 필요하고 서까래도 필요한 것이다. 우리 사회가 건전한 구조가 되기 위해서는 각자의 능력에 맞게 적재적소에서 자기 재능을 펼칠 수 있는 구조가 되도록 해주어야 한다. 그래서 정책 입안이 중요한 것이다. 일류대학의 인기학과가 아니라도 자기 재능을 펼칠 수 있는 사회적 분위기가 조성된다면, 굳이 일류대학을 진학하기 위해 입시 공부만을 하지는 않을 것이기 때문이다. 다양한 경험을 할 수 있게 하여 자기 적성을 찾아가게 하는 교육 정책이 필요한 것이다. 이것이 세상을 잘 다스리는 방법 중의 하나인 것이다.

21. 형식인 예법(禮法)에 담긴 의미

예법은 예의로서 지켜야 할 규범을 이르는 말이다. 그런데 그 예법이 남의 시선의 기준이 되어 허례허식(虛禮虛飾)으로 번져 실속 없이 자기의 분수를 벗어나게 하여 경제적 낭패를 보기도 한다. 자기 분수를 알기 위해서는 먼저 가정 형편을 살피고 그 형편에 맞게 적절히 예법을 실천하면 될 것이다.

우리가 일생을 살아가면서 돌잔치와 성인식, 그리고 결혼식·환갑잔치 또는 칠순잔치 더 나아가서는 미수(米壽, 88세) 등을 행하고, 사후(死後)에는 장례식을 거행하고 제사(祭祀)를 지내게 된다. 공자는 예식을 제때에 거행하는 것이 제일 중요하다고 하였다. 그러면서 현실적 능력을 고려하여 분수에 맞게 거행할 것을 마지막으로 제시하였다. 예법이란 본래 문명사회의 산물이다. 예법은 야만사회의 관습을 개혁하는 힘을 지녀서 풍속을 개량하는 힘도 있다. 또한 예법을 지낼 때는 겉치장보다는 정신적 의미가 더 중요시되었다. 예법에는 그 시대를 사는 사람들의 정신적 의미가 반영되었기 때문이다. 예법을 통해 한 인간으로서의 가치와 존중함을 새삼 느끼게 할 수도 있는 것이다. 그래서 예법은 위엄 있으면서 경건해야 하는 것이다. 요즘 결혼식을 보면 의식보다는 축제에 가깝다는 생각이 많이 든다. 기쁘고 즐거운 날이니 축제 분위기도 나쁘지 않을 것이다. 그런데 이혼율이 높아만 가는 것을 보면, 결혼식의 의식을 강조하여 결혼의 의미와 부부의 의미를 되새기게 할 필요가 있다. 의식은 의무와 책임감도 부여하기 때문이다.

子曰자왈, 禮云禮云예운예운이나 玉帛云乎哉옥백운호재아. 樂云樂

云악운악운이나 鐘鼓云乎哉종고운호재아.

—『論語』「陽貨」篇 '禮樂(예악)'章

[한자, 훈과 음]

'禮(예)'는 '예도 예'이고 '云(운)'은 '이를 운'이다. '玉(옥)'은 '옥 옥'이고 '帛(백)'은 '비단 백'이다. '玉帛(옥백)'은 폐백을 이르는 말이다. '樂(악)'은 '풍류 악'이고 '鐘(종)'은 '쇠북 종'이며 '鼓(고)'는 '북 고'이다. '鐘鼓(종고)'는 악기 중에 큰 악기를 이르는 말로 '종과 북'을 이르는 말이다.

[번역]

공자께서 말씀하시기를, "예(禮)니 예(禮)니 하지만[이르지만], 옥백(玉帛)을 이르는 말이겠는가? 악(樂)이니 악(樂)이니 하지만[이르지만], 종고(鐘鼓)를 이르는 말이겠는가?"라고 하셨다.

[해설]

공자의 말씀은, '옥백' 곧 폐백만을 교환한다고 하여 '예(禮)'가 될 수 있는 것이 아니며, '종'이나 '북'만을 친다고 하여 '악(樂)'[음악]이 될 수 있는 것은 아니라는 뜻의 말씀이다. 그리고 '예'를 행하는 데는 '공경심'이 위주가 되어야 하며, '음악'을 행하는 데에는 '화락함'이 위주가 되어야 한다는 뜻의 말씀이다. 형식적 가치보다는 내면적 의미에 중점을 두어야 한다는 것이다. 곧 겉꾸밈보다는 정신적 자세가 더 중요하다는 말이다.

인간이 일생을 살아가면서 이런 예법이 존재하지 않는다면 그 삶의 의미를 성찰하기도 어려울 것이다. 삶을 되돌아보면서 어떤 삶을 살아야 사회 구성원으로서의 가치를 높일 수 있을까도 생각해 보게 하는 시간이기도 한 것이다. 또한 이런 예법으로 인해 사회는 안정됨과 동시에 인생을 편안하게 해주는 규범인 것이다. 그래서 예법은 나름 중요시 되어야 한다.

子曰자왈, 恭而無禮則勞공이무례즉노하고 愼而無禮則葸신이무례즉시하고 勇而無禮則亂용이무례즉난하고 直而無禮則絞직이무례즉교니라. 君子군자가 篤於親독어친이면 則民즉민이 興於仁흥어인하고 故舊고구를 不遺불유면 則民不偸즉민불투니라.

—『論語』「泰伯(태백)」篇 '無禮(무예)'章

[한자, 훈과 음]

'恭(공)'은 '공손할 공'이고 '勞(노)'는 '수고로울 노'이다. '愼(신)'은 '삼갈 신'이고 '葸(시)'는 '무서울 시'이다. '勇(용)'은 '날쌜 용'이고 '亂(난)'은 '어지러울 난'이다. '直(직)'은 '곧을 직'이고 '絞(교)'는 '꼬일 교'이다. '篤(독)'은 '도타울 독'이고 '親(친)'은 '친할 친'이다. '興(흥)'은 '흥할 흥'이고 '仁(인)'은 '어질 인'이다. '舊(구)'는 '예 구'이고 '遺(유)'는 '버릴 유'이며 '偸(투)'는 '박할 투'이다.

[번역]

공자께서 말씀하시기를, "공손하면서도 예(禮)에 맞지 않으면 수고롭기만 하고, 신중하면서도 예에 맞지 않으면 무서운 기운만 풍기고, 용기가 있으면서도 예에 맞지 않으면 혼란스럽게 만들고, 강직하면서도 예에 맞지 않으면 각박하고 융통성이 없느니라. 군자[위정자]가 마땅히 친해야 할 분에게 후하게 하면 백성들이 인(仁)에 흥기되고, 옛 친구를 버리지 않으면 백성들이 인심이 각박하지 않으니라."고 하셨다.

[해설]

사람의 도리에 먼저 해야 할 것과 나중에 해야 할 것을 알면 공손해도 수고롭지 않고 삼가도 두렵지 않고, 용맹스러워도 난을 일으키지 않고, 곧아도 융통성이 없거나 각박하지 않아 백성들이 교화(敎化)되어 덕(德)이 두텁게 될 것이라는 말이다. 다시 말하자면 예에 맞지 않으면 정도와 문채 곧 겉꾸밈이 없어 네 가지 폐단 로(勞)·시(葸)·란(亂)·교(絞) 등 곧 수고로움·무서움·어지러움·각박함 등이 온다는 것이다. 그래서 예법 역시 중요하다는 것이다.

공손함이 지나치면 아부로 비춰지고 용기가 지나치면 만용으로 보이기 쉽다. 공손하고 신중하며 용감하고 정직하더라도 예법에 따라 정도에 맞게 행동한다면 융통성 없이 배배꼬인 인물로 간주되지 않을 것이다.

子貢자공이 欲去告朔之餼羊욕거곡삭지희양한대 子曰자왈, 賜也사야아, 爾愛其羊이애기양가. 我愛其禮아애기례하노라.

—『論語』「八佾(팔일)」篇 '餼羊(희양)'章

[한자, 훈과 음]

'欲(욕)'은 '하고자 할 욕'이고 '去(거)'는 '갈 거'이다. '告(곡)'은 '제사 곡'이고 '朔(삭)'은 '초하루 삭'이다. '告朔(곡삭)'은 '제사 이름'이다. '餼(희)'는 '산희생 희'이고 '羊(양)'은 '양 양'이다. '賜(사)'는 '줄 사'로, 여기서는 端木賜(단목사)인 '자공의 성명(姓名) 중에 名(명)이다. '爾(이)'는 '너 이'이고 '愛(애)'는 '사랑 애'이다.

[번역]

자공이 '곡삭(告朔, 초하루마다 지내는 제사)'의 제사에서 산 양을 희생으로 쓰는 것을 없애고자 하였는데, 공자께서 말씀하시기를, "사(賜)야, 너는 그 양을 아까워하느냐? 나는 그 예를 아끼노라."고 하셨다.

[해설]

공자는 비록 실속 없이 산 양을 희생으로 바친다고 하더라도, 그 희생으로 바치는 산 양을 아까워하기보다는 그런 제도가 없어짐으로써 그런 제사의 자취마저 없어지게 되지 않을까를 염려하여 행하신 것이다. 공자는 천자로부터 제후에게 전달되어 백성들에게 월령을 반포하는 등의 어진 정치의 흔적이 없어지게 될 것을 염려하여 그렇게 말씀하신 것이다. 공자의 이런 말씀으로 인해 "망양(亡羊)"은 전통을 잃어버리는 것을 상징하는 말이 되었다. 망양(亡羊)은 유명무실한 예법이라도 남아 전해진다면 후세에 다시 일어날 수 있지만 만일 아무런 흔적이나 기록도 없다면 아주 없어지고 말게 될 것이라는 말이다. 그래서 흔적이라도 남겨다가 후세에 다시 전통으로 부활(復活)되기를 바라는 마음을 공자는 내 보였던 것이다.

곡삭(告朔)은 천자(天子)가 음력 선달에 다음 해 열 두달 곧 절기에 따라 행할 농사일을 적어 둔 월령을 제후들에게 나누어 주면, 제후들은 그 월령을 받아 조상의 사당에 모셔두었다가 매월 초하루에 소나 양을 희생으로 바치면서 지내는 제사이다. 그때 천자가 준 월령을 꺼내 보면서 앞으로 농사일을 행하던 제사 의식이었다. 농경 사회에서 중요시되었던 행사임을 알 수 있다. 그런데 춘추시대 노나라의 임금 문공(文公) 때부터 이 제사 의식이 행해지지 않았던 것이다. 그 흔적으로 양을 바치는 희생제의는 남아 있었고, 그 의식이 못마땅하게 여긴 자공이 없앨 것을 공자께 간청했던 것이다. 이재(理財)에 밝은 자공(子貢) 단목사(端木賜)이기에 실리적인 면에서 충분히 문제를 제기

할 만 하였다.

하지만 공자의 생각은 달랐다. 농경 시대에 훌륭했던 예법을 지녔던 곡삭(告朔) 의식이 지금은 제대로 행해지지 않지만 세상이 좋아져 도가 바로 서게 된다면 이 훌륭한 농경문화의 월령을 재현할 수 있기에 형식으로나마 전해지기를 공자는 희망했던 것이다. 형식은 정신과 혼을 담는 그릇이기 때문이다.

요즘 현대인들은 형식을 중시하지 않고 오히려 허례허식으로 치부하기도 한다. 바른 형식을 중시하다 보면 그 형식에 담긴 정신을 알게 되고 그로 인해 책임감을 더 가질 수도 있다. 자꾸만 치솟는 이혼율을 보면서 결혼식이라는 형식을 중히 여겨, 인륜지대사(人倫之大事)를 소중히 하여 올바른 가정을 가꾸고 더 나아가서 우리 사회의 보탬이 되는 가정사가 되었으면 한다. 그래서 때로는 형식도 중요한 것이다.

22. 나라 다스리는 법

공자는 나라를 어떻게 다스리고자 하였을까? 그의 언행을 통해 살펴보고자 한다.

子曰자왈, 道千乘之國도천승지국하되 敬事而信경사이신하며 節用而愛人절용이애인하며 使民以時사민이시니라.

—『論語』「學而(학이)」篇 '千乘(천승)'章

[한자, 훈과 음]

'道(도)'는 '다스릴 도'이고 '乘(승)'은 '수레 승'이다. '敬(경)'은 '공경할 경'이고 '信

(신)'은 '믿을 신'이다. '節(절)'은 '절약할 절'이고 '時(시)'는 '때 시'이다.

[번역]

공자께서 말씀하시기를, "천승지국(제후 국가)을 다스리되, 일을 공경스럽게 하고 미덥게 하며 씀씀이를 절약하고 사람을 사랑하며, 백성을 부리되 때맞게(농한기) 하느니라."고 하셨다.

[해설]

이 장구(章句)의 공자 말씀은, '천승지국(千乘之國)' 같은 큰 나라를 예로 들어 그 군주(君主)가 되는 위정자(爲政者)로서의 나라를 다스리는 도리와 기본자세를 다섯 가지 요령으로 밝힌 것이다. 제후 국가의 군주는 자기 자신이 먼저 다스리는 백성을 공경하고 자신이 실행하는 정책은 조변석개(朝變夕改)하지 않아 신뢰감을 주어 미덥게 해야 한다는 것이다. 그리고 국가의 물자를 절약해 두었다가 흉년이 들거나 국가의 위급한 상황이 되면 저장해 두었던 물자를 풀어 백성들에게 나누어 주어야 한다는 말이다. 또한 백성들을 동원할 때는 농번기를 피해 농한기를 이용해야 한다는 말이다.

정사(政事)에 종사하는 위정자(지도자)는 진실로 이런 마음을 가지고 정책을 실행해야 한다. 만약 이런 위정자로서의 도리를 제대로 행하지 못한다면 좋은 정책만 내세울 뿐 실행되지는 않을 것이다. 『논어』「위정(爲政)」편 '북신(北辰)'장에 "공자께서 말씀하시기를, '정사를 행하기를 덕으로써 함이 비유하자면 마치 북신(북극성)이 제자리에 머물러 있으면 뭇별들이 그를 향해 함께 도는 것과 같으니라.'고 하셨다."38)라는 구절이 있다. 이는 위정자가 본보기가 되어야 한다는 말이다. 뭇별이 북신(북극성)을 중심으로 천체(天體)를 도는 것처럼,

위정자(지도자)가 귀감(龜鑑)이 되면 모든 백성(국민)들은 그를 중심으로 돌아가게 된다는 말이다. 위정자의 솔선수범을 강조하고 있다.

위정자가 덕의 정치를 행하면 마치 모든 별들이 북극성을 중심으로 한 방향으로 돌아가듯이 우리 세상도 자연스럽게 잘 돌아간다는 말이다. 『논어』「위령공(衛靈公)」편 '무위(無爲)'장에 "저절로 다스린 자는 순임금이실 것이다. 두릇 무엇을 하셨겠는가? 몸을 공손히 하고 바르게 남면(南面)을 하였을 따름이다."[39]라고 하여, 순임금이 덕치(德治)를 행했기에 모든 것이 순조롭게 되었다는 말이다. 덕치(德治)란 선한 성품에서 자연스럽게 옳은 행위를 하고 타인에 모범이 되게 하는 것이다. 민심(民心)이 천심(天心)이라고 백성들의 뜻을 하늘 받들 듯이 하여, 마치 아무 하는 일이 없는 듯하지만 적재적소에 인재가 등용되었기 천하는 잘 돌아가게 된다는 말이다. 뭇별들이 북두성을 향해 천체가 운행하듯이 천하도 순항을 한다는 말이다.

子曰자왈, 道之以政도지이정하고 齊之以刑제지이형이면 民免而無恥민면이무치니라. 道之以德도지이덕하고 齊之以禮제지이례면 有恥且格유치차격이니라.

—『論語』「爲政」篇 '道齊(도제)'章

[한자, 훈과 음]

'道(도)'는 '인도할 도'이고 '政(정)'은 '정사 정'이다. '齊(제)'는 '가지런할 제'이고 '刑(형)'은 '형벌 형'이다. '免(면)'은 '면할 면'이고 '恥(치)'는 '부끄러워할 치'이다.

---

38) 『論語』「爲政」篇 '北辰'章. "子曰, 爲政以德이 譬如北辰이 居其所어든 而衆星이 共之니라."

39) 『論語』「衛靈公」篇 '無爲'章. "無爲而治者는 其舜也與신저. 夫何爲哉시리오. 恭己하사 正南面而已矣시니라."

'禮(예)'는 '예도 예'이고 '格(격)'은 '느낄 격'이다.

[번역]

공자께서 말씀하시길, "인도하기를 정사(政事)로써 하고 가지런히 다스리기를 형벌로써 하면, 백성들은 그 형벌을 면하기는 하되 부끄러워하는 마음이 없을 것이다. 인도하기를 덕으로써 하고 가지런히 다스리기를 예(禮)로써 하면, 백성들이 부끄러워하는 마음이 있게 되고 또한 선(善)에 이르게 될 것이다."라고 하셨다.

[해설]

위 공자의 말씀은, 법치주의(法治主義)의 폐단과 덕치주의(德治主義)의 장점을 밝힌 것이다. 법령이나 정책을 중히 여겨 만약 그 법령이나 정책을 위반하거나 무시했을 경우 엄한 형벌로써 다스린다면 백성들은 그 법망만 피하기 위해 온갖 편법을 동원하여 빠져나갈 궁리만 한다는 것이다. 그런 경우 형벌은 면하기는 하되 부끄러워할 줄을 모른다는 것이다. 고위 공직자의 청문회를 보면 부끄러움을 모르는 시대임을 적나라하게 드러내고 있다. 윤리적으로 큰 문제가 있는 데도 법에는 크게 저촉되지는 않으니 별 문제가 없다는 것이다. 정말 우리는 예의염치가 없는 시대를 살아가고 있다.

반대로 덕치주의(德治主義)를 행해 백성들을 이끌어 나가기를 덕(德)으로써 하고 가지런히 다스리기를 예(禮)로써 행하면, 백성들은 부끄러워할 줄 아는 마음이 저절로 생겨 마침내 착한 백성이 된다는 것이다.

좋은 '정령'이나 좋은 '정책'은 참된 정치를 하기 위한 도구이며, '형벌'은 참된 정치를 돕기 위한 법이라고 할 수 있다. 그리고 '덕(德)'과 '예(禮)'는, 그 참된 정치를 이루어내는 근본인데, 그중에서도 덕(德)

이 또한 예(禮)의 근본이 되는 것이다.

위정자는 모름지기, 백성들로 하여금 도덕이 중하다는 것을 알게 하고, 도덕군자(道德君子)를 존경할 줄 알며 마침내 덕을 쌓아 도덕군자가 되는 것을 목표로 삼게 해야 한다. 그러기 위해서는 평소 백성들에게 예의를 가르쳐야 하며, 그리하여 예의를 숭상하는 풍습이 생길 수 있도록 해야 한다. 위의 공자 말씀은, 그와 같은 뜻을 나타내고자 한 것이다.

요즘 우리 사회는 법에만 저촉되지 않으면 모든 것이 용인되고 있다. 그래서 자기 자신에게 관대하다. 부동산 투기와 자녀의 입시 비리를 비롯해서 취업 알선까지도 법의 자대로만 들려다 보고 있다. 그 법의 판결 또한 도덕적인 판결인지 의문이 든다. 이런저런 생각이 불신을 낳고 있다. 덕(德)은 스스로의 수양을 통해 얻어지고 다시 실천을 통해 나타난다. 따라서 일반적인 덕은 인간의 삶에 나타나는 모든 종류의 바람직한 인격과 그 인격의 발현으로 나타난 결과인 것이다. 이처럼 덕을 지니고 덕을 이루기까지는 하루아침에 되는 것이 아니기에 꾸준히 노력해야 할 것이다.

子曰자왈, 能以禮능이 예로 讓양이면 爲國乎위국호에 何有하유며 不能以禮불능이예로 讓양하여 爲國위국이면 如禮여례에 何하리오.

—『論語』「里仁(이인)」篇 '禮讓(예양)'章

[한자, 훈과 음]

'能(능)'은 '능할 능'이고 '禮(예)'는 '예도 예'이다. '讓(양)'은 '사양할 양'이고 '爲(위)'는 '할 위'이며 '國(국)'은 '나라 국'이다. '何有(하유)'는 '어렵지 않다'는 말이다.

[번역]

공자께서 말씀하시기를, "능히 예(禮)로써 사양할 줄 알면 나라 다스림에 무슨 어려움이 있으며, 능히 예로써 사양하여 나라를 다스릴 줄 모른다면 예가 있은들 어쩌리오?"라고 하셨다.

[해설]

예(禮)로써 나라를 다스린다면 아무 어려움이 없다는 말이다. 예가 아니면 아무리 좋은 법과 제도 곧 겉꾸밈이 갖추어져 있더라도 별 소용이 없다는 말이다.

공자의 나라 다스리는 법은 백성들을 공경하고 한 번 정한 정책은 바꾸지 않고 실천하여 신뢰감이 있게 하는 것이다. 또한 위정자는 덕치(德治)를 실행해 뭇사람의 본보기가 되어 천하가 저절로 굴려가는 듯이 하여, 정치가의 존재를 잊고 "고복격양(鼓腹擊壤)" 곧 "한 노인이 배를 두드리고 땅을 치면서 요임금의 덕을 찬양하고 태평성대를 즐겼음"을 행하며, 부끄러움을 아는 백성으로 거듭나게 하는 것이다. 또한 정직한 사람을 거용(擧用)하여 윗자리에 앉히며 윗물이 맑아 세상은 살기 좋은 곳이 되어 예의를 아는 백성들로 하여금 태평성대를 누리게 된다는 말이다.

물질적 가치의 우선으로 도덕과 양심이 타락한 지금, 공자의 이와 같은 정치가 이상적인 정치 형태로 비칠 수도 있다. 하지만 조금만 노력하면 실행하지 못할 것도 없다. 활쏘기에서 과녁의 정중앙인 정곡(正鵠)에 맞힐 수 없다고 해도 노력하면 정곡 주변에는 맞힐 수 있기 때문이다. 『서경(書經)』 「강고(康誥)」편에 "마치 갓난아이 안보하듯이 하니 마음으로 진실로 구한다면 비록 도리에 딱 들어맞지는 않는다고 하더라도 그 도(道)에서 멀지 않을 것"[40]이라는 말이 있다. 아가씨가 자식 기르는 방법을 배운 뒤에 시집가는 자가 아직 있지 않지만, 모두 훌륭한 어머니가 된다. 그것은 정성으로 갓난아기를 돌보기 때문이다. 따라서 정치도 정치가나 위정자가 노력하면 정중앙 정곡에는 적중은 안 되더라도 가까이는 접근할 수 있는 것이다. 공자가 2500년 전에 행한 나라 다스리는 법을 시도하여, 덕치가 이루어지는 시대가 되기를 소망해 본다. 공자가 염려했던 법치주의 병폐가 우리 사회에 너무나 만연하기 때문이다. 법만 위반하지 않으면 된다는 의식보다는 양심에 부끄럽지 않는 행위를 하겠다는 생각을 하면, 고위직의 청문회는 덕담으로 뒤덮여, 선행들이 소개되는 훈훈한 미담의 장으로 전개될 것이다. 그런 날이 오기를 기대해 본다.

23. 『논어』를 통해 본 공자의 교육관

『논어』에는 공자의 어떤 교육관이 있는지 살펴보자.

陳亢진항이 問於伯魚曰문어백어왈, 子자가 亦有異聞乎역유이문호아. 對曰대왈 未也미야로다.

嘗獨立상독립이어심늘 鯉리가 趨而過庭추이과정일러니 曰왈 學詩乎학시호아 하실새 對曰대왈 未也미야이로이다 호니 不學詩불학시면, 無以言무이언이라 하여시늘 鯉리가 退而學詩퇴이학시호라.

他日타일에 又獨立우독립이어시늘 鯉리가 趨而過庭추이과정일러니 曰왈, 學禮乎학례호아 하실새 對曰대왈 未也미야이로이다 호니 不學

40) 『書經』「康誥」篇. "如保赤子라하니 心誠求之면 雖不中이나 不遠矣니라."

禮불학례면 無以立무이립이라 하여시늘 鯉리가 退而學禮퇴이학례호라. 聞斯二者문사이자로다.

陳亢진항이 退而喜曰퇴이희왈, 問一문일에 得三득삼하니 聞詩聞禮문시문례하고 又聞君子之遠其子也우문군자지원기자야호라.

—『論語』「季氏(계씨)」篇 '異聞(이문)'章

[한자, 훈과 음]

'問(문)'은 '물을 문'이고, '聞(문)'은 '들을 문'이다. '嘗(상)'은 '일찍이 상'이고, '獨(독)'은 '홀로 독'이다. '鯉(리)'는 '잉어 리'이고, '趨(추)'는 '종종걸음 칠 추'이다. '過(과)'는 '지날 과'이고, '庭(정)'은 '뜰 정'이다. '退(퇴)'는 '물러날 퇴'이고, '禮(예)'는 '예도 예'이다. '喜(희)'는 '기쁠 희'이고, '遠(원)'은 '멀 원'이다.

[번역]

진항이 백어에게 물어서 이르기를, "그대가 또한 무엇인가 특이한 말씀을 들은 것이 있는가?"라고 하였다. 백어가 대답하여 말하기를, "아직 없습니다. 일찍이 아버님께서 홀로 서 계시거늘 저 리가 종종걸음 쳐서 뜰을 지나고 있었더니, 말씀하시기를 '『시경』 시를 배웠느냐?' 하시기에, 대답해서 말씀드리기를 '아직 배우지 못했습니다.'라고 하였더니, '시를 배우지 않으면 말을 할 수 없느니'라고 하시거늘, '저 리는 물러가서 시를 배웠습니다.' 뒷날(다른 날)에 또 홀로 서 계시거늘, 리가 종종걸음 쳐서 뜰을 지나고 있었더니, 말씀하시거늘 '예를 배웠느냐?' 하시기에, 대답해서 말씀드리기를 '아직 배우지 못했습니다.'라고 하였더니, '예를 배우지 않으면 존립할 수가 없느니라' 하시거늘, 리가 물러가서 '예를 배웠습니다.' 이 두 가지(시와 예)를 들었습니다."라고 하였다.

백어에게 그 말을 듣고 진항이 물러나와 좋아하면서 이르기를, "하나를 물어 셋을 얻었으니, 시에 대해서(시로써 가르치려 하셨다는 말) 듣고 예에 대하여(예로써 가르치려 하셨다는 말) 들었으며, 또 군자께서는 그 자식을 멀리하신다는 말을 들었노라."고 하였다.

[해설]

『논어』「季氏(계씨)」편 '이문(異聞)'장은 '과정지훈(過庭之訓)'으로 '뜰을 지날 때의 가르침'이라는 내용이 담겨 있는 곳이다. 진항이 개인적인 생각으로 성인(聖人) 공자를 엿보려 한 것이다. 성인께서 남몰래 자기 자식은 후하게 대하는 것이 있지 않을까 하여, 공자의 아들 백어(伯魚)에게 물어 본 것이다. 백어(伯魚)는 공자의 아들 리(鯉)의 이름이다. 태어날 때 잉어 꿈을 꾸었고 또 제후로부터 잉어를 선물로 받았기에 그런 이름을 썼다고 한다. 리(鯉)는 백어의 자(字)이다.

공자가 아들이라고 해서 다른 문하생들과 다르게 특별한 것을 가르치지는 않았다는 것이다. 그리고 공자는 자기주도적 학습 교육관을 지녔다. 그것은 백어가 스스로 깨우치기를 바라고 기다려 준 것이다. 다만 공자가 아들 백어에게 『시경』 시와 예를 중시할 것을 당부하였다. 『시경』 시와 같은 참된 시를 배우지 않으면, 그런 사람은 도대체 소견이 없게 되므로, 결코 남과 더불어 어떤 말도 할 수 없으며, 또한 그렇게 소견이 없는 사람과는 누구도 함께 말하기가 어렵다는 뜻에서 그렇게 말씀하신 것이다.

또한 예(禮)를 배우면 갖가지 일과 절차에 상세해지고 밝아지며 덕성이 굳어지고 안정이 된다는 것이다. 그러나 예를 배우지 않으면 무슨 재주로써 이 세상에서 주견을 세워 살아갈 수 있겠으며 우러러 보이는 존재로 세상에서 우뚝 설 수도 없다고 한 것이다. 따라서 예가 없으면 결코 세상에서 존립할 수 없으며 행세할 수도 없다는 것이다.

공자는 시(詩, 시경시)를 배우지 않으면 제대로 말할 수 없고, 예(禮)를 배우지 않으면 세상에 나설 수 없다고 하였다. 공자는 시를 통해서 지식을 넓히고 정서를 순화하고자 했다. 또한 예로는 자기의 몸가짐을 단속하여 인(仁)에 이르고자 한 것이다. 이처럼 공자는 백어에게 어떤 것을 공부할 것을 일러만 주었다. 이는 스스로 깨우치기를 바라는 자기주도적 교육관을 지녔던 것이다.

子夏자하가 爲莒父宰위거보재라 問政문정한대 子曰자왈, 無欲速무욕속하며 無見小利무견소리니 欲速則不達욕속즉불속하고 見小利則大事견소리즉대사가 不成불성이니라.

—『論語』「子路(자로)」篇 '莒父(거보)'章

[한자, 훈과 음]

'莒(거)'는 '감자 거'이고, '父(보)'는 '노인 보'이다. 여기서 '莒父(거보)'는 지명을 이르는 말로, 노나라 고을 이름이다. '父(보)'는 사람 이름이나 땅 이름에서 '보'로 읽는다. '欲(욕)'은 '하고자 할 욕'이고 '速(속)'은 '빠를 속'이다. '達(달)'은 '통달할 달'이고 '見(견)'은 '볼 견'이다. '利(리)'는 '이로울 이(리)'이고 '成(성)'은 '이룰 성'이다.

[번역]

자하가 노나라 거보 땅의 원님이 되었는지라, 정사에 대하여 여쭈었는데, 공자께서 말씀하시기를, "속히 하고자 하지 말 것이며, 작은 이익을 바라지 말 것이니, 속히 하고자 하면 잘 이루어지지 않고 작은 이익을 바라면 큰 일이 이루어지지 않느니라."고 하셨다.

[해설]

일반적으로 평상시 자하(복상)가 지나치게 뜻이 높고 작은 이익에 얽매이는 모습이 있었던 것이다. 그래서 스승 공자는 제자의 그런 점을 깨닫게 하기 위해 일을 빨리 하고자 서두르지 말고 작은 이익에 얽매이지 말라고 한 것이다. 자하의 단점이나 병통을 바로잡아 발전시키고자 한 인인시교(因人施敎) 곧 자신의 능력이나 처지에 맞게 가르침을 내린 것이다.

司馬牛사마우가 問仁문인한대 子曰자왈, 仁者인자는 其言也기언야가 訒인이니라. 曰왈, 其言也기언야가 訒인이면 斯謂之仁已矣乎사위지인의호잇가. 子曰자왈, 爲之위지가 難난하니 言之언지를 得無訒乎득무인호아.

—『論語』「顔淵(안연)」篇 '訒言(인언)'章

[한자, 훈과 음]

'訒(인)'은 '말 더듬을 인'이고 '言(언)'은 '말씀 언'이다. '斯(사)'는 '이 사'이고 '謂(위)'는 '이를 위'이다. '難(난)'은 '어려울 난'이고 '得(득)'은 '얻을 득'이다. '司馬牛(사마우)'는 공자의 제자르, 이름이 犂(리)이다. 向魋(상퇴)라는 형이 있었는데, 춘추시대 송(宋)나라 임금을 시해하고자 했던 인물이다. 뿐만 아니라 공자도 죽이려고 한 사실이 있었다. 그래서 사마우는『논어』「안연(顔淵)」편 '형제(兄弟)'장에서 자신만이 형제가 없다고 한탄하였다. 장차 형님인 상퇴가 난을 짓다가 죽게 되지나 않을까 걱정하면서 한 말이다. 이에 동문수학 자하가 '사귐에 공손하고 예의가 있으면 사해동포가 다 형제'라고 위로해 주었다.

[번역]

'사마우'가 '인(仁)'에 대하여 여쭈었는데, 공자께서 말씀하시기를,

"인(仁)한 자는, 그 말하는 것이 말을 참아서 하느니라."고 하셨다. 사마우가 말씀 드리기를, "그 하는 말이 말을 참아서 하면, 이에 '인'이라고 이르겠습니까?"라고 하였다. 공자께서 말씀하시기를, "매사가 말한 대로 행하기가 어려우니, 말을 하기를 어찌 참아서 함이 없을쏘냐?"고 하셨다.

[해설]

평상시 사마우는 말이 많고 조급한 사람이었다. 그래서 공자는 제자 사마우의 병통인 말을 쉽게 하는 것을 바로잡아 주고자 했던 것이다. 그런데 제자 사마우가 말을 참아서 쉽게 하지 않는 것으로서 인(仁)이 될 수 있는가를 다시 여쭈었던 것이다. 이에 스승인 공자가 '말한 것을 말한 대로 실천에 옮긴다는 것이 어려운 일이니, 말을 하는 데 어찌 참아서 함이 없을 것인가?'라는 뜻으로 깨우쳐 주고 있다. 이처럼 질문자의 능력에 맞게 답을 내려 교육하는 인인시교(因人施教)의 방법으로 제자를 가르쳤던 공자이다.

공자의 교육관은 요즘으로 치면 자기주도적 학습이면서 일 대 일 맞춤식 교육이었다. 훌륭한 스승은 평상시 제자들의 장·단점을 파악하고 있어야 할 것이다. 그래야 장점은 더 잘 발휘될 수 있도록 북돋워 주고 단점은 해결할 수 있도록 조언을 해줄 수 있기 때문이다. 그러면 공자 같이 자기주도적 학습과 맞춤식 교육이 가능할 것이다.

24. 『논어』를 통해 본 공자의 귀신관(鬼神觀)과 천명론(天命論)

공자의 귀신관도 살펴보자.

季路계로가 問事鬼神문사귀신한대 子曰자왈, 未能事人미능사인이언정 焉能事鬼언능사귀리오. 왈曰 敢問死감문사하노이다. 曰왈, 未知生미지생이언정 焉知死언지사리오.

—『論語』「先進(선진)」篇 '鬼神(귀신)'章

[한자, 훈과 음]

'季路(계로)'는 공자의 제자 子路(자로, 중유)이다. "問事鬼神(문사귀신)"는 제사를 받드는 바의 뜻을 구한다는 의미이다. 問(문)는 '물을 문'이고, 事(사)는 '섬길 사'이다. '事(사)'는 보통 '일 사'로 많이 사용되는 글자이다. '鬼(귀)'는 '귀신 귀'이고 '神(신)'은 '조상신 신'이다. '未(미)'는 '아직 아닐 미'이고 '焉(언)'은 '어찌 언'이다. '敢(감)'은 '감히 감'이고, '死(사)'는 '죽을 사'이다. '知(지)'는 '알 지'이고 '生(생)'은 '살 생'이다.

[번역]

계로(자로, 중유)가 귀신 섬기는 방법을 여쭈었는데, 공자께서 말씀하시기를, "능히 산 사람을 섬기지는 못할지언정, 어찌 능히 귀신을 섬길 수 있으리오?"라고 하셨다. 계로가 말씀드리기를 "감히 죽음에 대해서 여쭙습니다."라고 하였다. 공자께서 말씀하시기를, "삶에 대해서 알지를 못할지언정, 어찌 죽음을 알리오?"라고 하셨다.

[해설]

제자 자로(계로, 중유)가 귀신을 섬기는 방법과 죽음의 도리에 관해 스승이신 공자에게 여쭈었던 것이다. 이에 공자는 산 사람을 먼저 섬길 줄 알아야 귀신도 섬길 수 있고, 삶의 도리를 먼저 알아야 죽음의 의미도 알 수 있다고 하였다. 이는 산 사람을 섬기는 방법과 삶의 도리를 알게 된 다음에 귀신을 섬기는 것과 죽음의 도리도 알 수 있다고 한 것이다. 부모님이 살아 계실 때 잘 봉양하는 사람이 돌아가신 후에도 제사를 잘 모실 수 있고, 삶의 도리를 아는 사람이 참된 죽음의 도리도 알 수 있다고 한 것이다. 다시 말하자면 삶의 도리를 모르면서 죽음의 이치를 알려고 하는 것은 마치 배움의 등급을 뛰어넘어 알려고 하는 것과 같다는 말이다. 죽음의 이치를 알려고 하면 먼저 현재의 삶에 충실하라는 말이다.

『공자가어(孔子家語)』에는 귀신(鬼神)에 대한 공자의 생각을 읽을 수 있는 내용이 있다. 공자의 제자 재아(宰我, 자아)가 스승인 공자에게 귀신에 대해서 여쭈는 장면이 있다. 재아가 "저는 귀신의 이름만 듣고 무엇을 말하는지 모르고 있습니다. 감히 여쭙니다(吾聞鬼神之名오문귀신지명, 而不知所謂이부지소위, 敢問焉언문언)."[41]라고 한 부분이다. 이에 공자는 '사람은 태어날 때 기(氣)도 있고 혼(魂)도 있다.'고 하면서, '기(氣)는 사람의 정신이 왕성한 것이고, 태어난 자는 반드시 죽게 되며 죽고 나서는 반드시 흙으로 돌아가게 마련인데, 이를 귀(鬼)라 하며, 혼(魂)과 기(氣)는 하늘로 돌아가게 되는데, 이를 신(神)이라 부른다.'고 하였다. 그리고 귀(鬼)와 신(神)을 합쳐 제사를 지내는데 예교(禮敎)의 지극함이라고도 하였다. 따라서 귀(鬼)는 땅속에 있고 신(神)은 하늘에 있는 혼령이

41) 王肅 撰, 『孔子家語』(임동석 역, 동서문화사), 594~595쪽 참조.

라는 말이다. 죽은 자는 뼈와 살은 땅에서 썩어 들의 흙으로 변하지만, 그 기(氣)는 위로 올라와 발양(發揚)하여 신(神)으로 나타난다는 것이 공자의 주장이었다.

공자는 죽은 사람의 제사를 모실 때 살아 계시는 사람처럼 섬기기를 다하라고 하였다. 공자는 이 제사를 가장 잘 모신 사람이 주(周)나라 문왕(文王)이었다고 하였다. 문왕이 제사 모시기를 살아 있는 사람 모시듯 섬겼고, 제삿날 돌아가신 분의 이름을 칭하여 마치 살아 계신 분을 뵙는 듯 충성을 다했다고 하였다. 그리고 제사를 지낼 때에는 부모가 친히 와서 흠향(歆饗)하는 듯한 생각이 들기에 즐거운 것이며, 제사를 마치고는 부모님께서 제대로 흠향하셨는지에 대해서 슬픈 마음이 든다고 하였다. 공자는 이와 같은 마음을 지냈던 분이 문왕이라고도 하였다.

子자가 不語怪力亂神불어괴력난신일러시다.

—『論語』「述而(술이)」篇 '不語(불어)'章

[한자, 훈과 음]

'子(자)'는 '큰선생님 자'이다. 도덕적으로나 학문적으로 공을 이루었을 때 붙일 수 있는 '선생님 자'로 사물의 의미를 더하는 접미사 역할이다. '語(어)'는 '말씀 어'로, 두 사람이 행하는 말일 때 쓰는 자이고, 한 사람이 말을 할 때는 말씀 '言(언)'을 쓴다. '怪(괴)'는 '괴이할 괴'이고, '力(역)'은 '힘 력'이다. '亂(난)'은 '어지러울 난'이고, '神(신)'은 '조상 신'이다.

[번역]

공자께서, 괴이한 일과 용력(勇力)을 쓰는 일과 도(道)를 어지럽히는 일과 신(神)에 관한 일은 말씀하시지 않으셨다.

[해설]

공자의 삶의 자세를 엿볼 수 있는 말씀이다. 세상을 잘 다스리는 일에 관해서는 말씀하셔도 괴이한 일과 도리에 어긋나거나 도를 어지럽히는 일에 대해서는 말씀하시지 않았다는 것이다. 주자(朱子)는 『논어』 집주(集註)의 주석(註釋)에서 "귀신의 조화를 부리는 자취는 비록 이치가 바르지 않은 것은 아니나, 궁리(窮理, 사물의 이치를 깊이 연구하는 것)하기를 지극히 함이 아니고서는 쉽게 밝힐 수 없는 점이 있는지라, 그러므로 사람들에게 가벼이 말씀하시지 않으셨다."라고 하였다. 주자가 말한 "鬼神造化之迹귀신조화지적" 곧 "귀신이 조화를 부리는 자취"는 『주역(周易)』 「건(乾)」괘의 정자(程子)의 전(傳)에 나오는 구절이다. "天地者천지자는 道也도야요, 鬼神者귀신자는, 造化之跡也조화지적야니라."로 "천지는 도이며, 귀신은 조화의 자취이다."로 번역된다. 천지의 운행 그 자체가 도이며, 천지의 도가 운용되어 나타나는 조화의 자취가 귀신이라는 말이다. 해가 뜨고 해가 지고, 봄이 가면 여름이 오고, 더위가 가면 추위가 오는 사계절처럼 천지의 자연스런 운행이 하늘의 도인 것이다. 그 천지 자연의 이치가 잘 운용되는 조화의 자취가 귀신(鬼神)이라는 말이다.

子曰자왈, 天生德於予천생덕어여시니 桓魋환퇴가 其如予기여여에 何하리오.

—『論語』 「述而(술이)」篇 '桓魋(환퇴)'章

[한자, 훈과 음]

'桓魋(환퇴)'는 春秋(춘추)시대 宋(송)나라 사람으로 司馬(사마) 벼슬을 하던 向魋(상퇴)이다. 桓公(환공)의 후손이기에 桓魋(환퇴)라고 한 것이다. '天(천)'는 '하늘 천'이고 '生(생)'은 '날 생'이다. '德(덕)'은 '덕 덕'이고 '於(어)'는 '어조사 어'이다. '予(여)'는 '나 여'이고 '桓(환)'은 '클 환'이며, '魋(퇴)'는 '사람 이름 퇴'이다. '其(기)'는 '그 기'이고 '如(여)'는 '같을 여'이며 '何(하)'는 '어찌 하'이다.

[번역]

공자께서 말씀하시를, "하늘이 나에게 덕을 내려 주셨으니, 나를 해치려는 환퇴가 그 나에게 어찌리오?"라고 하셨다.

[해설]

공자가 하늘을 믿는다는 말이다. 곧 천명(天命)을 믿는 공자이다. 나는 하늘이 내려 주신 내 나름의 덕(德)을 타고 났다. 그래서 하늘이 준 덕으로 나름 성실하게 세상을 살아나가면 될 것이다. 그러기에 '나를 해치려는 환퇴가 하늘의 뜻을 어겨 가면서까지 나를 해치지는 못할 것이다.'라고 한 것이다.

王孫賈왕손가가 問曰문왈, 與其媚於奧여기미어오론 寧媚於竈녕미어조라 하니 何謂也하위야니잇고. 子曰자왈, 不然불연하다. 獲罪於天획죄어천이면 無所禱也무소도야니라.

—『論語』「八佾(팔일)」篇 '媚奧(미오)'章

[한자, 훈과 음]

王孫賈(왕손가)는 衛(위)나라 대부이다. '賈(가)'는 '장사 가'이고 '與(여)'는 '더불어 여'이다. '媚(미)'는 '아첨할 미'이고 '奧(오)'는 '아랫목 오'로 아랫목 神(신)을 뜻한다. '寧(녕)'은 '차라리 녕'이고 '竈(조)'는 '부엌 조'로 부엌 神(신)이다. '獲(획)'은 '얻을 획'이고 '罪(죄)'는 '허물 죄'이고 '禱(도)'는 '빌 도'이다.

[번역]

왕손가가 물어서 말하기를, "그 아랫목 신에게 아첨하기보다는 차라리 부엌 신에게 아첨한다고 하니, 무엇을 이른 말입니까?"라고 하였다. 공자께서 말씀하시기를, "그렇지 않다. 하늘에 죄를 얻으면, 빌 곳도 없느니라."라고 하셨다.

[해설]

왕손(王孫) 가(賈)가 임금에게 잘 보이기보다는 권세가 자신에게 잘 보여야 출세할 수 있음을 말한 것이다. 신의 등급으로 치면 부엌신보다는 아랫목 신이 더 높은데, 사람들은 부엌신을 더 가까이하고 선호했다는 것이다. 따라서 왕손 가(賈)도 임금과의 인연을 맺는 것보다 위나라 권세가인 자기에게 잘 보이는 것이 더 낫다는 것이다. 왕손가가 '어째서 자기에게 잘 보이려 하지 않느냐?'는 말에 공자가 풍자한 것이다.

당시 왕손 賈(가)는 위나라 대부이면서 실권자였다. 그래서 공자께 '실권자인 자기에게 잘 보이려고 아부하는 것이 위나라 임금에게 잘 보이려고 하는 것보다 낫지 않겠느냐?'라는 뜻에서 한 말이다.

이에 공자는 하늘에 죄를 얻으면 더 이상 빌 곳도 없다는 말씀으로 언제든 순리대로 천명(天命)을 따르고자 하는 참된 도리를 저버려서는 안 될 것임을 밝힌 것이다. 이처럼 공자는 하늘을 믿고 있었다. 하늘은 양심일 수도 있다. 양심에 꺼리김이 없는 삶을 살면 하늘도 두렵지 않기 때문이다.

孔子曰공자왈, 君子군자가 有三畏유삼외하니 畏天命외천명하며 畏大人외대인하며 畏聖人之言외성인지언이니라. 小人소인은 不知天命而不畏也부지천명이불외야라. 狎大人압대인하며 侮聖人之言모성인지언이니라.

—『論語』「季氏(계씨)」篇 '三畏(삼외)'章

[한자, 훈과 음]

君子(군자)는 모든 일의 판단 기준이 의리이고, 小人(소인)은 이익이다. '畏(외)'는 '두려워할 외'이고, '命(명)'은 '운명 명'이다. '聖(성)'은 '성스러울 성'이고 '言(언)'은 '말씀 언'이다. '狎(압)'은 '친압할 압'이고 '侮(모)'는 '업신여길 모'이다.

[번역]

공자께서 말씀하시기를, "군자(君子)가 두려워할(무서워할) 것이 세 가지가 있으니, 천명(天命)을 두려워해야 하며, 대인(大人)을 두려워해야 하며, 성인(聖人)의 말씀을 두려워해야 하느니라. 소인(小人)은 천명을 알지 못해서 천명을 두려워하지 않는지라, 대인을 친압(親狎, 친하다고 깔보고 업신여기는 것)하며, 성인의 말씀을 업신여기느니라."라고 하셨다.

[해설]

군자와 소인의 차이점을 밝혔다. 그러면서 군자도 천명을 두려워해야 한다고 한 것이다. 여기서의 천명은 하늘이 준 바른 이치이다. 그러니 그 천명을 가히 두려워할 줄 알면 조심하고 삼가고 걱정하고 두려워함이 절로 생겨 나쁜 짓은 그만둘 것이라는 말이다. 나쁜 짓이 무엇인지 알고 그만두면, 주어진 소중한 것을 잃지 않을 수 있게 된다는 말이기도 하다.

대인(大人)은 군왕 같은 사람으로, 다른 사람의 생사권(生死權)을 쥐고 있는 사람이다. 남의 목숨을 살리고 죽일 수 있는 권한이 있어도 천명을 두려워해야 한다는 말이다. 그리고 성인의 말씀을 두려워하라고 하였다. 이는 성인의 말씀은 본받을 바가 있기 때문이다. 대인이나 성인 모두 천명을 따르고 올바른 행위를 한 인물이기에 군자로서 대인과 성인의 말씀을 두려워하지 않을 수 없는 것이다.

소인은 군자와 반대의 행동을 하는 사람이다. 천명을 알지도 못해 천명을 두려워하지도 않고, 덕이 있고 지위가 있는 대인에게도 막대하며 또한 대인을 친압(親狎, 너무 지나치게 친한 것)하는 태도까지 보여 업신여기기까지 한다는 말이다. 그리고 성인의 말씀도 소중히 여기지 않는다는 것이다.

子曰자왈, 不知命불지명이면 無以爲君子也무이위군자야요 不知禮부지예면 無以立也무이입야요 不知言부지언이면 無以知人也무이지인야니라.

—『論語』「堯曰(요일)」篇 '知命(지명)'章

[한자, 훈과 음]

'知(지)'는 '알 지'이고 '命(명)'은 '운명 명'이다. '以(이)'는 '써 이'이고 '爲(위)'는 '할 위'이다. '禮(예)'는 '예절 예'이고 '立(립)'은 '설 립'이다.

[번역]

공자께서 말씀하시기를, "천명을 알지 못하면 무엇으로써 군자 될 길이 없고, 예(禮)를 알지 못하면 입신할 길이 없고, 남이 하는 말을 알지 못하면 무엇으로써 사람을 알아볼 길이 없느니라."라고 하셨다.

[해설]

천명(天命)이 있는 것을 아는 사람은 참되게 살아가며 착함을 행하고 인(仁)을 행할 수 있다는 것이다. 그러나 천명이 있는 것을 알지 못하는 사람은 해(害)될 일도 행하고 이익을 보면 앞뒤 가리지 않고 내달려 간다는 것이다. 이처럼 공자는 천명(天命)을 믿었던 것이다.

공자(孔子)의 귀신관(鬼神觀)은 산 사람이 우선이라고 하였다. 죽은 사람의 귀신을 섬기기보다는 우선적으로 산 사람을 잘 봉양하라고 하였다. 그런 사람이 귀신도 잘 섬길 수 있다고 하였다.

그리고 사람이 죽으면 뼈와 살이 땅에 묻혀 귀(鬼)가 되고 혼령은 하늘로 올라가 신(神)이 된다고 하였다. 그런데 귀(鬼)는 잡귀가 되고 신(神)은 조상신이 된다고 하였다.

공자는 잡귀를 섬길 것이 아니라 조상신을 섬겨야 한다고도 하였다. 새해 정초가 되면 무당이나 점집을 찾아 점을 치는 행위도 잡귀를 섬기는 하나의 행위일 것이다. 그런 잡귀에 자신의 인생을 맡기지 말기를, 2500년 전 공자가 당부하고 있는 듯하다. 잡귀보다는 조상신을 섬겨 자신의 뿌리를 잊지 않기를 바란다.

공자는 하늘 곧 천명(天命)을 믿었다. 하늘에 죄를 얻으면 빌 곳도 없다고 하였다. 그래서 평소에 양심에 꺼리김 없는 삶을 살라고 권장하였다. 죄를 얻으면 빌 곳인 하늘은 우리 모두가 태어날 때부터 지녔던 양심일 수도 있다. 그 양심에 부끄럽지 않는 삶을 살기를 공자는 바랐던 것이다.

25. 『논어』를 통해 본 공자의 문학론(文學論)

『논어』의 공자 말씀 중 문학론과 관계된 내용이 있다. 여기서 공자의 말씀은 처음부터 문학의 이론을 내세우려고 한 것은 아니지만, 공자의 말씀 중에는 뜻이 문학론이라고 이름 붙여도 좋을 만한 구절이 있다.[42] 가령 "君子군자는 不器불기니라"[43]와 같은 구절은 문학론과 관계없이 한 말씀이다. 하지만 문학·철학·역사학 등에 통하고 있다. 『논어』에서 공자가 말한 문학의 의미는 협의 차원인 문예의 의미가 아니라 더 넓은 광의 뜻으로 사용되었다. 여기서 『논어』에 나타난 문학론을 살펴보자.

1) 思無邪사무사: 생각함에 사악함 없다

子曰자왈, 詩三百시삼백에 一言以蔽之일언이폐지하니 曰왈 思無邪사무사니라.

—『論語』「爲政(위정)」篇 '無邪(무사)'章

42) 윤인현, 「논어에 나타난 문학론」, 『한문학의 이해와 연구』(경진출판, 2021), 13~47쪽 참조.

43) 『論語』「爲政」篇 '不器'章.

[한자, 훈과 음]

'詩(시)'는 '시 시'로 여기서는 『시경』 시를 이른다. '蔽(폐)'는 '결판낼 폐'이고 '思(사)'는 '생각할 사'이다. 無(무)는 없을 무자이고 '邪(사)'는 '사악할 사'이다.

[번역]

공자께서 말씀하시기를, "시 300편에 대하여 한마디 말로써 가려 말하자니, 생각함에 간사함이 없었다고 할 것이니라."고 하셨다.

[해설]

이는 시를 짓는 작시자의 태도가 정성되고 공명정대해서 그 생각함에 간사함과 숨기는 다음이 없었다는 것이다. '사무사(思無邪)'는 원래 『시경』 「노송(魯頌)」의 시편 중 '경(駉)'장에 있는 말이다. '말을 기르는 사람은 생각함에 나쁜 생각이 없으니, 말이 이에 잘 간다'라는 의미이다. 다시 말하자면, 말을 기르는 사람의 정성이 지극하며 생각이 치우치거나 사악함이 없기에 그 말이 잘 자라고 또 일도 잘한다는 것이다. 이는 위정자의 지극한 자세를 일깨워주기 위해 비유된 표현이다. 마치 말 기르는 사람이 말을 위하는 마음으로 말을 아끼고 사랑스럽게 돌본다면 그 말도 주인의 정성과 사랑을 알고 잘 따르고 일도 잘한다는 것이다. 이처럼 위정자도 백성들의 마음을 헤아리고 그들의 입장에서 정책을 펼친다면 백성들도 그 위정자을 위하고 그의 정책을 잘 따를 것이라는 논리이다.

한편으로 '사무사'에 대한 다양한 의미를 소개하여 '단장취의론'과 '본의론', '활용론' 등으로 해석하기[44]도하고, '시 창작자가 사특함이

44) 남상호, 『孔子의 詩學』(강원대학교 출판부, 2011), 164~171쪽.

없어야 하는 것도 옳은 것이고, 시를 읽는 독자의 마음에 사특함이 없어야 하는 것도 옳다고 하면서도 비록 창작자가 사특함을 가지고 있더라도 독자가 사특한 마음이 없이 읽을 수 있다는 것도 옳으며, 창작자의 사특함 여부와 상관없이 독자가 시를 감상하고 읊조리면서 자신의 사특함을 없애는 것도 옳은 것이다'[45]라고 소개한 연구도 있었다.

하지만 이는 공자께서 하신 말씀 곧 『시경』 시 300편을 한마디 말씀으로써, 평한 이유를 제대로 반영하지 못한 논의였다. 주자가 『논어』 「위정」편, '무사'장의 주에서 "무릇 『시경』 시에 쓰인 말이, 착한 것을 말한 것은 가히 사람의 마음을 감발시킬 수 있고, 악한 것을 말한 것은 사람의 상도를 벗어난(안일한) 뜻을 징계할 수 있으니, 그 쓰임이 사람으로 하여금 그 성정의 바름을 얻도록 하는 데 귀결될 따름이다"[46]라고 한 것처럼, 『시경』 시와 같은 바른 시를 통해서 바른 성정을 얻을 수 있어야 한다. 율곡이 「정언묘선총서」에서 『원자집』에 대한 평으로 '충담소산(沖澹蕭散)'이라 하였다. 그러면서 뜻이 깊고 조탁의 꾸밈이 없는 자연스런 시들을 중히 여긴다고 하였다. 이에 율곡은 이와 같은 특징을 지닌 시들이 사무사(思無邪) 곧 생각함에 사벽함이 없는 『시경』 시 300편이 끼친 뜻에도 부합된다는 관점에서 높이 평가하였다. 율곡의 이와 같은 관점도 공자가 『시경』 시를 한마디 말로 평단한 사무사의 시관의 영향이라 할 것이다. 그러므로 사무사의 개념은 여러 갈래로 인식하기보다는 공자가 『논어』에서 『시경』 시 300

45) 주영아, 「論語의 詩에 대한 고찰」, 『東方學』 제35집(韓瑞大學校 附設 東洋古典研究所, 2016), 16쪽.

46) 『論語』 「爲政」篇 '無邪'章. "凡詩之言, 善者, 可以感發人之善心, 惡者, 可以懲創人之逸志, 其用, 歸於使人得其情性之正而已."

편을 평단한 말씀 그대로 작시자의 생각함에 사특함이 없는 상태를 존중하여야 할 것이다.

‘사무사(思無邪)’ 곧 ‘생각함에 사벽함이 없다’는, 순수한 마음의 표현이다. 그런데 근래에 일부 문학인들의 공부와 그 모임의 글 등에서 ‘사무사(思無邪)’야말로 참여시나 사회시의 반대 개념으로서의 순수시나 서정시로 보아,[47] 암울한 시대에 현실도피적인 시가 순수의 개념이 되어 이 ‘사무사(思無邪)’를 『시경』 시의 사회시와는 거리를 둔 채, 일명 순수시를 정의하는 개념으로 인식한 경우가 있었다. 하지만 암울한 시대 곧 일제 치하나 군사독재 시절에서의 순수의 가치는 그들에 대한 저항을 통해 나쁜 세상이 나쁘다고 말하는 것이 공자가 말씀한 『시경』 시를 평단한 사무사의 관점에서 진정한 순수의 의미일 것이다. 다시 말하자면, 공자가 말씀한 사무사의 순수란 현실의 사실적 반영 없이 내용적으로 무의미한 것을 참된 순수와 혼동하면 안 된다는 것이다. 지금 전해지는 『시경』 시 305편은 대부분이 사회시이다. 주자(朱子)가 「시집전서(詩集傳序)」에서 “아(雅)가 변한 것에 있어서도 또한 모두(『시경』 시 300편) 한때의 현인군자(賢人君子)가 시대를 민망

47) http://cafe.daum.net/mamvision/4LHF/1549 〈마음빛 누리에〉. “결국 공자의 思無邪 식의 순수시도 중요한 전통이지만, 사회성이 강한 시도 역사적으로 우리 시의 뚜렷한 전통이라는 이야기입니다.”

http://club.missyusa.com/poemnstory 〈글향기사랑방〉. “흔히 ‘思無邪’를 교훈적인 입장의 표명으로 보고, 동양 시관의 본질을 여기에 한정시키는 경향이 있다. 그러나 공자가 편찬한 『시경』이 서정시로만 이루어져 있는 점이라든지, 주희가 시를 ‘좋은 소리와 마디가 있는 말에 의한 성정의 자연스런 발로’라고 본 점을 고려할 때, 서정적인 면이 결코 부차적인 사항이 아님을 알 수 있다.”

http://kyoposhinmun.com 〈4월의 문학 산책: 20주기를 맞는 시인 천상병〉 2013년 04월 23일. “그의 시는 공자님이 말씀한 ‘사무사(思無邪, 사악함이 없는)’ 바로 그 길목 가운데에 놓인다. “저승 가는 데도 여비가 든다면 나는 돈이 없어 저승도 못 가겠네”라고 노래했던 천상병 시인, 그의 시에는 정녕 꾸밈이 없다. 그의 마음(혹은 詩心) 또한 꾸밈이 없다. 그의 시는 그가 사는 것만큼, 생각하는 대로만큼 그대로 써졌을 뿐이다.”

히 여기고 풍속을 가슴 아파하여 지은 것을 성인[聖人, 공자]께서 취하신 것"48)이라고 하여, 풍속을 교화하고 권선징악할 수 있는 풍자의 실속이 있어야 참된 시라고 하였다. 따라서 치자(治者)의 도리를 밝히거나 백성들의 생활상을 노래하여 찬미하거나 비판하였기에 사회시라고 할 수 있는 것이다. 이런 시를 공자는 '사무사'하다고 평하였다.

따라서 일부 연구자나 문인들이 생각한 '사무사(思無邪)'의 개념과는 다른 의미인 것이다. 30~40년대 순수시파라 하여 '돌담에 속삭이는 햇발같이' '구름에 달 가듯이 가는 나그네' 등의 시를 노래한 경우가 있다. 이를 공자가 『시경』 시를 평한 '사무사'에 견주어 순수시의 최고의 작품으로 칭하면 안 될 일이다. 또한 천상병의 「귀천」도 사무사(思無邪)의 개념으로 이해하면 더더구나 안 될 말이다. 공자가 말한 '사무사'란 암울한 현실일 때는 그 암울한 현실을 타계하기 위해 노력하는 것이 더 순수한 정신이기 때문이다. 그러므로 일제 치하에서 공자가 '사무사'로 평할 수 있는 진정한 순수는 오히려 이육사의 시나 윤동주의 참여시일 것이다. 사무사의 관점에서 보면, 시를 짓는 작시자의 자세가 공명정대하거나 지어진 시가 공명정대한 마음의 소산인가의 여부에 따라서 사무사(思無邪)의 개념에 의한 순수시의 개념이 정립되어야 하기 때문이다.

공자가 『논어』에서 『시경』 시 305편을 '사무사(思無邪)'라고 한 것을 기준으로 해서 보았을 때, 진정한 순수시는 현실도피적이면서 자연의 아름다움만 추구하는 그런 시가 아니라 민중을 위하고 더 나아가서 우리 사회를 위하는 참여시가 오히려 공자가 제시한 사무사적 순수시의 개념에 맞다고 할 것이다. 예를 들면, "큰 쥐야 큰 쥐야, 우리 기장

48) 朱子, 「詩集傳序」. "至於雅之變者, 亦皆一時賢人君子, 閔時病俗之所爲, 而聖人取之."

먹지 마라. 3년 너를 섬겼는데, 나를 돌보지 않는구나. 이제는 너를 떠나 저 즐거운 땅으로 가련다. 즐거운 땅 즐거운 땅이여! 거기 가면 내 편히 살 수 있겠지."[49]라고 하여, 사회의 모순을 풍자하였다. '큰 쥐'는 탐관오리에 비유되었으며, 3년이나 섬겼는데도 나를 돌보지 않았다는 것이다. 그래서 '낙토(樂土)'를 찾아 떠날 작정이다. 일반 대중들이 생활 속에서 겪는 사회적 고통이나 모순을 고발하는 사회시로, 위정자를 풍자하였다. 그런데 은근히 풍자하기 때문에 "말하는 사람은 죄가 없고 듣는 사람은 족히 경계(警戒)가 되니"[50] 자연히 시로써 미풍양속을 선도할 수 있는 것이다.

율곡(栗谷) 이이(李珥)도 「문책(文策)」에서 "선비로서 가장 높은 자는 도덕에 뜻을 두는 자이며, 그 다음은 사업에 뜻을 두는 자이고, 그 다음은 문장에 뜻을 두는 자이며, 가장 낮은 자는 부귀에 뜻을 두는 자이니, 과거에 매달리는 무리가 바로 부귀에 뜻을 두는 자입니다. 요즘 세상에는 도덕에 뜻을 둔 자들을 등용하고자 하면서도 도리어 부귀에 뜻을 둔 자들을 구하는 방법으로써 선비들을 대접하니, 심히 그릇된 일입니다."[51]타고 하여, 부귀에 뜻을 둔 선비를 가장 하위에 두었다. 이는 사회와 민족을 생각하지 않고 개인의 영달만 생각하는 곧 '향원(鄕原)' 같은 자를 등한시한 경우이다. '향원'은 『논어』「양화」편 '향원'장에 나오는 말로, 혼자 착한 척하여 세류에 영합하는 시골뜨기 같은 사람을 지칭한다. 우리 사회가 어디로 흘러가는지 위정자는

49) 『詩經』「魏風」〈碩鼠〉. "碩鼠碩鼠, 無食我黍. 三歲貫女, 莫我肯顧. 逝將去女, 適彼樂土. 樂土樂土, 爰得我所."

50) 「毛詩序」. "言之者, 無罪, 聞之者, 足以戒."

51) 李珥, 『栗谷先生全書拾遺』 卷之六 雜著 「文策」. "士之上者, 有志於道德, 其次, 志乎事業, 其次, 志乎文章, 最下者, 志乎富貴而已, 科擧之徒則志乎富貴者也. 今玆欲得志乎道德者, 而反以志乎富貴者待士, 則甚非."

제대로 정책을 수립하는지 등에는 관심 없이 자신과 그 주변인들의 부귀영화에만 관심을 가지는 소시민적 사고를 지닌 인물이다. 곧 그 시대 그 사람이 속한 사회가 바른 방향으로 나갈 수 있도록 행동하지 못해서 우리 사회의 덕을 해치는 사람이다. 이는 사무사(思無邪)의 관점에서 바라보면 정당한 삶의 방식이 아니다. 공자가 사무사(思無邪)라 평하여 공명정대한 마음을 가지게 한 것과 향원이라고 비난한 것, 모두 율곡이 최하위의 삶을 평가한 경우와 궤적을 같이 한다. 공명정대한 마음 곧 도덕에 뜻을 두고 문장을 짓고 덕행을 앞세운다면, 율곡이 말한 “사지상자(士之上者)”로 생각함에 간사함이 없는 글을 지을 수 있을 것이다.

다산 정약용의 「애절양」이야말로 사무사(思無邪)의 의미를 잘 드러낸 시라 할 것이다. 다산이 강진으로 유배당한 지 3년 차 되던 해에 듣고 보고 한 내용을 시로 형상화하였는데, “갈밭마을 젊은 여인 울음도 서러워라, 현문(縣門) 향해 울부짖다 하늘 보고 호소하네. 군인 남편 못 돌아옴은 있을 법도 한 일이나, 예부터 남절양(男絶陽)은 들어보지 못했노라.”[52]로 시작되는 「애절양」이야말로, 가장 순수한 마음에서 소외된 계층을 보듬는 시로 사무사(思無邪)하다고 할 수 있다. “세상을 걱정하고 백성을 불쌍히 여기는”[53] 마음을 지니고 “시대를 아파하거나 풍속을 분히 여기지 않는 것은 시가 아니다”[54]라고 한 것처럼, 당대의 버림받은 계층에 대한 애민 정신이 반영되었을 때 참된 시가 될 수 있다. 19세기 초 군정의 문란으로 갓난아이가 태어난 지 3일밖

52) 丁若鏞, 『茶山詩文集』 第4卷 「哀絶陽」. “蘆田少婦哭聲長, 哭向縣門號穹蒼. 夫征不復尙可有, 自古未聞男絶陽.”

53) 丁若鏞, 『與猶堂全書』 文集 卷二十一 書 「示兩兒」. “憂世恤民.”

54) 丁若鏞, 『與猶堂全書』 文集 卷二十一 書 「寄淵兒 戊辰冬」. “不傷時憤俗非詩也.”

에 안 되어 아직 배냇물도 안 말랐는데, 군인 징집 장부에 이름이 올라 집안의 대들보인 농우(農牛)를 끌고 가니, 그 억울함을 하소연할 길이 없어 남편은 자신의 양기(陽氣)를 자르고, 아내는 그 양기를 들고 관청에 호소하러 갔다는 내용이다. 이런 소외된 계층의 아픔을 함께 하는 것이야말로 공자가 말한 사무사(思無邪)의 경지일 것이다. 작시자의 태도가 생각함에 간사함이 없는 공명정대한 것이기 때문이다. 따라서 『시경』 시 같은 작시자의 태도가 사무사한 것이라야 온유돈후(溫柔敦厚)할 수 있는 실속이 있다. 시의 내용이 진실하여 사람의 마음을 감동하게 하여 바른 데로 이끄는 실속이 있기 때문이다. 따라서 시가 성정을 순화함으로써 사람을 온유돈후 곧 성품이 따스하고 부드러워지며 인정이 두텁고 두터워지게 하는 것이다. 이런 시를 사무사(思無邪)하다고 평할 수 있는 것이다.

2) 樂而不淫낙이불음, 哀而不傷애이불상

: 즐거워하면서도 넘치지 않고, 슬퍼하면서도 마음을 상하지는 않는다

子曰자왈, 關雎관저는 樂而不淫낙이불음하고 哀而不傷애이불상이니라.

—『論語』「八佾(팔일)」篇 '關雎(관저)'章

[한자, 훈과 음]

'關(관)'은 '빗장 관'이고 '雎(저)'는 '물수리 저'이다. '關雎(관저)'는 『시경』 첫 편의 편명이다. '樂(낙)'은 '즐거울 낙'이고 '淫(음)'은 '넘칠 음'이다. '哀(애)'는 '슬플 애'이고 '傷(상)'은 '상처 상'이다.

[번역]

공자께서 말씀하시기를, "(『시경』 시의) 관저는 즐거워하면서도 넘치지 않고, 슬퍼하면서도 마음을 상하지는 않는 것이니라"라고 하셨다.

[해설]

이 구절은 『시경』의 '관저'장에 대한 평이기는 하지만 『시경』 시 전체를 논평한 구절이다. 『시경』 시는 '즐거워하면서도 그 즐거워하는 마음이 도리에 넘치지 않고 슬퍼하면서도 몸과 마음을 심히 상하게 하지 않는 것으로 『시경』 시의 중정(中正)한 도(道)를 나타낸 것이다. '관저'장은 『시경』의 첫 부분에 실린 '주남(周南)'의 국풍(國風)의 시로, 주(周)나라 문왕(文王)과 문왕비인 태사(太姒)와의 사랑을 노래한 것이다. 이처럼 '관저'장은 젊은 남녀의 사랑을 노래한 것으로, 군자에게는 마땅히 요조숙녀가 짝이 되어야 하고, 요조숙녀는 군자의 좋은 배필이 될 수 있어야 한다는 것이다. 이는 인륜의 시작이라 할 부부간의 사랑의 과정을 노래한 것이면서 남녀 간의 애정을 노래한 것이다.

관관히 우는 저구새는,	關關雎鳩관관저구,
물가에서 즐거이 노니네.	在河之洲재하지주.
아리땁고 고운 여자는,	窈窕淑女요조숙녀,
군자의 좋은 짝이라네.	君子好逑군자호구.
들쭉날쭉한 마름나물을,	參差荇菜참치행채,
이리저리 물길 따라 취하네.	左右流之좌우류지.
아리땁고 고운 여자는,	窈窕淑女요조숙녀,
자나 깨나 구해보네.	寤寐求之오매구지.

아무리 찾아도 만나지 못하여,	求之不得구지부득,
자나 깨나 그리워하네.	寤寐思服오매사복.
아득하고 아득해라,	悠哉悠哉유재유재,
몸을 뒤척이며 잠을 설치네.	輾轉反側전전반측.
들쭉날쭉한 마름나물을,	參差荇菜참치행채,
이리저리 취하여 가리네.	左右采之좌우채지.
아리땁고 고운 여자는,	窈窕淑女요조숙녀,
거문고와 비파로 즐기네.	琴瑟友之금슬우지.
들쭉날쭉한 마름나물을,	參差荇菜참치행채,
좌우로 삶아 올리네.	左右芼之좌우모지.
아리땁고 고운 여자는,	窈窕淑女요조숙녀,
종과 북으로 즐기네.	琴瑟友之금슬우지.[55]

위의 '관저'장은 아름다운 사랑의 성취 과정을 노래한 것이다. 태사(太姒)가 시집올 때 궁중 사람들이 부른 노래로 시작하여, 요조숙녀의 간절한 그리움과 그 그리움으로 인한 번민을 거쳐 사랑의 성취와 즐거움을 노래한 내용이다. 그런데 공자가 "樂而不淫낙이불음, 哀而不傷애이불상"이라고 한 말씀은『시경』시의 '관저'장만에 해당하는 평이 아니라『시경』시 전반에 대한 논평인 것이다. '관저'장에는 '애이불상'의 의미가 없기 때문이다. 따라서 공자는『시경』시 전반에 대한 정서를 "낙이불음"과 함께 논평한 것이다.『시경』시의 전반적인 내용과 정서

55) 宋刊本十三經注疏附校勘記『詩經』(藝文印書館, 1981,『시경』), '관저'장.

는 즐거워하면서도 그 즐거움이 도리에 넘치지 않고, 슬퍼하더라도 마음 상할 정도로 심하지 않게 해야 한다는 의미일 것이다. 그런데 그 표면적인 의미만 이해하여, 인정을 곡진하게 드러내는 참된 내용의 실속도 없이 모든 감정을 억제하여 즐거워도 제대로 즐거워할 줄도 모르고 슬퍼도 슬퍼할 줄도 모르며 어떠한 상황에 처하든지 자기의 솔직한 감정을 모두 드러내지 말라는 뜻으로 인식하면 안 되는 것이다.

위의 시에서 "參差荇菜참치행채"에 나오는 참치(參差)의 "참(參)"은 '들쑥날쑥할 참'이고, "치(差)"는 '어긋날 치'이다. 그래서 번역을 "들쭉날쭉한 마름나물을"로 한 것이다.

전국시대 조(趙)나라 모장(毛萇)이 지었을 것으로 추정되는 「모시서(毛詩序)」에 "관저는 후비의 덕을 노래한 것이니, 풍(風[國風])의 시작이요, 천하를 바람 불 듯 교화(敎化)시켜 부부의 도리를 바로잡자는 것이다. 그러므로 고을 사람들에게 쓰여지고 천자국과 제후국에 쓰여진다. '풍(風)'은 '바람'이라는 말이요, '가르침'이라는 말이니, 바람이 불 듯 불어서 감동시키고, 가르쳐서 감화해 나간다는 뜻이다."[56]라고 하여, 『시경』 시가 인륜의 도를 밝히고 바로잡자는 뜻에서 시작되었으며 민풍(民風)을 살려 풍교(風敎)의 효과를 거두기 위한 시였다. 그래서 "윗사람이 풍(風)으로써 아랫사람을 교화해 나가고, 아랫사람은 풍으로써 윗사람을 풍자해 나가되 문[글]을 위주로 하여 넌지시 간하니, 말하는 사람은 죄가 없고 듣는 사람은 족히 경계가 되니, 그러므로 이르기를 '풍(風)'이라고 한다."[57]라고 하여, '풍(風)'이 윗사람[위정자]

---

56) 毛萇, 「毛詩序」. "關雎, 后妃之德也, 風之始也, 所以風天下而正夫婦也. 故用之鄉人焉, 用之邦國焉. 風, 風也, 敎也, 風以動之, 敎以化之."

57) 앞의 책. "上以風化下, 下以風刺上, 主文而譎諫, 言之者, 無罪, 聞之者, 足以戒, 故曰風."

이 교화해 나가고 아랫사람[백성]이 풍자해 나가는 데서 이루어지는 것임을 밝혔다. 「모시서」 마지막 부분에서 "그러므로 「관저」는 숙녀(淑女, 어질고 얌전한 여자)를 얻어서 군자(君子)의 짝이 되게 하는 것을 즐거워하고, 사랑함[근심함]이 어진이를 나아가게 하는 데 있어 그 미색(美色)으로 인하여 넘치지 않으며, 그 '아리땁고 고움'[窈窕(요조)]을 애틋해하고 어진 재량(才量)을 사모하되 선(善)한 마음을 상(傷)하게 함이 없으니, 이는 「관저」에 나타난 시의 이치이다."[58]라고 한 것은 "樂而不淫낙이불음, 哀而不傷애이불상"의 뜻을 드러낸 것이다.

"樂而不淫낙이불음, 哀而不傷애이불상"을, "즐거워하면서도 넘치지 않고, 슬퍼하면서도 마음을 상하지는 않는다."라고 평할 의미를 하정옥은 "시에 감정이 지나치게 노골적으로 나타나는 것을 좋아하지 않고, 또 감정이 극단적으로 흐르는 것을 경계한 것이다"로 논하여[59] 공자가 논한 본래의 의미를 제대로 드러내지 못하였다. 이는 '즐거워하되 마음이 도리에 넘치지 않고 슬퍼하되 몸과 마음을 심히 상하게 하지 않는다.'는 것으로, 『시경』 시의 중정(中正)한 도(道) 곧 저울추처럼 융통성 있게 행하는 권도(權道) 곧 시중(時中)이 되기 때문이다.

현대시 김소월의 〈진달래꽃〉 중 "죽어도 아니 눈물 흘리오리다"가 애이불상(哀而不傷)의 의미를 지닌 구절이다. 임은 떠나갔지만 나는 그 슬픔 때문에 내 몸과 마음이 다칠 정도의 아픔으로 무너지지는 않겠다는 말이다. 그리고 그 슬픔 마음을 속으로 삭이면서 슬픔 감정을 겉으로 드러내지 않겠다는 의지의 의미도 지니고 있다. 따라서

58) 위의 책. "是以關雎樂得淑女, 以配君子, 愛[憂]在進賢, 不淫其色, 哀窈窕, 思賢才, 而無傷善之心焉, 是關雎之義也."

59) 河正玉, 「孔子의 文學思想: 論語의 記錄을 중심으로」, 『論文集』 5(1), 국민대학교, 1973, 116쪽.

‘애이불상(哀而不傷)’은 슬픈 감정을 마음속에 숨기면서 혼자만 끙끙대는 것이 아니라, 슬퍼하기는 하지만 그 슬픔으로 마음과 몸이 상(傷)하게 할 정도는 아니라는 것이다. 슬픔이 너무 커서 그것이 마음의 병 곧 한(恨)이 되어 떠난 임을 원망하거나 나무라는 상태의 정서가 아니라, 떠난 임으로 인해 슬프기는 하지만 몸과 마음까지 상(傷)하게 하지는 않겠다는 정서이다. 슬픔을 삭히면서 임에 대한 사랑은 변함이 없다는 것이다. 이는 애이불상(哀而不傷)이 사람들의 정서 순화에 이바지할 수 있음을 확인케 한다.

3) 有德者유덕자, 必有言필유언. 有言者유언자, 不必有德불필유덕: 덕(德)이 있는 자는 반드시 말이 있거니와, 말이 있는 자가 반드시 덕이 있는 것은 아니다

子曰자왈, 有德者유덕자는 必有言필유언이어니와 有言者유언자는 不必有德불필유덕이니라.

—『論語』「憲問(헌문)」篇 ‘有德(유덕)’章

[한자, 훈과 음]

‘德(덕)’은 ‘덕 덕’이고 ‘者(자)’는 ‘사람 자’이다. ‘必(필)’은 ‘반드시 필’이고 ‘言(언)’은 ‘말씀 언’이다.

[번역]

공자께서 말씀하시기를, “덕이 있는 자는 반드시 말이 있거니와, 말이 있는 자가 반드시 덕이 있는 것은 아니니라.”라고 하셨다.

[해설]

문학 연구에 있어 작가와 관계없이 작품만 놓고 연구하자는 견해도 일부 있다. 하지만 보다 바람직한 연구는 좋은 작품만 떼어놓고 좋은 작품만 평하는 일보다는 그 작가의 삶도 함께 바라보아야 제대로 된 연구가 될 것이다. 작품에는 작가의 삶이 반영되기에, 그 작가의 행적 또한 도외시할 수 없다. 위의 공자의 말씀이 이를 증명하고 있다. 덕(德)이 있는 사람은 말 잘하는 것을 목표로 삼지 않아도 반드시 말다운 말 글다운 글을 후세에 남기지만 말과 글을 잘하는 사람이라 해서, 반드시 덕(德)이 있는 것은 아니라는 말이다. 말만 잘하는 자는 말재주에 익숙하여 구변만 좋기 때문이다.

덕(德)이 있는 사람은 좋은 말이나 글을 후세에 남기는 '입언수후(立言垂後)'할 수 있다. 중국 전국시대 초(楚)나라 굴원(屈原), 삼국시대 촉(蜀)나라 제갈량(諸葛亮), 당(唐)나라 이백(李白)과 두보(杜甫), 송(宋)나라 소동파(蘇東坡) 같은 이는 좋은 글을 짓는 것을 인생의 목표로 삼은 것은 아닐 것이다. 굴원의 「이소(離騷)」·「어보사(漁父辭)」와 제갈공명의 「출사표(出師表)」 같은 명문을 남기는 것을 목표로 삼지 않아도 그들의 행적만으로도 충절은 만고에 빛나고 있기 때문이다. 따라서 덕행이 있는 사람은 말다운 말 글 다운 글을 남기기 이전에 이미 덕으로써 사람을 감화시킬 수 있다. 진시황 시절 중국의 법제를 완성한 이사(李斯)도 「상진황축객서(上秦皇逐客書)」라는 명문을 남겼다. 그리고 가까이는 친일파 작가들의 글도 있다. 이들은 덕(德)이 없기에 비난받는다. 『논어』「위령공(衛靈公)」편 '언거(言擧)'장에 "군자는 말로써 사람을 천거하지 않으며, 사람으로서 말을 버리지는 않느니라."[60]고

60) 『論語』「衛靈公」篇 '言擧'章. "君子, 不以言擧人, 不以人廢言."

하여, 말만 들어보고 그 사람을 믿거나 천거하지도 않고 인정하지 않으며 사람의 행실이 나쁘다고 해서 그 사람됨을 가지고서 그 사람의 좋은 말이나 글까지도 버리지 않는 것이 군자의 도리라고 하였다. 이사(李斯)나 친일파 작가들의 행적과 글을 살펴 나쁜 행위를 한 사람도 좋은 글을 남기기는 하였지만, 행적을 소개하여 후세인들로 거울삼게 하여야 한다. 참된 말은 본보기로 삼고 나쁜 행위는 경계의 대상이 될 수 있기 때문이다.

퇴계(退溪) 이황(李滉)이 「도산십이곡발(陶山十二曲跋)」 뒷부분에서 "돌아보건대, 스스로 생각하기로는 자취가 자못 어긋난지라, 이 같은 한가한 일로 해서 혹시 말썽을 일으키지나 않을는지 알 수 없으며, 또 그것이 노래 곡조에 들 수 있는지 음절에 맞을는지 아닌지도 알 수 없어서, 짐짓 한 벌을 베껴서 상자에 넣어 두고 때때로 내어 보고 스스로 살피기도 하며, 또 뒷날 보는 이가 버리고 취함을 기다리노라 할 따름이다."[61]라고 하였는데, 그 글 구절 가운데에는 특히 노래를 짓는 작자로서의 신중한 태도와 선비로서의 겸양지덕(謙讓之德)이 나타나 있다. 그중에 특히 "스스로의 자취가 자못 어긋난지라, 이 같은 한가한 일로 해서 혹시 말썽을 일으키지나 않을는지 알 수 없다."라고 한 것은, 아마도 어려운 때에 벼슬을 사양하고 귀향하여 학동들을 모아서 가르치거나 한가히 노래나 지어서 학동들에게 부르게 하는 것이 스스로 생각하기에 가장 바람직한 철저한 선비의 자세가 된다고는 여기지 않았던 데서 나온 말일 것이다. 그러나 적극적인 자세로 벼슬길에 임하여 현실을 바로잡는 데 참여하지는 못한다고 하더라도,

61) 李滉, 『退溪全書』, 『退溪先生文集』 卷之四十三. "顧自以蹤跡頗乖, 若此等閑事, 或因以惹起鬧端未可知也, 又未信其可以入腔調諧音節與未也, 姑寫一件, 藏之篋笥, 時取玩以自省, 又以待他日覽者之去取云爾."

후학들을 가르치면서 말다운 말 글다운 글을 남겨 입언수후(立言垂後)하는 것도 세상을 바로잡고 밝은 내일을 기약하고자 하는 선비 본래의 뜻에 결코 어긋나는 일은 아닐 것이다. 그리고 스스로 짓는 노래가 '곡조에 들고 음절에 맞을는지 알 수 없다'고 한 것 또한, 퇴계와 같은 철저한 선비들이 노래 한 편을 짓는 데서도 얼마나 신중한 자세를 지니고 겸손한 마음을 잃지 않았던가를 생각하게 하는 대목이다.[62] 율곡도 「정언묘선서(精言玅選序)」에서 "시가 비록 학자의 능사가 아니지만, 이 또한 성정을 읊으며 청화한 마음에 통하고 사무치게 하여 흉중의 더러운 찌꺼기를 씻어냄은 존심성찰(存心省察)에 한 가지 도움이 되는 것이다"[63]라고 하여, 시의 효용성을 언급하였다. 그러면서 "어찌 아로새기고 그려내고 수놓고 꾸미고 하여 방탕한 마음에 정을 옮겨서 지을 것이겠는가?"[64]라고 하여, 내용이 부실하면서 겉꾸밈만 일삼는 시 짓기는 비판하였다. 모두가 『논어』에서 말한 공자의 문학론과 관련이 있다.

"有德者유덕자, 必有言필유언"은 내용과 도덕을 중시한 것으로 간주하여 후대의 관도론(貫道論)과 재도론(載道論)을 가져오게 하였다고 한 연구[65]도 있었다. 그러면서 당(唐)나라 고문가인 한유(韓愈)의 관도론을 후대의 성리학자가 재도론으로 수정한 것이라고 하면서 문사는 기예(技藝)에 불과하며, 북송 때 정이(程頤)와 같은 문장해도론으로 극단화되었으며, 관도론과 재도론이 문(文)에 대한 경중에서도 서로 다른

62) 鄭堯一, 『漢文學의 研究와 解釋』(一潮閣, 2000), 245쪽 참조.

63) 李珥, 「精言玅選序」. "詩雖非學者能事, 亦所以吟詠性情, 宣暢淸和, 以滌胸中之滓穢, 則亦存省之一助."

64) 위의 글. "豈爲雕繪繡藻, 移情蕩心而設哉."

65) 鄭羽洛, 「논어에 나타난 공자의 예술정신과 문학사상」, 『大東漢文學』 제18집, 大東漢文學會, 2003, 217쪽.

태도를 보였다[66]고 하였다. 그러나 관도론과 재도론은 다른 의미가 아니며, 문장이 말기(末技)이기는 하나, 도(道)에 있어서 덜 중시하기는 해도 불필요의 의미는 아니다. 이는 문장을 지을 때 문장의 표현력보다 문장의 알맹이인 도(道)를 더욱 중시해야 한다는 것으로, 참된 내용을 실어서 표현하는 데 의의가 있다는 것이다. 또한 정자(程子)의 작문해도론(作文害道論)을 표면적으로 드러난 뜻인 '문장을 짓는 것은 도(道)를 추구하는 데에 해(害)가 된다'로만 인식하여 부정적으로 보면 안 될 것이다. 그 이면적인 뜻은 문장을 짓는데 도(道)를 해치지는 않는지 그 뜻을 잘 살펴보고 바른 뜻의 문장을 짓는 데 힘쓰라는 의미이기 때문이다. 아직도 일부 연구자들이 오해하고 있는 것처럼, 문장을 짓는 것이 도(道)에 해(害)가 되니까 문장을 짓지 말라는 뜻은 아니기 때문이다. 『맹자(孟子)』의 「만장(萬章)」 장의 "以意逆志이의역지"처럼 독자의 마음속의 뜻으로 글쓴이의 본뜻을 미루어보는 지혜도 필요하다. 이처럼 일부 잘못된 연구를 바로잡기 위해서도 『논어』에 나타난 문학론의 개념을 제대로 살필 필요가 있다.

4) 詩可以興시가이흥: 시(詩)에서 정서가 흥기되며

子曰자왈, 興於詩흥어시하며 立於禮입어례하며 成於樂성어악이니라.

—『論語』「泰伯(태백)」篇 '興詩(흥시)'章.

[한자, 훈과 음]

'흥(興)'은 '일으킬 흥'이고 '시(詩)'는 '시 시'이다. '입(立)'은 '설 립'이고 '예(禮)'는

66) 앞의 논문, 218쪽.

'예절 예'이다. '성(成)'은 '이룰 성'이고 '악(樂)'은 '음악 악'이다.

[번역]

공자께서 말씀하시기를, "시(詩)에서 정서가 흥기되며, 예(禮)에서 세상에 우뚝 서며, 음악(音樂)에서 인격이 완성되느니라."라고 하셨다.

[해설]

"시에서 정서가 흥기된다."는 말은 '시를 통하여 정서가 일어난다.'는 의미이다. 참된 시는 바른 성정(性情)에 바탕을 두고 짓기 때문에 시를 배우는 자는 처음 공부할 때에 『시경』 시와 같은 좋은 시를 접해야 된다는 논리이다. 그래야 그 시를 노래하는 과정에서 착함을 좋아하고 악함을 미워하는 마음이 생겨 능히 사람으로서의 참된 도리를 행하는 도리를 그만둘 수 없는 점이 터득된다는 것이다. 예를 들면, "외뿔소도 아니고 호랑이도 아닌데, 넓은 들판 헤매고 있네. 슬프다 우리 나그네여, 아침이고 저녁이고 쉴 겨를 없네."[67]라고 하여, 위정자의 잘못된 정치로 살기가 힘들어 들판을 헤매고 어느 때인들 쉴 틈도 없다는 것이다. 이런 시를 통해 위정자의 잘못을 깨우쳐 주고, 노래하는 자는 바른 정서를 흥기할 수 있다. 시로써 풍자하니 노래하는 사람은 죄가 없고 듣는 위정자는 깨우침이 있게 되는 것이다.

"예(禮)에서 세상에 우뚝 서다"는, 예의로써 근본 삼는다는 말이다. 예는 마음으로 공순함과 외모로 공경함과 사양함과 겸손함을 추구하는 것이다. 배우는 자가 살아가는 동안 자기가 처한 상황에 맞게 예를

67) 『詩經』 「小雅」 〈何草不黃〉. "匪兕匪虎, 率彼曠野. 哀我征夫, 朝夕不暇." 본고의 『시경』 해석은, 주자의 『시집전』과 「모시서」를 참조했음.

갖추면서 몸과 마음이 건강해지고 건전해져서 부귀영화나 권력욕에 마음이 흔들리거나 빼기지 않게 된다는 것이다. 따라서 예(禮)에 서게 되면 외물에 의해 마음이 흔들리거나 빼앗김이 없게 된다. 이는 공자가 예를 통해, '봉건 정치의 멍에를 직접 타파하려는 시도였다'.[68] 신분제도와 혈연으로 정해진 군자(君子)와 소인(小人)의 관계를 공자는 『논어』에서 "君子군자는 周而不比주이불비하고 小人소인은 比而不周비이부주니라."[69]라고 하여, 의리와 이익으로 구분 지어 봉건적 신분제도의 타파를 시도했기 때문이다.

"음악에서 인격이 완성된다"는 말은, 음악을 통해 인격과 학문이 완성된다는 말이다. 주자(朱子)는 『논어』 집주(集註)에서 음악으로써 "사람의 성정을 기르고 마음속의 그 간사하고 더러움을 씻어내며 그 찌꺼기를 녹게 할 수 있다"[70]고 하였다. 그러면서 주자는 배우는 자의 종당 공부에 의(義)가 정성스럽고 인(仁)이 익숙한 데에 이르러 스스로 도덕에 화합되고 순종하는 바가 반드시 음악에서 터득되니, 음악을 배워 터득하는 경지가 배움이 완성되는 단계라고 하였다.

위의 자료에서 공자는 시(詩)·예(禮)·아(樂)의 공부를 통해 정서가 흥기되고 세상에 우뚝 존립할 수 있는 삶의 자세가 확립되어 마침내 인격이 완성된다고 하였다. 다시 말하자면 시로써 올바른 성정(性情)을 다스려 착한 것을 좋아하게 되고 악한 것을 미워하게 되며, 예(禮) 공부를 통해 사람이 군자다운 모습으로 우뚝 설 수 있고, 음악으로써 인격과 학문이 완성된다는 것이다. 퇴계 이황 선생도 「도산십이곡발」

---

68) 김원중, 「孔子 文學理論의 思想的 檢討」, 『建陽論叢』 4(建陽大學校, 1996), 53쪽 참조.

69) 『論語』, 「爲政」篇 '周比'章. "군자는 의리로 두루 친하기는 해도 이익으로 나란히 편을 가르지 않고, 소인은 이익으로 나란히 따르기는 해도 의리로 두루 친하지는 못하느니라."

70) 『論語』 「泰伯」篇 '興詩'章 朱子集註. "可以養人之性情, 而蕩滌其邪穢, 消融其查滓."

의 시를 짓게 된 동기를 말하는 부분에서 시를 노래하게 되면, “행여 비루한 마음을 씻어내어 감발되고 녹아 소통되게 한다면, 노래하는 자와 듣는 자가 서로 유익하게 될 것”[71]이라고 하였다. 그러면서 우리 동방의 노래가 대체로 음란하여 족히 말할 것이 못 된다고 하면서 그 예로, 「한림별곡(翰林別曲)」류(類)와 이별(李鼈)의 「육가(六歌)」를 들었다. ‘「한림별곡」류는 문인의 입에서 나왔으나, 호걸스러움을 자랑하여 방탕하며 아울러 무례하고 거만하고 희롱하고 친압(親狎, 너무 친해 무례함을 범하는 행위)한 것으로, 군자가 숭상할 바는 못 된다고 하였다. 그러면서 이별의 「육가」는 「한림별곡」보다는 좋다고는 하나, 세상을 놀리는 불공스런 뜻이 있고 온유돈후(溫柔敦厚)한 실속이 적다.’[72]고 하였다.

이별(李鼈)의 「장육당(藏六堂) 육가(六歌)」는 이별(李鼈)의 증손자인 이광윤(李光胤, 1564~1637)에 의해, 한역시 4수로 번역되어 전한다.

내 이미 백구 잊고, 백구도 나를 잊어.
　我已忘白鷗아이망백구, 白鷗亦忘我백구역망아.
둘이 서로 잊었으니, 누군지 모르리라.
　二者皆相忘이자개상망, 不知誰某也부지수모야.
언제나 해옹을 만나, 이 둘을 가려낼꼬.
　何時遇海翁하시우해옹, 分辨斯二者분변사이자.

71) 李滉, 『退溪先生文集』 卷43 「陶山十二曲跋」. “庶幾可以蕩滌鄙吝, 感發融通, 而歌者與聽者, 不能無交有益焉.”

72) 앞의 글. “如翰林別曲之類, 出於文人之口, 而矜豪放蕩, 兼以褻慢戱狎, 尤非君子所宜尙, 惟近世有李鼈六歌者, 世所盛傳, 猶爲彼善於此, 亦惜乎其有玩世不恭之意, 而少溫柔敦厚之實也.”

붉은잎 산에 가득, 빈강에 떨어질 때.

赤葉滿山椒적엽만산초, 空江零落時공강영낙시.

가랑비 낚시터에, 낚시질 제 맛이라.

細雨漁磯邊세우어기변, 一竿眞味滋일간진미자.

세상에 이득 찾는 무리, 서로 알아 무엇하리.

世間求利輩세간구리배, 何必要相知하필요상지.

내 귀가 시끄러우니, 네 표주박 팽개치고.

吾耳若喧亂오이약훤란, 爾瓢當棄擲이표당기척.

네 귀를 씻은 샘에, 내 소는 먹일 수 없다.

爾耳所洗泉이이소세천, 不宜飮吾犢불의음오독.

공명은 해진 신짝이니, 벗어나 즐겨보자.

功名作弊屨공명작폐구, 脫出遊自適탈출유자적.

옥계산 흐르는 물, 연못 되어 달 가두고.

玉溪山下水옥계산하수, 成潭是貯月성담시저월.

맑으면 갓을 씻고, 흐리면 발을 씻네.

淸斯濯我纓청사탁아영, 濁斯濁我足탁사탁아족.

어찌하여 세상 사람들, 청탁을 모르는고.

如何世上子여하세상자, 不知有淸濁부지유청탁.[73]

작가 이별은, 형님인 이원이 김종직의 신원(伸冤) 운동을 하다가 갑자사화(甲子士禍, 1504)에 연루되어 죽임을 당하자, 이후 세상 부귀를

73) 최재남, 「장육당 육가와 육가계 시조」『어문교육논집』 7, 부산대학교 국어교육과, 1983.

단념하고 황해도 평산 옥계서원으로 들어가 평생을 은거하였다. 이별은 이곳 옥계서원에 은거하면서 「장육당 육가」를 지었다. 그래서 이 노래의 주제가 세속적인 삶에 대한 초월로 다분히 현실 도피적이면서 비분강개의 젊은 혈기가 느껴진다. 그래서 퇴계는 '완세불공(玩世不恭)'하고 '온유돈후(溫柔敦厚)'의 실속이 적다고 도덕적 측면에서 평가하였다. 첫 번째 연은 망기고사(忘機故事)를 통해 세상일에 초연함을 노래하였으며, 제2연은 낚시를 즐기며 살아가는 삶의 모습이다. 제3연은 세속의 부귀영화로부터 벗어났음을, 요순시절 기산에 은거한 허유(許由)와 소보(巢父)의 고사를 통해 노래하였다. 제4연은 세상 사람들이 청탁(淸濁)의 구별을 못하는데, 시적화자만이 굴원의 「어보사(漁父辭)」의 굴원처럼, 청탁을 구별하여 옥계산 아래에서 은둔하고 있다. 현실 세계는 혼탁한 세상이고 자연은 깨끗한 공간으로, 그 속에서 삶을 즐기려는 태도이다.

현전하는 이별의 한역시 「장육당 육가」 4수는, 모두 세상일과 무관하게 홀로 지내는 은둔자의 모습을 그렸다. 그러나 퇴계가 생각하는 유자의 상은 세상의 일로부터 초연한 자기만의 은둔의 삶을 사는 것이 아닌 것이다. 유자는 어디에 처해도 세상일을 잊지 않기 때문이다. 이런 점에서 퇴계는 세상을 희롱하고 불경스럽게 대해서 은둔의 삶을 살면 안 되고, 성품은 따스하고 부드러우며 인정은 두텁고 두터워야 한다는 것이다. 퇴계가 온유돈후(溫柔敦厚)의 실속을 강조한 것은 선비정신의 일환으로 『예기(禮記)』 「경해(經解)」편의 공자 말씀인 "그 나라에 들어가 보면 그 교화된 정도를 가히 알 만하니, 그 사람됨이 온유돈후한 것은 시로써 교화된 까닭이다"[74]라고 한 문학론을 따른 예라

74) 『禮記』 「經解」篇. "孔子曰, 入其國, 其教可知也, 其爲人也, 溫柔敦厚, 詩教也."

할 것이다.

시가(詩歌)는 작자 또는 노래하는 사람의 성정(性情)을 노래하거나 그 성정에서 우러나는 것이다. 그러므로 시가는 성정의 바른 데서 나와서 독자(讀者)나 청자(聽者)에게 감동을 줌으로써 그 성정을 바른 데로 나아가게 하고 바른 성정을 지니게 하자는 것이다. 그리하여 독자 또는 청자나 가창자로서의 우리 마음 가운데 비루하고 인색한 마음을 씻어내고 감발융통(感發融通)하게 하려는 데 그 목적이 있는 것이다. 퇴계가 「도산십이곡발」에서 "아이들로 하여금 아침저녁으로 익혀 노래하게 하고 의자에 기대어 듣게 하며, 또한 아이들로 하여금 스스로 노래하며 스스로 춤추고 뛰게 하고자 함이거늘, 행여 비루하고 인색한 마음을 씻어내어 감발되고 (맺힌 마음을) 녹여 통하게 한다면, 노래하는 자와 듣는 자가 서로 유익함이 없지 않을 것이다."[75]라고 하여, 시가의 효용성을 논하였다. 따라서 공자가 『논어』에서 시에서 정서가 흥기되고 음악에서 인격이 완성된다고 한 이론이 퇴계의 시가론에 잘 드러났다. 퇴계 역시 유가의 문학관인 성정순화와 풍교론을 중시하여, 시론을 전개하였다.

5) 興觀群怨事흥관군원사: 『시경』 시 같은 좋은 시를 읊조리고, 그 시로써 안목과 역량을 지닐 뿐만 아니라 무리 속에서 평화롭게 사는 인정을 터득하며, 부드러운 원망도 할 수 있으며, 부모님과 군왕을 섬기는 도리도 알게 되었다.

75) 李滉, 『退溪先生文集』 卷43 「陶山十二曲跋」. "欲使兒輩朝夕習而歌之, 憑几而聽之, 亦令兒輩自歌而自舞蹈之, 庶幾可以蕩滌鄙吝, 感發融通, 而歌者與聽者, 不能無交有益焉."

子曰자왈, 小子소자아, 何莫學夫詩하막학부시오. 詩시는 可以興가이흥이며 可以觀가이관이며 可以群가이군이며 可以怨가이원이며 邇之事父이지사부 遠之事君원지사군 多識於鳥獸草木之名다식어조수초목지명이니라.

—『論語』「陽貨(양화)」篇 '學詩(학시)'章.

[한자, 훈과 음]

'小(소)'는 '작을 소'이고 '子(자)'는 '접미사 자'이다. '何(하)'는 '어찌 하'이고 '莫(막)'은 '아닐 막'이다. '學(학)'은 '배울 학'이고 '夫(부)'는 '그 부'이다. '詩(시)'는 '시 시'로『시경』시를 뜻한다. '可(가)'는 '가이 가'이고 '興(흥)'은 '흥기할 흥'이다. '觀(관)'은 '볼 관'이고 '群(군)'은 '무리 군'이다. '怨(원)'은 '원망할 원'이고 '邇(이)'는 '가까울 이'이다. '事(사)'는 '섬길 사'이고 '父(부)'는 '어버이 부'이다. '遠(원)'은 '멀 원'이고 '君(군)'은 '임금 군'이다. '多(다)'는 '많을 다'이고 '識(식)'은 '알 식'이다. '鳥(조)'는 '새 조'이고 '獸(수)'는 '짐승 수'이다. '草(초)'는 '풀 초'이고 '木(목)' '은 '나무 목'자이며 '名(명)'은 '이름 명'자이다.

[번역]

공자께서 말씀하시기를, "애들아, 어째서 그 시(『시경』 시)를 배우지 않느냐? 시는 가히 (그로써 의지와 정서를) 흥기시킬 수 있으며, 가히 (그로써 정치의 득실과 풍속의 순후함을) 살펴볼 수 있으며, 가히 (그로써) 무리지어 살 수 있으며, 가히 (그로써) 원망할 수 있으며, 가까이로는 부모를 섬길 수 있으며, 멀리는 임금을 섬길 수 있고, 새와 짐승, 풀과 나무의 이름을 많이 알 수 있느니라."고 하셨다.

[해설]

공자는 제자들에게 참된 시인 『시경』 시를 어째서 배우지 않느냐고 하면서 시의 좋은 점을 몇 가지 제시하였다. 그 첫 번째로 "可以興가이흥"은, 『시경』 시 같은 좋은 시를 읊조리고 노래하면 나도 모르게 착한 일을 행하게 되며, 나아가서는 인(仁)을 행할 수 있는 의지와 정서를 일어나게 할 수 있다는 것이다. 따라서 시를 통해 인성을 함양하고 발전 및 완성에 도달할 수 있다는 주장이다.

두 번째 "可以觀가이관"은, 참된 시를 읊조리고 노래함으로써 정치의 잘잘못을 따지고 풍속이 순박하면서도 인정이 두터우며 꾸밈이나 거짓이 없이 순수함을 살펴볼 수 있는 안목과 역량을 지니게 된다는 것이다. 일부 연구자가 '관(觀)'은 '일정한 사회, 인간의 도덕 감정과 심리 상태 곧 시가 표현하는 인간의 도덕 정신의 심리 상태로부터 나온 관(觀)'[76]이라고 하였지만, 심리인 정감만 가지는 것이 아니라 실천할 수 있는 역량까지 지닐 수 있게 하는 것이다. 그리고 세 번째인 "可以群가이군"은, 참된 시를 노래함으로써 집단생활을 하며 군중들 속에서 무리 지어 평화롭게 사는 인정을 터득할 수 있다는 것이다. 농경시대 때 사람들은 노동요를 부르며 서로 어울리면서 지친 삶의 노고를 잊고 조금은 여유로운 삶을 살게 되었을 것이다. 그런 가운데 화평한 마음도 일어나면서 부모 형제는 물론 이웃들에 대한 배려와 인륜의 애환을 느낄 수 있었을 것이다. 따라서 좋은 시는 남들과 잘 어울릴 수 있게 하는 것으로, 사회적 기능을 의미한다.

네 번째인 "可以怨가이원"은, 참된 시의 원망하는 부분을 노래하고 읊조리게 되면 자기 마음속에 맺혀 있던 원망의 정을 조금 부드럽게 표현할 수 있다는 것이다. 시나 노래로써 원망하는 마음을 드러내거

76) 李澤厚·劉綱紀 主編, 權德周·金勝心 共譯, 『中國美學史』, 대한교과서주식회사, 1992, 143쪽.

나 진실한 마음으로 바른말을 하되 은근히 충간함으로써, 노래하거나 말하는 자는 죄가 없고 듣는 사람도 족히 경계 삼을 만한 점이 있다는 것이다. 그래서 공자는 시나 글로 원망하는 마음을 드러낼 수 있다고 하였다. 이는 시 또는 문학이 가지는 비판적 기능인 것이다. 따라서 공자는 개인의 사리사욕에 의한 불만족으로 생기는 원망이나 자신이 노력하지 않고 하늘과 남을 탓하는 원망은 반대하였다. 원망에도 진실성이 전제되기 때문이다. 다섯 번째 "邇之事父이지사부, 遠之事君원지사군"은, 『시경』 시 같은 참된 시는 부모를 섬기는 일과 임금을 섬기는 일 등을 읊고 노래하는 가운데 도리를 알게 함으로써, 사람들이 살아가면서 지켜야 할 삶의 도리를 알게 된다는 것이다. 시의 역할에 대한 공자의 종합적 분석이다.

"可以怨가이원"과 "邇之事父이지사부, 遠之事君원지사군"의 예로, 다산(茶山) 정약용(丁若鏞)의 「원원(原怨)」을 살펴보자.

> 아버지가 자식을 사랑하지 않는다 하여 원망하면 되겠는가. 그것은 안 될 일이다. 그러나 자식이 효도를 다 하고 있는데도 아버지가 사랑하지 않기를 마치 고수(瞽瞍)가 우순(虞舜)을 대하듯이 한다면 원망하는 것이 옳은 일이다. 임금이 신하를 돌보지 않는다 하여 원망하면 되겠는가? 그것은 안 될 일이다. 그러나 신하로서 충성을 다 했는데도 임금이 돌보지 않기를 마치 회왕(懷王, 전국시대의 초나라 왕)이 굴평(屈平, 굴원)을 대하듯이 한다면 원망하는 것이 옳을 것이다.[77]

77) 丁若鏞, 『茶山詩文集』 第10卷 '原' 「原怨」. "父不慈, 子怨之可乎. 曰未可也. 子盡其孝, 而父不慈, 如瞽瞍之於虞舜, 怨之可也. 君不恤臣, 怨之可乎. 曰未可也. 臣盡其忠, 而君不恤, 如懷王之於屈平, 怨之可也."

다산(茶山)은 「원원(原怨)」에서 원망은 "천리(天理)"라고 정의하였다. 순임금이나 초나라 충신 굴원의 예를 통해 자식이 부모 섬기기를 최선을 다하고, 신하는 임금 섬기기를 자기 본분에 충실하였을 때 그 부모나 임금이 그들을 사랑하고 돌보지 않았다면 원망할 수 있다는 논리이다. 굴원도 「이소(離騷)」에서 자기 자신은 충성을 다 했으나 간신들의 말만 믿고 잘못된 길로 간 회왕을 원망하였다. 그러면서 지금의 세태를 원망하고 자신의 고결한 뜻을 지키고자 하면서 자신이 버림받은 이유와 혼탁한 세상과 어울리지 않으려는 마음을 읊조렸다. 이는 다산(茶山)이 「원원(原怨)」에서 충언을 간하다 오히려 참소되어 유배객이 된 굴원이 유배지에서 지은 「이소」 작품의 일부 내용을 비유하여 표현한 것이다. 따라서 다산이 「원원」에서 밝힌 "원망이란 상대의 입장을 이해한 나머지 성인으로서도 인정한 사실이고, 충신(忠臣)·효자(孝子)의 입장에서는 자기 충정을 나타내는 길이다. 그러므로 원망을 설명할 수 있는 자라야 비로소 시를 말할 수 있고, 원망에 대한 의의를 아는 자라야 비로소 충효에 대한 감정을 설명할 수 있다."[78]라고 한 것처럼, 굴원이나 다산 모두 『논어』에서 공자가 주장한 "可以怨가이원"과 "邇之事父이지사부, 遠之事君원지사군"의 문학론이 반영한 경우이다.

다산(茶山)은 할 말이 있으면 원망까지도 할 수 있다고 하면서, 다만 덕행이 전제되어야 한다고 하였다.

사마천(司馬遷)은, "「소아(小雅)」는 원비(怨誹)하면서도 질서를 어지럽히지 않고 있다."라고 하였고, 맹자(孟子)는, "어버이의 허물이 지나친 데

78) 앞의 책. "怨者聖人之所矜許, 而忠臣孝子之所以自達其衷者也. 知怨之說者, 始可與言詩也, 知怨之義者, 始可與語忠孝之情也."

도 원망하지 않는다면 그것은 지나치게 간격을 둔 것이다."라고 하였다. 결국 원망이란, 상대의 입장을 이해한 나머지 성인으로서도 인정한 사실이고, 충신(忠臣)·효자(孝子)의 입장에서는 자기 충정을 나타내는 길이다. 그러므로 원망을 설명할 수 있는 자라야 비로소 시를 말할 수 있고, 원망에 대한 의의를 아는 자라야 비로소 충효에 대한 감정을 설명할 수 있다. 가령 돈과 재물을 좋아하고 제 처자만 사랑하여 규방(閨房) 안에서 비난을 일삼는 자이거나, 또는 재능도 없고 덕도 없어서 청명(淸明)한 세상에 버림받고 조잘조잘 윗사람 헐뜯기나 좋아하는 자이면 그것은 패란(悖亂)을 일삼는 일이니 거론할 필요나 있겠는가?[79]

덕행을 지닌 충신이나 효자는 진정한 마음을 담아 충간하기에 원망의 말을 해도 무방하다는 것이다. 특히 사마천은 『시경』 「소아」를 예를 들면서 원망뿐만 아니라 비방까지도 가능하다고 하였다. "어느 풀인들 마르지 않는가? 어느 누군들 홀아비가 되지 않는가? 불쌍한 우리 부역자들은 홀로 백성이 아니란 말인가?"[80] 이는 『시경』 「소아(小雅)」의 '하초불황(何草不黃)'의 두 번째 수이다. 부역에 끌려 나와 집에 돌아가지 못한 정부(征夫)의 원망과 비방이 담겨 있다. 동주(東周) 유왕(幽王) 시절에 사방의 오랑캐가 침범하자 백성들은 전쟁터로 끌려가고 위정자는 백성들을 짐승처럼 대하니, 군자가 현실을 걱정하여 풍자시를 지은 것이다. 하지만 덕행도 없으면서 자신의 부귀영화만 노리는 사람은 원망의 말을 한다든지 겉꾸밈을 일삼는 글을 지을 수

79) 丁若鏞, 『茶山詩文集』 第10卷 '原' 「原怨」. "司馬遷曰, 小雅怨誹而不亂, 孟子曰, 親之過大而不怨, 是愈疏也. 怨者聖人之所矜許, 而忠臣孝子之所以自達其衷者也. 知怨之說者, 始可與言詩也, 知怨之義者, 始可與語忠孝之情也. 若夫好貨財私妻子, 竊訕於閨房之內者, 與夫無才無德, 遭棄捐於淸明之世, 而啁啁然好謗其上者, 悖亂之行也, 何數焉."

80) 『詩經』 「小雅」 '何草不黃'. "何草不玄, 何人不矜. 哀我征夫, 獨爲匪民."

도 없을 뿐만 아니라 남겨서도 안 된다는 논리이다. 덕행을 지닌 자만이 원망과 비난의 노래를 부를 수 있다는 말이다. 이렇듯 조선 후기 실학자도 공자의 문학론을 계승하였다.

6) **述而不作**술이부작: 선왕의 도를 서술하여 전하되 사실에 근거없는 것을 창작하지 않는다

子曰자왈, 述而不作술이부작하며 信而好古신이호고를 竊比於我老彭하노라.

—『論語』「述而(술이)」篇 '好古(호고)'章.

[한자, 훈과 음]

'述(술)'은 '지을 술'·'옛것을 전할 술'이고 '作(작)'은 '지을 작'·'처음 지어낼 작'이다. 따라서 '작(作)'은 성인이 아니면 능히 할 수 없으며, '술(述)'은 현자(賢者)가 가히 미칠 수 있는 말이 아니다. '信(신)'은 '믿을 신'이고 '好(호)'는 '좋을 호'이다. '竊(절)'은 '훔칠 절'·'몰래 절'이고 '比(비)'는 '견줄 비'이다. '竊比(절비)'는 '저으기 견준다'는 의미로 상대방을 높이는 말씀이다. '老(노)'는 '늙을 노'이고 '彭(팽)'은 '사람 이름 팽'이다. 여기서의 '老彭(노팽)'은 商(상)나라[殷(은)나라] 어진 대부 이름이다.

[번역]

공자께서 말씀하시기를 "(옛 일을 정리해서 사실대로) 전술하기는 해도 (문물 제도 등 아직 있지 않았던 일을 주제넘게) 처음 지어내지 않으며, 옛 성현의 도를 믿어서 좋아하기를, 저의기 우리의 노대부(老大夫) 팽(彭)에게 견주노라."라고 하셨다.

[해설]

술이부작(述而不作)은 선왕(先王) 곧 요(堯)·순(舜)·우(禹)·탕(湯)·문(文)·무(武) 등과 같은 선성왕(先聖王)의 도(道)를 서술하여 전하기는 하되, 문물제작지권(文物制作之權)이 없는 분으로서 사실에 근거 없는 것을 날조하듯이 지어내지 않는다는 뜻이다.

문물제도의 제작권이 있는 분은 한글을 창제한 세종대왕과 같은 군왕으로서의 지위가 있으신 분이고, 전술(傳述)하는 술자(術者)는 시비(是非)를 가려 말할 수 있는 명철(明哲)한 사람일 것이다. 예를 들면 공자의 제자로서 성인의 도를 후세에 전한 유자(有子, 유약)·증자(曾子, 증삼)·자유(子游, 언언)·자하(子夏, 복상) 등이라 할 것이다.

공자가 술이부작(述而不作)이라고 한 말씀은 직위가 높지 않아 문물제도의 제작의 권한이 없는 터였기에, 당연히 그렇게 말씀했던 것이다. 이는 겸사인 것이다. 공자께서는 『시경』·『서경』을 산술(刪述)하였고, 『예악(禮樂)』을 바로잡아 확정하시고 『주역(周易)』을 도와서 이루고 『춘추(春秋)』를 엮어서 찬술하였기 때문이다. 이런 사실을 미루어 공자는 찬술(撰述)한다고만 하였지만, 사실상 모두 작(作)한 것으로 볼 수 있다. 주자(朱子)도 『논어』 집주(集註)에서 공자께서 "비록 술(述)하신 것이었으나 공(功)은 작(作)에 비하여 갑절이나 되었으니, 바로 이런 점을 가히 알지 않아서는 안 되는 것이다."[81]라고 하였다.

그런데 이 술이부작(述而不作)이 근래의 연구자들에 의해서 잘못 이해되고 있다. 술이부작은 공자의 창작 활동을 부정한 일로 본 것이 그 예이다. 그래서 조선시대에 유자(儒者)들이 허구적인 창작 활동을 멀리 한 것으로 여겼다. 하지만 공자가 행한 저술 활동을 보면 찬술(撰

81) 『論語』 「述而」篇 '好古'章 朱子集註. "雖述, 而功則倍於作矣, 此又不可不知也."

述)만 한 것이 아니라 저작(著作)까지 이루어지고 있음을 확인할 수 있다. 주자가 『논어』 집주에서 말한 것처럼, '술한 것이기는 하나 그 공에 있어서는 작(作)한 것에 배가 된다.'고 한 말씀이 맞는 표현이다. 그래서 공자의 술이부작(述而不作)을 두고 창작의 적극성이 결여된 주장이라 하면서 문장저해론으로까지 몰아가면 안 될 일이다. 이는 공자가 말씀한 술이부작(述而不作)의 본 뜻을 왜곡시킨 결과가 되기 때문이다. 『맹자(孟子)』 「만장(萬章)」장(章) 상(上)에 보면, "以意逆志이의역지" 라는 말이 나온다. 곧 '자기 생각으로써 글쓴이의 뜻을 거슬러 미루어 본다'는 말로, 겉으로 나타난 뜻만 보고 글쓴이의 뜻을 해쳐서는 안 된다는 말이다. 술이부작도 마찬가지이다. 사실을 바르게 이어받고 바르게 전하기 위하여 서술하는 것일 뿐, 근거 없는 내용을 감히 창작해 내는 것은 아니라는 말씀이다. 이를 두고 저술만 하고 창작은 하지 말라는 뜻으로 받아들이면 안 된다. 그 이면에는 사실이나 논거에 근거하여 창작도 하라는 말일 것이다. 공자가 찬술한 저술만 보아도 그렇기 때문이다. 특히 술이부작(述而不作)에서의 저술은 유교의 도를 전할 서적인 것이다. 따라서 공자가 『논어』에서 말씀한 술이부작(述而不作)은 유학(儒學)의 도(道)를 잘 전하는 목적으로 그렇게 말씀한 것이다. 공자를 비롯한 작가는 없는 사상을 갑자기 만들어내면 안 된다는 말씀인 것이다. 따라서 공자의 술이부작을 두고 근래의 연구자들이 말하는 문장저해론도 합당한 주장은 아니라 할 것이다.

동양 문학의 정수라 할 『논어』에 나타난 문학론은 중국뿐 아니라 우리나라와 일본 등 동아시아 문학관이나 문학론에 지대한 영향을 미쳤다. 위에서 살핀 『논어』의 문학론은 성정순화와 풍교론에 영향을 미친 것들이었다. 공자는 성정순화와 풍교론을 통해 사람이 세상을 살아가면서 갖추어야 할 품성과 지식, 그리고 우리 사회에 대한 책무까지도 알게 하였다. 개인은 인격 수양이나 다른 사람들과 어떻게 어울리면서 살아갈 것인가와 같은 인간관계의 고민인 개인적 삶의 문제와 위정자가 잘못된 정책을 펼치면 그 잘못을 노래로써 풍자하여 위정자의 잘잘못을 바로잡으려는 사회적 차원의 문제 등이 주 내용이었다. 따라서 공자는 『논어』의 문학론에서 개인의 인격 수양과 성정 순화를 강조하였으며, 사회가 잘못되면 그 잘못된 정사를 바로잡기 위해 원망의 노래로 가혹한 정치를 비판한 노래를 높게 평하였다.

선대의 문인들이 이론화한 문학론은 대체로 우리가 세상을 살아가면서 필요한 영역을 논하였는데, 풍교(風敎, 풍습을 교화시킴)와 관련이 있다. 가령 위정자가 잘못하면 풍자하여 그 잘못을 바로잡을 수 있어야 참된 문인이거나 철저한 유학자라고 정의하였다. 마치 「모시서」에 "풍(風)은 바람이라는 말이요, 가르침이라는 말이니, 바람이 불 듯 불어서 감동시키고 가르쳐서 감화해 나간다는 뜻이다."라고 한 것처럼, 문학은 인륜(人倫)의 도를 밝히고 바로잡자는 뜻에서 시작되었다. 이는 다산(茶山) 정약용(丁若鏞)이 「원원(原怨)」에서 "고수(瞽瞍)가 날마다 순(舜)을 죽이는 것을 일삼았는데도 순은 태연한 자세로 아무런 근심도 없이 '나는 힘을 다해 밭을 갈아서 자식의 직분을 다할 뿐, 부모가 나를 사랑하고 사랑하지 않는가가 나에게 무슨 상관인가?'라고 말한다면, 그 순(舜)이야말로 냉심경장(冷心硬腸)의 인물로서 자기 부모를 길가는 사람 보듯 하는 사람일 것이다. 그러므로 하늘을 우러러 길게 울고 원망하고 애모하였으니 그것이 천리(天理)이다. 또 회왕이 아양떠는 첩과 아첨하는 신하에게 매혹되어 굴평(굴원)을 쫓아냈을 때 굴평이 태연한 자세로 아무 근심도 없이 '나는 하고 싶은 말을 숨김없이 다하여 신하로서의 직분을 충실히 이행할 뿐, 임금이 깨닫지 못한 것이야 나에게 무슨 상관인가?'라고 했다면, 굴평은 냉심경장의 인물로서 자기 임금을 길가는 사람 보듯 하고 자기 나라 망하는 것을 마치 한판의 바둑에 지듯이 여기는 사람이 되고 말았을 것이다. 그러기에 근심과 슬픔을 안고 맴돌고 또 돌아보고, 「이소(離騷)」니 「구가(九歌)」니 「원유(遠游)」니 하는 글들을 쓰고 또 썼던 그것이 천리(天理)이다. 그러므로 공자가, '시는 원망을 나타내고도 있다.'라고 하여, 꼭 원망해야 할 자리에 원망 못하는 것을 성인(聖人)으로서도 근심하였다. 그러므로 시의 궁극적인 뜻을 살핀 나머지 원망을 나타내고도 있음을 좋게 여겼던 것이다."[82]라고 한 것처럼, 시는 원망의 기능이 있으므로 해서 풍교(風教)의 기능도 행할 수 있는 것이다. 그렇기 때문에 바람이 불 듯 불어서 감동시키고 가르쳐서 모두를 감화시켜 나갈 수 있다. 이런 것이 문학의 현실지향적 성격이면서 효용성이라고 할 것이다. 다산의 문학론도 공자의 문학론을 계승하고 있었다.

술이부작(述而不作)의 '작(作)'은 '창시한다'는 뜻으로 쓰였고, '술(述)'은 '찬술한다'는 뜻으로 '이어 전한다'는 뜻으로 쓰였다. 그래서 '술이부작(述而不作)'은 '선왕(先王)의 도(道)를 서술하여 전하기는 하되, 사실에 근거 없는 것을 창작하지는 않는다.'는 뜻이다. 그렇다고 창작을 하지 말라는 말은 아니다. 공자가 행하신 찬술(撰述)은 적극적인 창작에 해당되기 때문이다. 따라서 근래의 연구자들이 행한 공자의 술이부작(述而不作)은 문장의 저해론(沮害論)으로까지 거론되고 있는데, 이

82) 丁若鏞, 『茶山詩文集』 第10卷 '原' 「原怨」. "瞽瞍日以殺舜爲事, 舜且恝然而莫之愁曰, 我竭力耕田, 恭爲子職而已矣, 父母之不我愛, 於我何哉, 則舜冷心硬腸, 視父母如路人者也. 故號泣于旻天, 怨之慕之, 天理也. (…中略…) 懷王惑於嬖佞, 放逐屈平, 平且恝然而莫之愁曰, 我盡言不諱, 恭爲臣職而已矣, 君之不悟, 於我何哉, 則平冷心硬腸, 視其君如路人, 視其國之亡, 如奕棋之偶輸者也. 故憂傷惻怛, 彷徨眷顧, 爲離騷九歌遠游之賦, 而莫之知止者, 天理也. 故孔子曰詩可以怨, 當怨而不得怨, 聖人方且憂之. 故察乎詩道而樂詩之可以怨也."

는 그렇게 단정할 것이 못된다. 사실을 바르게 이어받고 바르게 전하기 위해 서술하는 것일 뿐, 근거 없는 내용을 감히 창작해 내지 않는다는 술이부작(述而不作)을 주장한 공자는 많은 저술도 행하였기 때문이다. 따라서 공자가 주장한 술이부작(述而不作)은 문장을 짓지 말자는 것이 아니라, 유학(儒學)의 도(道)를 잘 전하는 데 목적이 있는 것이다. 그래서 갑자기 없는 사상을 만들어내지는 않는다는 의미로 그렇게 표현한 것이다. 문장을 짓지 말라는 소극적인 뜻은 아니라는 말이다.

사무사(思無邪) 또한 풍교의 의미가 있다. 작시자의 태도가 사특함이 없는 순수한 태도로 지어진 시가 『시경』 시이다. 『시경』 시는 공자가 305편으로 찬술한 것으로, 찬미와 풍자를 겸한 시집(詩集)이다. 그러므로 사무사의 개념에서 참된 순수의 의미는, 우리의 1930~1940년대 순수시파의 계열이나 전원파 계열의 시, 그리고 서정시를 논평할 때 사용할 문학적 개념은 아니라는 것이다. 오히려 공자가 『시경』 시를 논평하면서 사용했던 사무사(思無邪)의 개념에서의 순수시는 30~40년대 시 중 현실참여의 시이다. 작시자의 태도가 생각함에 사벽함이 없기 때문이다. 주자(朱子)가 『논어집주(論語集註)』에서 '참된 시는 사람의 착한 마음을 일으키게 하고 나쁜 시는 경계의 대상으로 삼을 만하다'고 한 것처럼, 착한 것을 노래한 경우는 착한 마음을 감발시키고, 악한 것을 노래한 경우는 그 내용을 타산지석(他山之石)으로 삼아 마음에 경계 삼도록 하자는 것이다. 따라서 시를 통해 나타난 원망이나 풍자도 개인의 영욕을 위한 사사로운 것이 아니라 공명정대한 마음에서 우러나는 것이어야 한다. 이처럼 작시자의 태도가 공명정대하였기에 그 시를 읽는 독자는 그에 감화되어 바른 성정을 되찾을 수 있는 것이다. 이것이 『논어』에 나타난 문학론의 의미인 것이다.

참고문헌

宋刊本十三經注疏附校勘記『詩經』, 藝文印書舘, 1981.

『詩經』「魏風」〈碩鼠〉.

『禮記』「經解」篇.

毛萇, 「毛詩序」.

朱子, 「詩集傳序」.

한국 고대사료 DB, 『三國史記』.

李滉, 『退溪全書』, 『退溪先生文集』 卷之四十三.

李滉, 『退溪先生文集』 卷43 「陶山十二曲跋」.

李珥, 『栗谷先生全書拾遺』 卷之六 雜著 「文策」.

李珥, 「精言玅選序」.

丁若鏞, 『與猶堂全書』.

丁若鏞, 『茶山詩文集』 第4卷 「哀絶陽」.

丁若鏞, 『茶山詩文集』 第10卷 '原' 「原怨」.

http://cafe.daum.net/mamvision/4LHF/1549 〈마음빛 누리에〉.

http://club.missyusa.com/poemnstory 〈글향기사랑방〉.

http://kyoposhinmun.com 〈4월의 문학 산책: 20주기를 맞는 시인 천상병〉.

金富軾, 고전연구실 옮김, 『三國史記』 상·하, 신서원, 2000.

가란, 정연호·채영호 옮김, 『공자家 이야기』, 도서출판 선, 2010.
김원중, 「孔子 文學理論의 思想的 檢討」, 『建陽論叢』 4, 建陽大學校, 1996.
남상호, 『孔子의 詩學』, 강원대학교 출판부, 2011.
荀子, 이운구 옮김, 『荀子』 1~2, 한길사, 2006.
朴趾源, 『燕巖集』 卷之八 「兩班傳」.
司馬遷, 정범진 외 옮김, 『史記』 「孔子世家」, 까치, 1995.
시라카와 시즈카, 장원철·정영실 옮김, 『공자전』, 펄북스, 2016.
王肅 撰, 林東錫 譯註, 『孔子家語』 卷1~3, 동서문화사, 2009.
윤인현, 『한문학의 이해와 연구』, 경진출판, 2021.
李澤厚·劉綱紀 主編, 權德周·金勝心 共譯, 『中國美學史』, 대한교과서주식회사, 1992.
鄭堯一, 『漢文學의 研究와 解釋』, 一潮閣, 2010.
鄭堯一, 『논어강의』(天), 새문사, 2009.
鄭堯一, 『논어강의』(地)·(人), 새문사, 2010.
鄭羽洛, 「논어에 나타난 공자의 예술정신과 문학사상」, 『大東漢文學』 18, 大東漢文學會, 2003.
주영아, 「論語의 詩에 대한 고찰」, 『東方學』 35, 韓瑞大學校 附設 東洋古典研究所, 2016.
최재남, 「장육당 육가와 육가계 시조」 『어문교육논집』 7, 부산대학교 국어교육과, 1983.
河正玉, 「孔子의 文學思想: 論語의 記錄을 중심으로」, 『論文集』 5(1), 국민대학교, 1973.
許敬震 외 2인, 『譯註 孔子家語』 1, 전통문화연구회, 2018.